翰林書房

びわ湖街道物語

西近江路の自然と歴史を歩く

神尾登喜子【編著】
社団法人　日本風土文化推進機構

びわ湖街道物語——西近江路の自然と歴史を歩く——◎目次

扉写真　草川啓三

はじめに　近江・山と森と水の風土

神尾登喜子

一　琵琶湖源流の山と森

森の文化

日本とは何か、日本人とは何か、そして、その根源となる「こころ」とは何か。それが、今、改めて問われています。グローバリズムの時代だからこそ、私たちは自らが生きる日本をもっと知る必要があるように思います。

私たち日本人は、この国の山や森、自然に支えられて、季節と折り合いながら、暮らしてきました。その何げない暮らしのなかに、人と自然の繋がり、人と人の絆が息づいています。

この風土に暮らす私たち日本人には、自然のうちなるものとして、人とすべてのいのちのつながりを重んじる文化や精神があります。そして何よりも私たちは、人間の側から自然を見るのではなく、自然の大きな循環のなかで生きるということを「生活の知恵」としてきました。

緑豊かな森と山。水清き川の流れ。そこには、いのちの豊かさ、そしてこころの安らかさが息づいています。ところが山河に代表される自然が、現代都市の繁栄の影で危機に陥っています。そのことを決定的にしたのは、うち続く国難ともいうべき大災害です。平成の御代はそれに悩まされ続けている状況です。

私たちが、現在、直面しているのは、この国の風土に培われた自然と共にあった、〝いのちとこころ〟の喪失したありさまです。山河、自然の荒廃は、そのままに日本人のこころの荒廃であるといえましょうか。

美しいこの国の自然と、そこに営まれてきた豊かな歴史と文化。それを再発見し、日本人としての自らを見直すことが今日の大きな課題です。そして、この国のかたちとこころを次世代に引き継ぐことは現代人の使命そのものに他なりません。

わが国は、山地が国土の62％を占め、温暖多雨な気候のもと、多種多様な植物を育む森林が広がっています。それと共に、この豊かな森林は、わが国の暮らしや物づくりをもととする地域社会の文化や産業の基盤でした。しかし、近年は、生活様式の変化により森林資源の利用は著しく低下。そのために森林を基本とする暮らしと文化は見失われようとしています。

さて、わが国の自然は、季節の循環とそれに対応する山野の生命力の循環が特質です。水、草木、そして、生きとし生けるもの、すべてのいのちの循環が営まれています。その一切を担うのが森林の循環です。ここには、自然と共に生き、自然と共に生み出す、自然と共に「幸《さき》わう」わが国の文化と精神の根源があります。そのシンボルこそが、人と自然とがつくり出してきた鎮守の森です。それは、いのちをつなぐ日本の原風景。だからこそそこには、長い年月にわたる人びとの思いや願い、祈りがこめられているのです。

国土の荒廃が進むなか、私たちが再考せねばならないのは、人と自然のいのちを大切にする誇るべき伝統と現代社会における、自然と人との安定した関係、永続性ある関わり合い。自然を畏れ敬い、安全で豊かな生活を支える環境を培うところに、真の意味の「ライフ・ライン」を基本とする、地域社会の再生があるわけです。

湖と山

近江を代表する自然。それは琵琶湖をおいてはありません。そして琵琶湖は、近江の暮らしと文化の源泉そのものです。遠い時代に生成し、今も動いているという琵琶湖は、その誕生をはじめとして、さまざまな物語や歴史を抱えています。その一つひとつが、周辺の山や野に記憶されそれらが山辺や湖辺を通る街道の風景のなかに今も静かに息をしています。

いのちの水、琵琶湖。都に近い淡水の湖・近《ちか》つ淡海《あわうみ》。それに対して都離れた浜名湖は遠《とお》つ淡海《あわうみ》と呼ばれました。

そして、国名も近江《おうみ》に対して遠江《とおとうみ》とされていました。

琵琶湖という名称は、江戸時代になって、その形状が和楽器の琵琶に似ていることから用いられた呼称。淀川流域の母なる琵琶湖は、南北63・9㎞の長軸をもつ、わが国最大の淡水湖。琵琶湖四周の外縁には、伊吹山や鈴鹿山脈、比叡山や比良山系などの森林に覆われた山地が囲んでいます。それの山々は四季折々の風景を、そして、琵琶湖北西部の山脈は、日本海側から吹き寄せる季節風を遮って、近江独特の気候をつくり出すことになります。その結果、伊吹山南麓は、冬季、「関ヶ原の吹き出し」による豪雪地帯となるわけです。

また、野坂山地は、冬は雪雲を伴う北西季節風が若狭湾から伊勢湾に抜ける際の通り道になっています。それが湖北地方の東に聳える伊吹山地に衝突して、その西麓に大雪をもたらしています。ここも、「伊香おろし」や「伊吹おろし」によって、特に琵琶湖北部の山間部は多雪地帯になっています。

比良山地もまた日本海側気候の影響を強く受け、冬季には多量の積雪があります。比良の山並みから琵琶湖岸に吹き降ろす強風を「比良おろし」といいます。特に春先に吹くものは「比良八荒」と呼んでいます。また、秋季には、季節風が比良山系に当たって低い雨雲がかかるため「高島しぐれ」と呼ばれる雨がしばしば降ります。こうした琵琶湖周辺の季節感豊かな自然は、暮らしや祭礼や行事のもととなりました。絵画に描かれ和歌に詠じられてきた理由もそのようなところに端を発しています。

さらに、琵琶湖の四周を囲む山々からは、それぞれの山森を水源とする大小の河川が琵琶湖に注ぎ込んでいます。比良山地には、太平洋側と日本海側に注ぎ込む水系を分ける境界となる中央分水嶺が連なり、琵琶湖の水源となる山々が、湖北のマキノ愛発越から、福井県との県境の山脈を通り、今津の三重嶽、武奈ヶ嶽を経て、朽木の三国岳に至るまで続いています。この地域には山野草が多く、岩場にはシャクナゲなど樹木の花が群落をなし、水源の森にはブナ林が広がります。

琵琶湖の南西岸に位置する比叡山は、四ツ谷川と大宮川の源流部に当たっています。一帯の山から流れる豊かな水は、下流域に生活用水や農業用水を供給するとともに、重要な琵琶湖の水源。比叡の山は、一二〇〇年の昔から霊山として仰がれ、山域には樹齢三〇〇年を越えるスギの巨木も見られ、高い樹木に覆われた峰々には行者の道がつづいています。

琵琶湖水源の森と水は、四季折々の風景をつくり出し、人びとの暮らしと文化を創出してきました。豊かな自然と地域に根ざした文化は、比叡と比良の山々と琵琶湖の間を辿る街道に記憶されているにちがいありません。

二　山辺と湖辺の風土

近江の風土

私たちの暮らし方や考え方は、どのような自然環境のもとで生まれ育ったのか、どのような文化によって育まれたのかによって大きく影響されています。そうした自然をもととして年月をかけて培われてきた地域的な特質が「風土」と呼ばれるものです。

風土は、気候や気象、地形や地質、土壌や植生、水系や地下水など、人を取り巻く自然のすべてをもって形成されています。そしてまた、風土によって、それぞれの地域や場所における、ものの感じ方や考え方、物づくりや暮らしの仕方が生まれるわけです。

わが国最古の地理誌である『風土記』。その編纂を地方に命じた官命は、和銅六（七一三）年に発せられました。そこには『風土記』に次の項目を載せることを明記しています。

①　国郡郷の地名に好字をつける。

② 郡内の銀銅彩色、草木禽獣魚虫などの品目。
③ 土地の肥沃状態。
④ 山川原野の名称の由来。
⑤ 古老の伝える旧聞異事。

現存する各国の『風土記』には、国土経営に関わる国形や地形と土壌、植生と物産などが記載されています。またそれぞれの地名や伝承には、山川原野の背後にある大いなる自然や大地に向けられた人の感性や心情を垣間見ることができます。

このように風土は、ある地域の自然的特性と、文化的・歴史的特性や社会的特性などによって生み出されたものです。そのことをもって改めて近江の風土を代表するのは何か、と問うならば、琵琶湖とそれを取り巻く山々ということになります。

近江の風土を形成する山は、北部には、近江最高峰の伊吹山（標高1377・3m）から県境に沿って北へ続く山々があり、伊吹山系から源を発する姉川・杉野川・高時川が琵琶湖に注いでいます。湖東には、県境にまたがりおおよそ60kmにわたる鈴鹿山脈が走ります。最高峰は御池岳（標高1247m）。北からは犬上川・愛知川・野洲川などが琵琶湖に注いできます。

湖南には比叡山が県境をまたがりながら比叡山系。最高峰は大比叡（標高848・3m）。四明岳（標高838m）と山上をつくり、そこに、比叡山系からは高橋川・大宮川・四ッ谷川などが流れて来るわけです。

高島地域の山地は、野坂山地と比良山系北部に属しています。北西部は、マキノ町に野坂山地が近江と若狭・越前の境をなして丹波高原から続いています。敦賀市の野坂岳（標高914m）・三国山（標高876m）・大谷山（標高813m）が稜線をつくっています。野坂山地からは知内川や生来川、百瀬川などが琵琶湖に注いでいます。比良山地は琵琶湖の西岸とほぼ平行して南北に走り、長さ約20km、幅3～10km、北に広く、南に狭い山並みが続いています。山地の北側は安曇川に押さえられています。南は途中峠を挟んで比叡山地に続く。東は急峻な断層崖が琵琶湖に向けて聳え立ちます。

南西部は、今津町に三重嶽（標高974m）をはじめ、三十三間山（標高842m）、武奈ヶ岳（標高865m）などが並び、そして、朽木には県境をなす駒ヶ岳（標高780m）・百里ヶ岳（標高931m）・三国岳（標高776m）・三国岳（標高959m）・経ヶ岳（標高889m）が立ち並び、高島町には県境をなす釣瓶岳（標高1098m）・釈迦岳（標高1060m）などが連なります。

比良山系西側には全流長57・9kmの湖西第一の安曇川が流れています。丹波山地の百井峠を源として渓谷を刻んで北流し、葛川から花折断層に沿って北流し、朽木を横切る麻生川・北川・針畑川を合わせて市場で東に向きを変え琵琶湖に注ぎます。安曇川は、流域面積が310km²にのぼり、琵琶湖に流入する河川の中でも野洲川に続き第二位の面積となっています。河口には三角州が広がり、湖西最大の平野となっています。安曇川周辺は、琵琶湖漁業の湖西の中心地で、河口に簗を仕掛ける漁法が今も行われており、フナ・ウグイ・ハスなどの魚獲があります。

安曇川流域に形成された湖西最大の安曇川平野は積雪が多く、江戸時代以来、西万木の集落は冬の農閑期には安曇川の堤防の竹薮で採取した竹を加工して京扇子の骨をつくってきました。現在、扇骨の材料の多くは輸入されていますが、生産高は全国の80％を占めます。安曇川の南には全長15kmの鴨川が流れ、比良山地の武奈ヶ岳と釣瓶岳の一番深い所から南下して、八雲ヶ原から北に向きを変え、黒谷附近で東流しています。さらに三尾里の南で阿弥陀山方面に源をもつ八田川と合流して琵琶湖に注いでいきます。源流部には名爆「八淵の滝」が懸かり、下流部は三角州を広げて平野を形成しています。

琵琶湖周辺の低地には内湖と呼ばれる小湖沼が点在。内湖は、もともと琵琶湖の一部であったのが土砂の堆積などで区切られてできたもので、水路などの開水面で本湖につながっています。生態系はほぼ本湖と同じでヨシなどが群生。内湖やその周辺の水路は、ヨシを船で運んだり、風よけの船溜まりとしても利用されていました。また、内湖で繁茂する水草類や湖底の泥が肥料として用いられた時代もありました。

琵琶湖周辺の内湖は、多くは水深がきわめて浅く、中には広大な面積を持つものもあります。そのような内湖は食糧増産のための造成農地として干拓されました。一九四四年から約三〇年間にわたって実施された干拓事業によって多数の内湖が消滅。わずかに高島地方に残る内湖には、水鳥が一年通じて見られ、冬季には渡り鳥の飛来地となっています。

湖上の路

琵琶湖は、北国・東国と都を結ぶ主要幹線。南北に行き交う湖上交通は、古代の湊であった勝野津以来、越前・加賀などの北陸諸国の物資を都へ運ぶルートでした。各国の津から日本海航路を用いて、いったん越前の敦賀へと送られて、そこから陸路で、湖北の梅津・大浦・塩津に運ばれ、再び、琵琶湖を船で大津へと回漕されます。また、若狭からの物質は、陸路を湖西の今津に送られました。

琵琶湖の水運や漁労に関する特権は「諸浦の親郷」と呼ばれた堅田が保有していましたが、豊臣時代に、坂本・堅田・木浜の港から船を集めて設けられた「大津百艘船」によって、湖上交通の中心が大津に移りました。徳川時代には、琵琶湖の諸浦のなかで、大津・堅田・八幡と湖北の塩津・大浦・梅津・今津は、湖上交通の重要な位置を占めていたわけです。

明治四年に大津百艘船仲間をはじめとする旧来の湖上運輸制度は解体。県の汽船運航の推奨もあり、大津ばかりでなく、彦根・梅津・長浜・飯之浦などの港で汽船が建造されます。これらの築造港と大津港を結ぶ航路には多くの汽船が就航しました。その後、堅田以北と以南の航路が開設されますが、明治二二年の東海道線の開通によって、大量に物資を運ぶ湖上交通の役割は大幅に減少。現在は、湖上遊覧を主として幾つかの航路が開かれています。湖上交通の起点であった大津は遷都によって「古津」と呼ばれていましたが、平安京造都とともに改めて重要性が高まることになります。桓武天皇は「先帝旧都」を新京に接する地の「大津」と名を改めて都の東をあずかる外港として位置付けました。それ以降、近世期に至るまで琵琶湖水路の母港である大津を中心として、琵琶湖畔の東西あるいは南北に多くの街道が整えられました。

近江には、現在も、琵琶湖水路の母港である大津を中心として、東西あるいは南北に多くの街道が山や峠を越えて通じています。これらの琵琶湖畔に沿って南北に通じる街道と、伊吹山麓と鈴鹿山麓、比叡・比良山麓を東西に辿る街道を湖上の道が結んでいました。

琵琶湖唯一の流出口である瀬田川は、南下して宇治川・木津川となり飛鳥や奈良の都と近江をつなぐ大動脈でした。藤原京や平城京の造営や東大寺などの建立には、田上・信楽など近江の木材が瀬田川を通じて輸送。また、瀬田川から宇治山田を通る田原道や奈良街道は、東国や北国各地と都を結んでいました。このルートは、同時に、都からの最新情報を近江にもたらしていました。今日のインターネット情報の速度にははるかに及びませんが、この時代のアナログ情報回路であったわけです。

近江の街道

湖と山の地、近江は、水路や陸路での交通の要衝として京の都と東国や北国を結んできました。琵琶湖水路の母港である大津を中心として、湖畔に東西あるいは南北に多くの街道が山々を越えて通じています。

湖東の伊吹山麓と鈴鹿山麓、湖西の比叡・比良山麓には、今に至るまで多数の道路が通じ、琵琶湖の東と西それぞれにほぼ南北に長い大動脈が走っています。これらの鈴鹿・伊吹や比良・比叡の山々を仰ぎ見る琵琶湖畔に沿って行く街道には、自然と歴史に彩られた集落の風景が広がります。

東海道は、逢坂関を過ぎ近江国に入り、琵琶湖東岸を北上して、大津から草津・石部・水口・土山を経て、鈴鹿峠を越えて、坂下、関から桑名へと進みます。東海道を関の追分で別れて伊勢参宮の道が始まり、桑名・津・松坂を過ぎて伊勢に向かいます。古くは、斎王の伊勢群行もこの道を進みました。

草津で東海道と分かれて北へと延びる道は、古代には東山道、近世には中山道と呼ばれていました。中山道は、草津宿で東海道と分かれて伊吹山麓を経て関ヶ原から木曽川沿いに行きます。この道は、草津を出て、守山・武佐・鳥居本・醒ヶ井を経て美濃へと向かいます。中山道の鳥居本から分岐する北国街道は、湖北の高月・木之本・余呉を経て、栃の木峠を越えて越前へと続きます。

八風街道は、近江八幡から八日市・永源寺を通り八風峠を越えて伊勢に至ります。その他、彦根から多賀・八日市・水口・信楽へ辿る道があります。

琵琶湖西岸を通る北国海道（西近江路）は、比叡・比良山麓の湖西を走り、大津を出ると坂本・衣川・木戸・北小松・河原市・今津・海津を経て、近江と越前の境をなす中山を越えて敦賀に通じます。敦賀側から湖北の要港海津までを七里半越えまたは七里半街道とも呼びます。海津街道は、海津を出て北へと進み、国境を越えて、中山・駄口・追分・疋田を経て敦賀に至ります。

若狭街道は、琵琶湖西岸の今津と日本海側の小浜をつないでいます。九里半街道ともいわれ、今津から保坂を経て水坂峠を越え、熊川を経て、若狭の遠敷上中より丹後街道と重なりながら小浜に通じるわけです。

京都へは、若狭から峠を越えて谷筋を通る朽木街道があります。若狭の熊川を経て、近江の保坂で若狭街道と分かれ朽木の市場に至ります。市場から安曇川沿いに行き、葛川の花折峠を過ぎて、途中越から京都に入ります。この道は、近年、「鯖街道」とも呼ばれるように、主として若狭の海産物を京都へと運ぶのに利用されていました。

三　森と水の郷

琵琶湖源流の森

湖北から湖西にかけて広がる地域は、深い谷を抱く山並みが平野部を圧迫するように湖岸に迫っています。そのため、尾根伝いに点在する集落は、山地の谷に石垣を積んで水田を耕作。そして、里近くの山地の森林で肥草や日常生活の資材を得てきました。そのような棚田や里山が山あいにあります。山と湖の間をつなぐのは、山から里へと川を通じて琵琶湖に流れ入る森林の水です。

緑豊かな森林は母なる琵琶湖の源流です。幾つものの谷筋から流れる水は、河川となって里山や田畑を潤し、平野部の街区や集落の間を流れ、琵琶湖や周辺の湖沼に注ぎ入っています。

比良山地の特色である森と水は、生活と産業を支える重要な資源として活用されてきました。特に朽木谷は有名な花折断層が通って、樹木の生育にとって必要な厚い土壌があります。朽木の森林は、木材用として早くから伐り出されていました。また、麻生木地山は、かつては轆轤《ろくろ》村といい、谷筋のブナやトチなどを用いて木地を挽いていました。

朽木の森林は、琵琶湖の源流として比良山系の水を集めています。山麓の高島地域は、地下水の量も多く、ところどころに自噴する井戸や湧水もあり、村々の水路を流れ、「生水《しょうず》」として取り込まれて日常の暮らしに用いられていました。

比良山を背にし琵琶湖を前にする高島の地には、今も、豊かな自然があり、山辺や湖辺に四季折々の風景が広がり、そして、地域の資源を用いた物づくりの伝統が脈々と営まれています。琵琶湖源流の森は、都市住民が自然に触れる場として、そしてまた、心身を癒やし安らぐ場として大きい役割を担っているのです。

近江の風光

比叡と比良の山麓を辿る街道の周辺には、豊かな自然の間に、各時代の歴史や出来事を記憶する名所旧蹟が数多く存在しています。それらの一切が琵琶湖によって育まれたものです。

琵琶湖を抱える近江の風光は、古代から多くの和歌や名所絵の題材にされてきました。各地には歌碑や句碑が建てられています。江戸時代には、街道沿いに近江八景が出来上がりました。現在も、琵琶湖を中心に季節感あふれる風景が広がっています。その間に、神が鎮まる森、仏の在わす山があります。

近江の比叡や比良の山などは古くより神々が鎮まり山岳信仰の対象とされてきました。奈良時代には、近江の山岳仏教が南都の僧侶によって開かれました。さらに、平安時代に至って、仏教が盛んになるにしたがって多くの寺院が建立されることになります。

ことに、湖西に位置する比叡山は、京都と滋賀の境にそびえる五つの峰々から成り立ち、古くは日枝の神々の鎮まる聖地であり、伝教大師最澄が開いた霊山です。比叡山には、根本中堂を中心として尾根や谷筋を辿る道が至るところにあります。それは行者の辿った道であり、公家や貴族の参拝した道であり、庶民の参詣した道です。主なものでも三十本を越える行者道がありました。現在もその幾つかは山中に通っています。尾根や谷筋を辿る道には、いまも回峰行者の姿を見かける機会となります。

比叡や比良の山と琵琶湖の間には、古くからの神社や寺院があり、それらは、西近江路を行く旅人の訪れる名所であり、西国観音霊場の巡礼が参詣する霊場となりました。そこには、時を越えた祈りの道が現在もあり続けています。

まさに、近江は、美しい自然と豊かな歴史と文化の地です。ここに、私たち日本人が抱いてきた思いや願い、祈りといった心情や、自然との関わりにおいて育んできた文化や精神があります。それをもって、現代に生きる道標とすることを願って、琵琶湖の自然と歴史をめぐる旅を始めたいと思います。

湖と山の街道

――西近江路・若狭路・朽木街道――

神尾登喜子

一　西近江路を往く——琵琶湖・比叡山・比良山——

旅の道

私たちは、山や森、自然に抱かれて暮らしを営んできました。そして、すべてのいのちの源である自然を大切にするこころを育んできました。昔に変わらない山河の美しい風景は、日本人のこころのふるさとです。

近江のなかでも琵琶湖西岸には、地域住民が誇りとする比叡や比良の山々と、琵琶湖の豊かな自然があります。そのなかに季節感あふれる風景が広がっています。そして、湖辺には古代の北陸道以来の北国海道（西近江路）が南北に走っています。山辺には若狭街道や朽木街道が通っています。山あいには谷筋や尾根筋の踏み分け道が縦横に通じています。峠越えは集落と集落を往き来するのに最短距離の道でした。それらの道の周りには、森林に包まれた集落や田畑の広がる集落があり、人の往来する街並みがあります。

森を育む山々と水を湛える琵琶湖。周りの山々からは谷筋や里山を縫って川が流れ、田畑を潤しながら湖に注ぎ入っています。村はずれには鎮守の森がたたずんでいます。山ふところには寺、そして、集落の生活と文化を支えてきた街道が通っています。その風景には、長い時代にわたって自然の恵みをうけて生きてきた人びとの暮らしがあります。

比叡や比良の山々と琵琶湖に沿って往く街道には、峠を越え谷を渡って往来した村人や、長い道中を辿ってきた旅人の姿がありました。村人や旅人は、山の神や川の神を祈り、峠の地蔵や道ばたの祠を拝みながら山辺や湖辺の道を辿りました。

旅の道中の慰めは、美しい山河の風景であり、人の暮らしや土地の食べ物でした。そして、何よりも旅先のもてなしでした。旅に出て、街の賑わいを楽しみ村の暮らしを味わう。それは現代の旅人である私たちにとっても同じです。眼の前に広がるのは日本のふるさとにあった自然に触れ人と交わる空間であり、癒やしと安らぎのある風景です。

四季折々に彩りが変化する自然と深い森に包まれたふるさとに暮らす。そのひとときを演出するために、山や森を整え、食の文化や木の文化をつくり出す。それを旅の土産とする。そこにあるのは、ひとつの旅の物語です。旅の道は、そのための舞台装置です。

古代北陸道

琵琶湖西岸には比叡山地と比良山地がほぼ一直線に連なっています。その間を京師と北陸諸国を結ぶ街道が南北に縦貫しています。この道は古代の官道である北陸道が通っていました。

地方と中央の情報連絡を目的とする道路は、七世紀後半から計画的に整備され、八世紀には『律令』において五畿七道が制定されました。七道の国府は、幹線官道で結ばれていました。駅路には原則として三〇里ごとに駅家が置かれ、駅毎に駅馬が常備されていました。駅家は、往来する人馬の休息・宿泊施設を置き、駅鈴を持っている官人や公文書を伝達する駅使が到着すると乗り継ぎの駅馬や案内の駅子を提供しました。近江国は東山道の筆頭にあげられており、官道は、東海道・北陸・東山の三道が通っていました。都が山城盆地に遷った平安京の時代には、東海道も大津を通るようになりました。平安時代には、『延喜式』によって官道の駅路と駅家は詳細に規定されています。そして、駅家に備えて公用交通に供した駅馬と、郡衙などに備えて公用交通に供した伝馬の配置が定められています。

「兵部省式」によれば、近江国の駅馬と伝馬の配置は次の通りです。

駅馬　勢多卅疋。岡田。甲賀各廿疋。篠原。清水。鳥籠。横川各十五疋。穴多五疋。和爾。三尾各七疋。鞆結九疋。

伝馬　栗太郡十疋。滋賀。甲賀。野洲。神崎。犬上。坂田。高島郡。和邇。鞆結各五疋。

これらの駅のうち、勢多（大津市瀬田）は東山・東海二道の併用でした。草津分岐の後、岡田（甲賀郡甲西町）と甲賀（甲賀郡土山町）は東海道。篠原（野洲郡野洲町）・清水（神埼郡五個荘町）・鳥籠（彦根市大堀町）・横川（坂田郡山東町）は東山道の駅でした。穴多（大津市穴太）・和爾（大津市志賀町）・三尾（高島市安曇川町）・鞆結（高島市マキノ町）は北陸道の駅です。この時代の東海道は、仁和二（八八六）年以降の鈴鹿越ではなく、甲賀町の滝・油日辺りを通り伊賀を経由する加太越を通っていました。

北陸道は、東海道・東山道と同じく鴨川河畔三条を出発し、逢坂山を越えた山科で東に向かう東海道・東山道と分かれました。山科からは小関越という逢坂山の一つ北の峠を越える道を通りました。大津側に下りた後に比叡山麓に沿って北上しました。

琵琶湖西岸を日本海側に向かう北陸道は、最初の若狭国に至るまでの間は、近江国の駅路を利用していました。穴太・和邇・三尾・鞆結と琵琶湖西岸を北上し、野坂山地を越えて北陸道の越前国に。越前国には松原・鹿蒜など八駅が置かれていました。松原駅は、北陸道および若狭国への分岐点として重要な駅でした。来航した渤海使に対応する松原客館が設けられていました。松原は景勝の地で応神天皇を祀る気比神宮があります。

北陸道は、越前国から、さらに加賀国七駅・能登国二駅・越中国七駅・越後国一〇駅を巡って佐渡国三駅に達していました。北陸道は、日本海側になると、海岸まで山が迫って陸路が困難なため、海路による行路が多くありました。『延喜式』「主計式」に北陸道の行程が次のように定められています。

若狭国行程上三日、下二日。越前国行程上七日、下四日、海路六日。加賀国行程上十二日、下六日、海路八日。

能登国上十八日、下九日、海路廿七日。越中国上十七日、下九日、海路廿七日。越後国上卅四日、下十七日、海路卅六日。佐渡国上卅四日、下十七日、海路卌九日。

また、「主税式」には、北陸道の若狭国について、陸路に継いで海路として勝野津より大津に至る船賃を計上しています。古代は琵琶湖もまた淡水の海でした。日本海側の北陸諸国へ向かう北陸道は、湖上を含めて、他の街道に比して陸路よりも海路を用いる日数が格段に多かったといえます。

古代の北陸道を継承した近世期の街道が北国海道と称せられたのも同じ理由によります。比叡・比良と琵琶湖の間を北に若狭に行く街道は、北国海道の他、北国街道と呼ばれていました。一般的な西近江路という名は、湖東の北国街道と区別するために付けられました。現在、街道筋に残る道標にも、北国海道・北国街道・西近江路という三種類の名称が認められます（以下、本文では基本的に西近江路を用います）。

北国海道（西近江路）

近世期には、江戸の日本橋を起点として、東海道・中山道・日光道中などの五街道が整備され、さらに五街道の周辺には、脇往還、脇街道、脇道などと呼ばれる道路網が形成されました。街道には、松並木を整え、一里塚を築いて榎木を植えさせました。要所には宿駅が置かれ、人馬を常駐させて、公文書や荷物などを次の駅に引き継ぐ伝馬制度が定められることになります。寛永一二（一六三五）年には、参勤交代が制度化されて、街道と宿場の通行がより盛んになりました。

湖東には、東海道五十三次の水口・石部・草津に継いで大津の宿がありました。中山道は柏原・醒ヶ井・馬場・鳥居本の宿があり、草津宿で東海道と接続していました。

湖西の北国海道（西近江路）は、大津宿・札の辻（大津市札の辻）→衣川宿（大津市衣川）→和邇宿（大津市和邇中）→

木戸宿（大津市木戸）↓北小松宿（大津市北小松）↓河原市宿（高島市新旭町安井川）↓今津宿（高島市今津町今津）↓海津宿（高島市マキノ町海津）↓敦賀宿（敦賀市元町）という宿駅が設けられます。

寒川辰清の『近江輿地志略』（享保一九年刊）には、「西近江路　膳所より大津へ一里、大津より坂本へ二里、坂本より衣川へ一里半、衣川より木戸へ三里、木戸より小松へ二里、小松より新庄へ三里半、新庄より今津まで一里半、今津より貝津（海津）へ三里、貝津より山中へ三里半、山中より駄口へ一里、駄口より疋田へ一里、疋田より二ッ屋へ二里、二ッ屋より今庄へ二里あるなり」とあります。

北国海道（西近江路）は、古代の北陸道以来、都と日本海側の諸国を結ぶ道として官民が通行。これは、平安時代の遣渤海使も通るなど外国との交流の道でもありました。古くは、壬申の乱、藤原仲麻呂の乱、治承・寿永の乱、織田信長の朝倉攻めなどでは大軍が移動していました。さらに、江戸時代には東海道と接続し、京・大坂と北陸を結ぶ主要な街道として多くの旅人や諸藩大名が通行し諸国の物品が運送されました。また、社寺の参拝者や巡礼、修行者などの道となり、歌人文人画家などの遊行の道ともなりました。

若狭路

琵琶湖岸を南北に通る街道は、西側に連なる山地の道と結びついて道路網をつくっていましたが、そのひとつが若狭路です。古代の官道は、本道の他に、各地と結ぶ支道が設けられていました。北陸道には、若狭路・能登路・佐渡路の支道。そのうち、若狭路は、北陸道本路の安曇川分岐から本路と分かれ、濃飫（福井県上中町）・若狭国府（小浜市遠敷）・（濃飫）・弥美（美浜町）を巡り、松原付近の和久野分岐（敦賀市）で本路と合流する循環道でした。安曇川分岐は、三尾駅を過ぎて安曇川を渡った地点と推定されています。それより饗庭野を通り、熊川を経て濃飫に至るわけです。

平安時代に『延喜式』の定める、近江国の海路の基点は、湖上の勝野津と大津・塩津の三津でした。若狭国から近江国への物資は、陸路で北陸道の勝野津へ運ばれ、それより大津へ海路で運ばれました。北陸道の支道である若狭路は、後世の今津への道ではなく、追分から安曇川分岐を経て北陸道へと向かうことになります。

『高島郡誌』(昭和二年刊)は、「本郡を南北に貫通するものは北陸道なり」といい、「此道後には西近江路と称す」と記しています。さらに、「本郡より若狭小浜に通ずるものあり」とし、「若狭国府は今の遠敷郡今富村大字府中とすべし。此より熊川に出で其より今津に出しか、或は今の大溝に出しか詳ならず。大溝に出しものとすれば三谷村大字追分より分岐したるものなり。」と記しています。これによれば、北陸道の支道若狭路の通る饗庭野と熊川の間には、三谷村大字追分があったとみられます。

『安曇川町史』(昭和五九年刊)は、「『延喜式』主税式に記された北陸道《くるがのみち》の若狭から来る陸路は、厳密にいえば右の西近江路による本道ではなく、その支道というべきものである。通常今津から熊川(福井県遠敷郡)を経て、小浜に至るものは、若狭海道といわれている。そのうち今津~熊川間の四里半余を上《かみ》街道、熊川~小浜間の四里半余を下《しも》街道ともいい、両方合わせて約九里半の道のりがあったために九里半街道とも呼ばれてきた。」と記しています。そして、「追分は今津町内で、近年廃村になったところである。この道は、その追分から饗庭野を南北に横断して上古賀に出ると、そこから南古賀を経て大溝(現、高島町)へ行くものであった。」としています。この若狭路は、明治以降、饗庭野演習場になっているために通行するのは不可能な状態です。近世期に至って、湖上交通の基点が今津に移って以降は、西近江路と若狭路との接点も変更されました。『近江輿地志略』は、「若狭路　四道あり。粟柄越・深清水越・大杉越・針畑越なり」と記しています。すなわち、

○　粟柄越　牧野村より、若狭の国粟柄村にいづるの路なり。今津より国界に至て五里、国界より、若狭の国榊部に至つて四里半なり。国界より若狭小浜に至りて十三里半なり。

○　深清水越　深清水村より、若狭の国乃土《のと》の村に出るの路なり。

○　大杉越　大杉村より、若狭の国熊川村に出るの路なり。或は是を熊川越ともいふ。朽木市場より、国界に至つて三里、国界より、若狭国小浜に至つて四里半あるなり。

○　針畑越　小入谷村より、若狭国の灘左内段《なださないだん》村にいづるみちなり。朽木市場より、国界に至つて五里なり。

なかでも、大杉越は、若狭越ともいい、九里半越ともいわれます。今津街道、若狭街道と呼ばれる近江・若狭両国を結ぶ基幹の街道です。

『高島郡誌』は、「西近江路は大津より小松を経て本郡に入り、大溝町大字勝野より河原市（今安井川）今津、海津を経て剣熊村大字野口字国境より七里半越を越えて敦賀郡山中村に入り、疋田村より木芽峠を越えて武生福井に通ず。」といい、九里半街道について、「今津より追分村上大杉村を経て若狭熊川に到り小浜に達する間九里半あり、故に名づく。熊川より今津の間四里半余あり此間を上街道、熊川より小浜まで又四里半あり是を下街道と云ふ。」と記します。そして「市場より西近江路に出づるは荒川上下古賀を過ぎ井ノ口より河原市駅に出づるものを本道とす。朽木氏が隔年江戸に参勤の時過ぎしところは此道なり。」と。その他琵琶湖西岸の山辺や湖辺に大小の道が通じていました。

現在も琵琶湖西岸の街道には山と湖のつくり出す四季折々の風景。そのなかに、わが国の古代からの歴史や出来事を記憶する遺跡や史跡があります。街道を行く旅人は、風光を楽しみ、森や水に安らぎを得ていました。いまもなお、比叡や比良の山々は連なり、びわ湖は水を湛えています。

二　西近江路を往く――比叡山・坂本・仰木――

琵琶湖畔・大津

湖西の街道は、比叡や比良の山並みを背にし、あるいは琵琶湖の周辺をめぐって通じています。そして、山と湖の間に細長く帯状になって街道筋の地域が連なっています。山に密着して坂本・仰木・伊香立・葛川があり、湖に直面して下坂本・雄琴・堅田・真野があります。いずれも陸路や水路によって大津に結ばれていました。

琵琶湖に面した大津は、近江八十湊と称された数多くの津浦のなかでも大津京の外港としての位置を占めていました。さらに、平安時代以降は、近江はもとより、北国、東国から運ばれる物資の集散地として賑わっていました。陸路においても大津は、東西の接点にあたり、山一つ越えれば京都と結ばれる位置にあって交通の要衝でした。東海道に並んで東山道と北陸道も大津を経過しました。近世期にも大津には東海道や中山道（東山道）に並んで北国海道（西近江路）などが集中していました。『近江輿地志略』は「東海道・中山道・岐蘇（木曽）道等を経歴するには、皆此駅によらざるはなし。しかのみならず、北陸道に行者も、亦、此駅よりす。平安城の固、要枢の地なり（京より大津札の辻に至る三里）北越及び陸奥・出羽より、京都又西国の国々へ出す諸用の雑物、船にのせて越前敦賀に出し、敦賀より馬にて、荒乳山七里半の山路を越し、当国貝津（海津）に至り、又船にのせ、湖上三十里を歴て当津に着船す。大津の名も宜なり」と記しています。

東海道は、札の辻から大谷町・追分町を通って山科に入る逢坂越の経路を辿りました。『近江輿地志略』は「札辻　下八町の北極、京町通りの西にあり。公儀御法度の制札を建てし所あり。道程みなこゝに定る。」といいます。札の辻には、馬会所、人会所、札場が設けられ、札の辻から逢坂山に向かう道には東海道五十三次の宿場町が並んでいました。

大津と京・大坂を結ぶもう一つの街道が、山科から小関越という逢坂山の一つ北の峠を越える道でした。大津の小関町から長等山系のゆるやかな鞍部を越えて藤尾奥町を抜けて横木で東海道と接続していました。藤尾村は、長

大津札之辻（『近江名所図会』）

等山系から発する藤尾川が山間をぬって流れる谷間の村です。『近江輿地志略』に「藤尾村　是園城寺の後にあり。三井寺より如意越に、平安城へ出るもの、必此村を通る」とあります。横木の分岐点に、文政五（一九二二）年に建てられた道標があり、「三井寺観音道」と「小関越」と刻まれています。小関という名は、平安京の時代に逢坂山に関が設けられて以降のこととみられています。それ以前には主としてこの道が用いられていました。

大津札の辻から北国町通を経て三井寺に向かう途中、峠道の入口に江戸時代中頃に建てられた石造の道標が残されていますが、それには「右　三井寺」「右　小関越　三条五條いまく満　京道」「左り　三井寺　是より半丁」と刻まれています。西近江路は、道標にあるように、小関越えで西国観音霊場第十四番札所の三井寺と京都の第十五番札所今熊野とを結ぶ巡礼道でもありました。この山路を辿った松尾芭蕉も句を吟じています。さらに、三井寺の正門のある大門通から旧北保町を経て観音寺町に入ります。その曲がり角には、文政一〇（一八二七）年の道標が建っています。それには「右　山王唐﨑道」「左　三井寺観音道」と刻まれています。観音寺町から湖岸沿いに行くと比叡山系から流れ出る熊野川・尾花川・不動川・柳川が流れています。昭和一五年に建立された近江神宮の参道は柳川の河川敷でした。

それより北の際川は、三井寺領と山門領の境を流れることによる名です。北に進むと赤塚村があります。『近江與地志略』に「並木の松を明智松といふ、明智光秀がうゆる所なりといふ」と記されています。赤塚村への途中で穴太からの道と合流しています。その分岐点に白鬚明神への道標が建っています。そこより道は唐崎に向かいます。

唐崎は、『万葉集』に「さざなみの志賀の辛崎幸くあれど大宮人の船待ちかねつ」（一〇柿本人麿）の歌が載せられています。『大津市史』は、唐崎について、「『万葉集』に初めてみえ、当時は辛崎・韓崎などの文字をあてている。唐崎のカラとは、中国・朝鮮の大陸の諸国を指す言葉であることはいうまでもない。」といい、「日本海—敦賀経由のコースで輸入された大陸からの商品が、荷揚げされる港であったことからつけられた名称ではあるまいか。」として、湖上交通にちなんだ地名と解しています。ここは琵琶湖畔でも景勝地として知られていました。その中央に唐崎神社が佇んでいて、神木の唐崎の松が立っています。平安時代には桓武天皇と嵯峨天皇がたびたび行幸されています。唐崎は朝廷の七瀬祓所の一つ。『近江名所図会』（文化一一年刊）には「唐崎明神社　山王大宮初めて現はるる地にして、松の下に鳥井あまた建てり。かたはらに女別当あり、松の房といふ」とあります。唐崎の景観と湖水の風光は、「近江八景」の「唐崎夜雨」として知られていました。松尾芭蕉は「辛崎の松は花より朧にて」の句を吟じています。

比叡山麓・坂本

唐崎から湖岸を行くと四ツ谷川にぶつかります。比叡山を源にもつ四ツ谷川は、その土砂で三角州をつくっていますが、この辺りから下坂本の地となります。『近江與地志略』は「韓崎より七町北なり。下坂本の南の入口を四ッ家町といふ。」、「其次を柳町といふ是小唐崎町の略言なり。」、「それより小川を隔て、北の方を堂の前町といふ。是今津堂の前なれば呼べり。それより亦北、東南寺川を隔て、北を大道町といふ。是北国道路の大道なればいへり。」と述べ、「七本柳　柳町の浜にあり。七本といへども、柳の樹を多く植えたり。日吉七社の神輿の所以をもつて、七本柳と号す。元来日吉の大宮、大津與多崎八柳の浜より、韓崎（唐崎）に臨幸あり。此地を歴て、上坂本の今の宮地に鎮座まします。其子細によつて、柳を植しなり。」と説いています。

四ツ谷川の北には、東南寺川が流れています。『近江輿地志略』に「東南寺川　大道町と堂の前町との間にあり。川はゞ四尺ばかり有。東南寺の傍を流る故に、川の名とす。」とあり、「東南寺　大道町にあり。此辺を瀬戸といひ、戸津といひ、又今津と云。故に今専ら今津堂と号す。伝教大師の草創。釈迦仏を以て本尊とす。その地、比叡山下の東南にあり。故に東南寺と号す。」と記されています。東南寺で毎年行われる戸津説法（東南寺説法）は、最澄が母のために行ったことに始まり、天台座主への登竜門です。

西近江路は、東南寺前を過ぎると比叡への登山口にあたる両社の辻に出ます。道の両側には両社神社。『近江輿地志略』に「両社権現社　日吉祭礼道、大道町より上坂本へ上る、天神馬場先の入口、道の左右にあり。」とあります。そして、「北の方の社は、酒井大明神なり。相伝、むかし酒井町に酒の泉涌出る。ゆへに町の名とし、此泉の精神を崇び、社を建て石形を以て神体とす。酒井大明神是なり。後に遷宮すと。南の方の社は、日吉客人の宮同体にて、穴太より勧請する処なりと。」としています。

下坂本には霊水が幾つかありますがこの酒井もそのひとつです。嵯峨天皇の弘仁元（八一〇）年に下坂本の梵音堂付近で酒の泉が涌き出したといわれています。この場所は、旧社地として今も残っています。酒井神社には、近年まで辻にあった宝暦八（一七五八）年の石造道標があり、これには「右　北国海道」「左　比叡山　日吉山王」と示されています。

比叡山を源とする四ツ谷川から大宮川の間にかつては三津（御津）がありました。『近江輿地志略』に「志津・戸津・今津、是を三津の浜と云。今の下坂本の事なり。戸津を或は富津と作る。下坂本の惣名を富津と云、韓崎辺より四ッ家柳町の辺までを、志津と云、東南寺の辺を今津といふ。合して三津の浜といふ」とあります。琵琶湖南西岸に位置する坂本は、三津によって、主として北陸道の物資を揚陸する港津として発展。室町時代には、坂本は商業地としてもさらなる拠点へと変容し、湖岸の比叡の辻や富津には物資を運搬する馬借・車借が一団となって住んでいました。

坂本は文字どおり比叡山麓の坂下。『近江輿地志略』には、「上坂本　叡山の東坂本なり。浜辺にあるを下坂本と号し、上にあるを上坂本とはいふなり。穴太村より上坂本へ十町ばかりあり。」という。そして、「下坂本道、東を下る処を天神の馬場・山王祭礼路といふ。」とあり、また、「作り道町を半町許北へ行、西へ上るを鳥居の馬場といふ。」と記しています。馬場は日吉大社の参詣道。坂本には、日吉馬場に並んで、松ノ馬場、権現馬場、御殿馬場の大きな馬場がありました。その他、奥宮への猿の馬場、樹下宮への十禅師馬場、鉾馬場などがありました。これらの馬場に、祭礼に奉仕する神人宗徒が参集して、神事を斎行して登拝しました。

山手の道は八条通りとも呼ばれ日吉馬場を通る日吉大社への参道です。『近江名所図会』は「旧伝に云く、天智天皇の御宇に御鎮座ありて、桓武の延暦七年に諸社建立なれり。後三条院延久三年始めて行幸、同延久四年始めて神事の官幣使を立てられ、これより毎年四月祭礼、中の申の日に定まりける。祭るところ本宮七社、摂社十四座なり」と記しています。

登山口の上坂本は、平安時代には、日吉山王社の社殿や比叡山堂塔が多数建てられ、周囲には社家がつくられました。門前には日吉山王社や延暦寺への参詣者が多数往来しました。賑わいをみせた坂本は、元亀二（一五〇二）年の織田信長の比叡山焼き討ちによって壊滅的な状況に陥ります。天正年間には日吉大宮が再興され、山王七社も

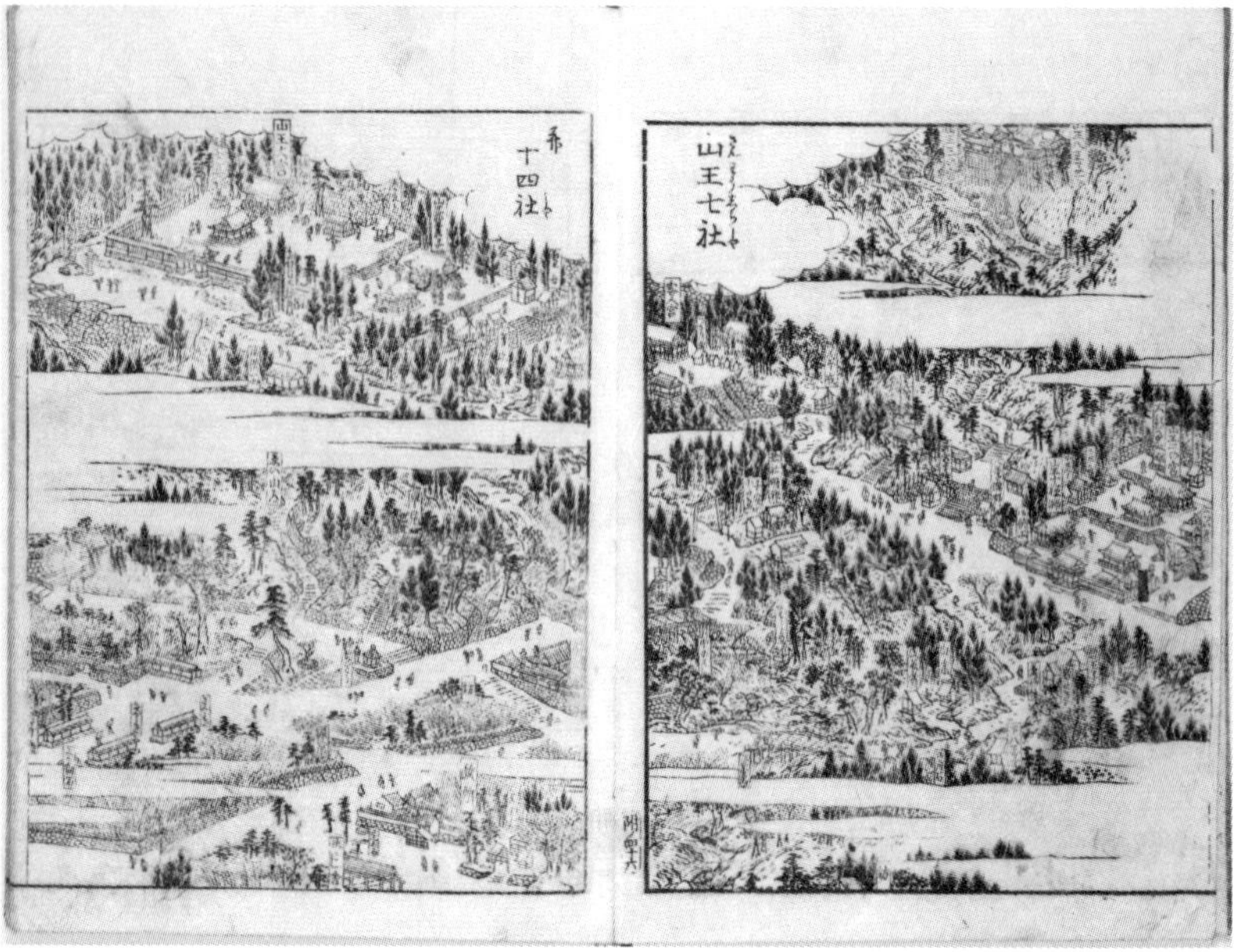

山王七社　并　十四社（『近江名所図会』）

次々と再興。それとともに延暦寺の復興も次第に進められます。その結果、坂本は延暦寺と日吉社の門前町としての形が整えられることとなりました。

大宮川を渡ると比叡山東麓の比叡辻となります。南北に走る西近江路と東から西に行く坂本本町への通りとが交わっています。比叡辻に、伝教大師最澄が、延暦九（七九〇）年に建立したという地蔵教院がありましたが、これを恵心僧都源信が念仏道場として再興し聖衆来迎寺と名付けられました。

仰木峠・途中越・葛川

比叡山麓を辿り無動寺谷への道を過ぎると仰木の地となります。仰木には、堅田から仰木峠を越えて京都へ抜ける仰木越が古くから通じていました。『近江輿地志略』は「仰木越　或は是を篠が峯越ともいふ。上仰木村より、山城大原へ出るの路なり。大津より仰木まで二里、仰木より大原へ二里半、馬道よきなり。堅田より国界へ三里半、国界より京へ三里なり。」としています。

仰木は、比叡山横川の登山口にあたり、天長八（八三一）年の慈覚大師円仁の横川入籠以来延暦寺との関係が深まりました。仰木には、大原から奥比叡横川の元三大師堂（四季講堂）に向かう元三大師道（大原道）の仰木越が通じています。また、上仰木から横川への元三大師道（仰木道）があります。滋賀県側からの最短距離で沿道には里山の風景が広がっています。

ここは、平安時代には仰木庄に属する上仰木・下仰木・平尾・辻が下の四ヶ村がありました。仰木は、源氏との縁が深く、多田源氏の満仲の事跡も伝わっています。『近江輿地志略』に、「多田満仲社遺址　平尾村辻が下村へかゝりて有之。今松林にて、御所の山といふ。十五間に百二十間許もあり。山の巡りを御所と云。」とあります。源満仲は、延喜一二（九一二）年の生まれとみられ、長徳三（九九七）年に没しました。摂津国多田庄に住み、多田源氏と称したので多田満仲と呼ばれています。伝承によると、満仲は天禄二（九七一）年に摂津多田から仰木に移って来ました。居館は多田御所と称されたといいます。貞元二（九七七）年、比叡山横川の恵心僧都を戒師として出家して満慶と称し、十余年後に多田庄に帰ったとされています。満仲は没後に小椋神社に祀られたと伝えられています。館の旧跡は、御所山と呼ばれていましたが、江戸時代には荒廃していました。元禄六（一六九三）年、後水尾天皇の女五宮賀子内親王の発願により再建されることになります。

満仲が帰依した恵心僧都は、寛和元（九八五）年に『往生要集』を著し極楽往生の念仏を広めます。満仲もその教えを受けて仰木で仏道修行に励んだとみられます。恵心僧都は、満仲の助力を得て、仰木に専念寺、真迎寺、華開寺などを開創しました。

伊香立の龍華は、平安京の営まれた山城国の境界として重視され、天安元（八五七）年には、龍華に逢坂・大石とともに新関が設置されました（『文徳実録』）。また、『延喜式』に「氷室　近江国滋賀郡龍花一所」とあり保存した氷を朝廷に献上しています。さらに、後の宝徳二（一四五〇）年には、龍華で、都に疫病の侵入するのを防ぐ四角四堺祭が行われています（『康富記』）。四角祭は皇居の艮・巽・坤・乾の四角での神事です。この年、四堺祭は会坂・大枝・龍華・山崎で行われました。「天下疫病流布に依り御祈祷なり」というのが理由です。

若狭街道の途中越は、若狭と京都を結ぶ若狭街道と北国海道（西近江路）への分岐点にあたっています。この辺りに、安永七（一七七八）年に建立された石造道標があり、「右　京都」「左　堅田」と刻まれています。『近江輿地志略』に「途中越　或は龍花越ともいふ。昔は龍花村の中なれば、龍花越とも云なるべし。途中村より山城峠を経、山城大見村を過、小出石村へ出るの路なり。小出石村より大原勝林院へ一里あり。」とあります。江戸時代には、ここに安曇川筋を下る材木の改め番所や制札場が置かれていました。

安曇川の上流の比叡・比良山地の西側、花折断層に沿って発達した渓谷に葛川があります。平地は少なくほとんどは山地です。『近江輿地志略』に「葛川谷　朽木谷と同じつゞきの谷にて、名を別にす。朽木谷は高島郡なり。」とあります。そして、「葛川寺　坊村にあり。北嶺山息障明王院葛川寺と号す。開山無動寺相応和尚なり。」とあり、「本尊は観音にして、脇侍の不動明王は相応和尚の御作也。毘沙門天は慈覚和尚の作也。」と記しています。

葛川谷筋の息障明王院は貞観元（八五九）年に開かれました。相応和尚が、生身の不動明王を拝せんという大願を発して、嶺々の高峰を降り深谷に着いて滝で祈念をつづけていると不動明王が形を現された。そこで、ここを仏法修行霊験の地と定め草庵を営んだ。これが明王院の始まりです。その後、第三瀧を中心として修験霊場の形が整えられ、延暦寺の庇護のもと修行・参籠の聖地として発展しました。『葛川縁起』によると、相応和尚は、地主神信興淵《しこぶち》大明神《だいみょうじん》からこの地を授けられました。その神域は、東は比良峯、南は花折谷、西は駈籠谷鎌鞍峯、北は右淵瀬を四至とする九万八千町とされています。信興淵大明神は、安曇川流域一帯を開拓した祖神です。志子淵、思古淵などの文字があてられています。明王院葛川寺の鎮守もまたシコブチ神です。葛川寺創建の以前よりの土地神です。

葛川谷や朽木谷から伐り出された材木は、安曇川を筏で流され、河口の船木村から湖上を大津へと回漕。安曇川流域では筏師の祖神のシコブチとして崇敬され、朽木七シコブチなどが祀られています。

雄琴・堅田・衣川

比叡山麓を湖岸沿いに行くと、苗鹿・雄琴・堅田と進みます。苗鹿・雄琴の両村には、北国街道（西近江路）が貫通。苗鹿村の街道沿いに常夜灯が建てられ、今も残されています。苗鹿には、街道を挟んで、右側に那波加神社、左側に那波加荒魂神社があります。それより行くと雄琴です。『近江輿地志略』に「雄琴大明神社　雄琴村にあり。祭神白山大権現なり。崇道尽敬天皇社　雄琴村の上にあり。祭神舎人親王也。」とあります。雄琴大明神社は、現在、雄琴神社と改称され、崇道尽敬天皇社の祭神は合祀されました。

街道から湖辺に行くと堅田となります。堅田は、対岸の木浜（守山市）との間が琵琶湖最狭部に位置しています。平安時代後期には堅田渡が設けられ湖上交通の基点として成長しました。寛治四（一〇九〇）年には京都の賀茂御祖神社の御厨が置かれ、毎日、御膳料として鮮魚を献上されていました。それと同時に湖面の漁業権を確保。

琵琶湖の水運は、中世時代には堅田衆が掌握していました。堅田は、琵琶湖水運と漁業の基地となり、諸浦の親郷と称されていました。それ以降、堅田は港湾集落として発展し、北陸・山陰に及ぶ日本海沿岸との交易も行い、近世期には、水運は大津浦に取って代わられましたが、堅田漁業の特権が江戸幕府によっても承認され堅田三方が活躍することになります。

『近江輿地志略』は「堅田村は、湖の傍て有る村なり。北国街道にはあらず。街道より十町許東にあり」とし、「此地の落雁、近江八景の其一なり。此地に漁人多く住居し、湖上浦々へ船を出し」と記しています。また、「浮御堂　堅田にあり。海門山満月寺と号す。岸より十四間ばかり、湖中へ築出して建之。」とあり「此堂初は千体仏堂と号す。一条院の御宇、恵心僧都の創造にして、恵心自、千体の阿弥陀仏の像を刻て安置すと云。」と記していま す。堅田には、古くから船大工が居住しており、修理のために船が入港すると共に、風待ちの船も泊まるなどしていました。こうした航路の安全を願って、明治八年には、出島灯台が建てられました。

堅田に並ぶ衣川は、街道筋に位置し、大津宿と和邇宿の間にある宿場。衣川は、衣川の南岸にあって、湖岸の堅田と異なり背後に丘陵地が広がっています。『近江輿地志略』には、「衣川　源は叡山横川の峯、および仰木の山中より流れ出て、仰木村・平尾村を過て、衣川村と堅田村との中間をへて湖に入るなり。あるひは、ころも川ともいふ。」とあります。

古代には、衣川を境として堅田荘と衣川荘が接していました。近世期には衣川は堅田村に含まれていましたが、延宝年間には親郷から独立して衣川村となり明治に至ります。『近江輿地志略』は「衣川村　或は絹川に作。古昔は今の村よりは二、三町ばかり西に有しが、駅馬の便悪しとて、民家を今の地に移す。本衣川村の跡、今田畑の名に残れり。衣川村は北国街道の駅次也。」と記しています。衣川宿は、大津宿と和邇宿の間にあって、堅田浦にも通じる陸路・水路の交わる重要な宿場でした。

三　西近江路を往く――比良山・志賀の郷――

比良の山並み

西近江路は、比叡山麓から比良山地の裾野を行くようになると、次第に山並みが高くなって湖岸に迫ってきます。比良山地は、南北約24㎞にわたって連なり、南山稜・北山稜・東山稜が走っています。山地の南に和邇川が流れ、西と北には安曇川が流れています。そして東は琵琶湖に面しています。

比良山地は、南から霊仙山（標高750ｍ）・折立山（標高819ｍ）・権現山（標高996ｍ）・蓬莱山（標高1173ｍ）・打見山（標高1108ｍ）・比良岳（標高1051ｍ）・白滝山（標高1022ｍ）・摺鉢山（標高1006ｍ）・烏谷山（標高1076ｍ）・堂満岳（標高1057ｍ）・釈迦岳（標高1060ｍ）などから最高峰の武奈ヶ岳（標高1214ｍ）に至り、それより北に、ツルベ岳（標高1098ｍ）・地蔵山（標高789ｍ）・蛇谷ヶ峰（標高901ｍ）が続きます。そして、琵琶湖に近い東山稜には滝山（標高703ｍ）・岩阿沙利山（標高686ｍ）・鳥越峰（標高702ｍ）・岳山（標高565ｍ）・見張山（標高517ｍ）などが並んでいます。

これらの比良山地から発する大小の河川が琵琶湖に注ぎ入っています。比叡山に源をもつ真野川と流域を異にして、北に、新丹出川・和邇川・喜撰川・天川・野離子川・木戸川・大谷川・比良川・大堂川・滝川などが西から東に流れ、それぞれの流域や河口には集落が構成されています。

『志賀町史』（第二巻平成一一年刊）には、近世期の村落について、「やや内陸の比較的高燥な所に立地しているものと、湖岸に沿って立地するものとに分かれる。南小松・大物・荒川・木戸・八屋戸・南船路・和邇中・小野などが前者に属し、北小松・北比良・南比良・和邇の北浜・中浜・南浜などが後者に属する。前者は陸路としての西近江路に沿って展開した集落であり、後者は水運や漁業を生業とする荘民の集落であったと考えられる。」と述べています。そして、「低湿地の村、漁業も営む湖辺の村、山稼ぎも営む山間の村、北国海道に面して町場の景観を呈する村と、その実態はさまざまであったが、多くの村は、南北に細長い比良山麓にあって、集村の形態をなしていた」と記しています。山が湖に迫る地に村々が点在。それを湖辺や山辺を通る西近江路がつないでいます。この地域にとって西近江路は、集落を結ぶ道であり、暮らしの道。そして、人びとの往来する道なのです。

真野

堅田を過ぎると、比叡山に発する真野川が伊香立から大きく蛇行しながら東流して琵琶湖西岸に注いでいます。

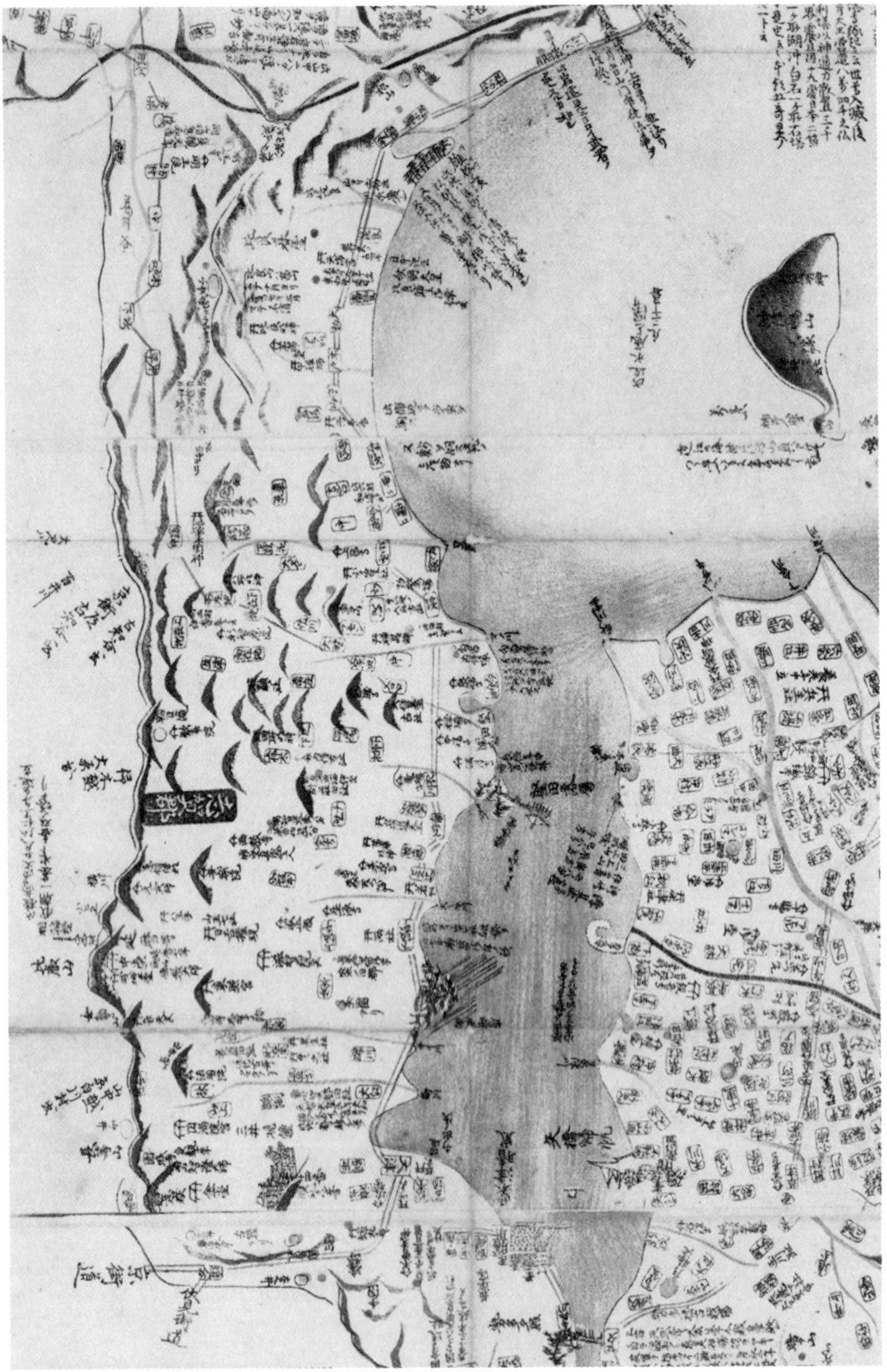

『細見新補近江国大絵図』志賀郡

『近江輿地志略』に「真野川　源は普門村・佐川村の西を出て真野の南をへて湖に入なり。」とあります。真野川は、河口に長大な三角州を造り、河口部の左岸は真野浜となっています。近世期には、真野浜で堅田からの廻船に荷物を積んでいました。

真野の地名は、八世紀の天平宝字六（七六二）年、石山寺改築時に真野村から白土を採取した記録に出てきます（『正倉院文書』）。一〇世紀の承平年間に成立した『和名類聚抄』にも、滋賀郡の四郷のひとつとして真野郷の名があげられています。『大津市史』は、「現滋賀郡志賀町小野・和邇中なども同郷に含まれていた可能性があるが、さらにどこまで北方にひろがっていたかは不明である。」と記しています。また、『志賀町史』は、「いまの志賀町域では、後に和邇北浜とも呼ばれた北浜あたりより北の方には、郷が置かれなかった」としています。真野郷は、堅田付近から、真野村・小野村・和邇村にかけての地域であるとみられます。

真野郷には、古代の豪族である和邇氏の所領地や真野氏・小野氏の本拠地がありました。真野川を中心とする地域は、真野の地名を冠する真野氏の本拠地でした。『新撰姓氏録』に、持統天皇四（六九〇）年に、真野村に住む和《わ》邇《に》部臣《べのおみ》真鳥《まとり》忍勝《おしかつ》らが真野臣の氏姓を授けられたとあります。真野氏は、和邇氏同族とされる和邇部臣から独立した一族です。『大津市史』は、「現在の志賀町和邇の辺りに和邇氏の田荘・部民が設定された」といい、「和邇部臣というのは、在地の小豪族が和邇部を管掌するものであった。」と述べています。さらに、「真野郷の一角に和邇氏が部民を設定したのは、その土地自体からの収入が目的ではなく、加賀・越前・若狭など北陸に設定した所領・部民からの貢納品を湖上航路によって運搬するための中継地の意味が大きかったにちがいない。」と説いています。真野氏として一族を形成した豪族が和邇部臣として果たした役割もここにあったといえます。

真野川は、古代や中世には、河口が湖岸に深く入り込んで入江をなしていました。平安時代末期の『金葉和歌集』に「鶉なく真野の入江の浜風に」の歌が載せられているように入江は風光に富んだ景勝地でした。しかし、近世期には、『近江與地志略』が「真野入江　今は埋もれて田地となれり。浦とも浜ともいへり。」というように入江は消滅していました。そのため、浦と入江の機能は、堅田や下阪本に移行し、真野は農村としての性格が強まったとみられています。近世期には、真野に普門村・大野村・真野村・家田村・谷口村などが形成されていました。

『近江與地志略』に「真野村　正一位神田大明神社　延喜式にいはゆる近江国滋賀郡八座の中、神田神社といふは是なるべし。普門村にも、神田神社有れども、此神を普門村へ勧請したものなるべし。」とあります。真野村に鎮座する神田神社は真野一族の氏神です。祭神である彦国葺命《ひこくにふくのみこと》は、真野の遠祖でその子孫が真野の入江の汀《みとしろ》、神田の地に神殿を建てて祭祀したのが始まりと伝えられ、地名により神田神社と称しました。弘仁二（八一一）年の創建とされ、延長五（九二七）年に式内社に列し、滋賀八座のうちの一座となりました。現在地より東の下河原に鎮座していたのが、およそ二〇〇年前に水害を避けるために現在地に移されました。普門の社を上の社とし真野の社を下の社としています。

小野

真野川を渡ると小野があります。集落の道脇に「外交始祖大徳冠小野妹子墓是ヨリ三丁余」と刻まれた石造の道標が立っています。小野の唐臼山古墳は妹子の墓とみられています。現在は妹子公園の頂上部にあります。この地は、古代の名族小野氏の本拠地でした。

小野氏は、天武・持統両朝に仕えた有力氏族で、小野妹子は推古朝の六〇七年に遣隋使の団長となり外交において功績を上げました。小野氏は、妹子が琵琶湖西岸の小野村に居住することによって、その村名を氏族の名とした一族です。『新撰姓氏録』には、「大徳小野臣妹子、近江国滋賀郡小野村に家す、因て以て氏と為す」と記されます。小野氏の本拠地について、『志賀町史』は、「琵琶湖が最も狭くなる南湖と北湖のくびれ部のすぐ北川にあたり、南は真野川、北は和邇川に挟まれた地域に相当する」とし「小野氏の古い領域は、こを中心に堅田辺りも含むものであったであろうか。」としています。小野の地のすぐ北には、和邇川を隔てて和邇の地となります。

小野氏は、和邇氏が衰えた後は、系譜を同じくする氏族の中心的な存在になりました。『大津市史』は、「継体・欽明朝に活躍する小野臣や近江臣のような大豪族の経済的基盤として考えられるのは、湖水の良港に恵まれたところから、淡水漁業と湖上交通を媒介とした遠距離の交易活動であろう。」とみています。小野氏の所領は、山城国の愛宕郡小野郷などに及んでいたとみられています。『延喜式』の定める式内社が、高島郡の海津と、愛宕郡の小野にあります。海津は、敦賀と近江をつなぐ水陸交通の要衝であり、小野は、山城と近江・北陸をつなぐ陸上交通の要衝でした。

小野の地に鎮座する小野神社は、小野氏の始祖とされる米餅搗大使主命《たがねつきのおおおみのみこと》を祭祀しています。平安時代に入って、米餅搗大使主命は小野氏を中心とする同族の守護神として崇敬されました。『続日本紀』の承和元（八三四）年二月条によると、「小野の氏神の社は、近江国の滋賀郡に在り。勅すらく、彼の氏の五位已上は、春秋の祭り至らむ毎に、官符を待たずして、永く以て往き還ることを聴す。」との勅許が出されます。次いで、承和四（八三七）年二月条には、大春日・布留・粟田三氏の五位已上に対しても、小野氏に准じて春秋の祭に官符を待たずに近江国の滋賀郡に在る氏神の社に向くことを聴すという勅許が出されています。事前の許可なくして平安京を出て近江国滋賀郡に在る氏神の祭祀に帰省してよいという特例です。

大春日は、かつての春日臣、古くは和邇臣です。布留は大和国山辺郡石上郷の豪族で物部氏のもとにありました。粟田は、春日粟田臣と呼ばれる大和国添上郡や山城国愛宕郡粟田郷を本拠とする豪族です。いずれも、和邇氏の同族とされていました。それらが小野氏の氏神の祭祀に参列することによって同族の証を得たといえます。『大津市史』は、「同族の諸氏族も小野氏に依存する形勢になり、同族団の共同の氏神祭も小野氏の本拠の小野神社で執行されるようになったものであろう。」とみています。さらに、「このような変化は、継体系の新王朝成立を契機として起こったものであるから、推古朝の大徳小野妹子のときに、すでに同族内の主導権を把握していたことであろう。」というのです。

『志賀町史』は小野神社の祭神について、「タガネツキ大使主命は、現在では餅搗きの神であるが、元来は鍛冶師の神であり、和邇部氏の始祖神であったと思われる」としています。すなわち、『新撰姓氏録』に「米餅搗（舂）」と「鏨着」の二通りの文字があることから、「鏨着」の用字が「鏨衝」につうじるとすれば、神名はタガネで鉄を断ち切る人の意味になるというわけです。そして、この神は和邇部の始祖と思われることから鍛冶師に由来します。さらに、「タガネツキは、本来古代本町域の地に根ざした神であり、小野氏同族の出自にかかわる人というようになったのは八世紀以後のことである。」と述べています。そして、「遅くとも平安時代の初めに餅搗きの神と思われていたことは確かである。」としています。和邇氏の氏神から小野氏の氏神への転換です。現在、小野神社には神事用の米粉の餅を搗く「粢祭《しとぎ》」に伝えられています。それは祭神が餅搗きの神として崇敬されていることの表れです。

和邇

和邇は比良山系に発する和邇川が琵琶湖に注ぐ一帯にあります。和邇の地は、古代には豪族和邇氏の所領でした。和邇氏は、和珥、和迩、丸邇なども記される古代豪族です。和珥臣は大和国添上郡和邇を本拠とし、後に春日に移り、春日和珥臣、さらに春日臣と称しました。大和の豪族である和珥臣は、五世紀には近江に進出したとみられています。

和邇臣一族は、第一五代応神天皇の妃宮主宅媛《みやぬしやかひめ》を出し、兎道稚郎子皇子《うじのわきいらつこのみこ》、矢田皇女《やたのひめみこ》や雌鳥皇女《めとりのひめみこ》が生誕しています。

ていました。また第二一代雄略天皇の妃童女君《わらわめのきみ》や第二四代仁賢天皇の妃糠君娘《ぬかきみのいらつめ》や第二六代継体天皇の妃荑媛《はえひめ》などを宮中に入れています。

『志賀町史』は、「和邇臣は、奈良県天理市和邇を中心に、奈良盆地東北地域のいくつもの親族集団の首長級が結びついた巨大豪族で、日本史上最古かつ最大の勢力である。和邇という一族の呼び名は、社会的職能集団としての鍛冶に由来する。」と記しています。その背景として、「本町域は、湖北の伊香郡高月町・木之本町や高島郡マキノ町・今津町に並んで、四世紀後半に日本最古級の製鉄が始まっていた可能性がある。」というわけです。さらに、「古代近江は鉄を生産する国である。」と述べています。

和邇村の名は、弘仁四（八一三）年の太政官符にみえます。すなわち、「猨女《さるめ》の養田は、近江国和邇村、山城国小野郷に在り。今、小野臣・和邇部臣等は既に其の氏に非ずして、猨女を供らる。（略）猨女公氏一人を定めて縫殿寮に進め闕くるに随い即ち補え」とあります（『類聚三代格』）。これによると、和邇氏と小野氏は、ともに、鎮魂祭で神楽を奉仕する猨女を宮中に出し、その収入源である養田を近江国和邇村と山城国小野郷に設けていました。

『志賀町史』は、和邇村は、「和邇川下流北岸の琵琶湖畔から山間にかけての地域にあり、小野村の北、いまは志賀町の和邇中から山寄りの和邇に及ぶ地域のうちにあった。和邇川に沿って竜華越の道が走り、ここには竜花関が天安元（八五七）年に置かれて、京へつうじる要路をおさえていた。」といいます。

和邇は、山城国から龍華道が東に向かって進み、近江国の琵琶湖岸に接する地点に位置しています。和邇は平安京と外界との境界でありました。この地で、都を災厄から護る四角四堺祭が行われました。都の外から疫病や災害をもたらす疫神が侵入するのを防ぐために行う祭祀です。四角祭は皇居の艮・巽・坤・乾の四角で行われる陰陽師の祭祀です。同じく、四方祭は平安京の郊外四所の祭祀です。和邇堺が会坂堺・大枝堺・山崎堺と並んで祭場とされていました。『志賀町史』によると、和邇堺は、「龍華越ルートの山城と近江の国境、すなわち大津市伊香立途中町付近であった」と推定されています。

平安時代には、和邇に朝廷や神社に琵琶湖の魚介類を貢納する御厨が置かれていました。九世紀には、貢納品は山野の獲物も加わり、供進先も広がり供御物も増加しました。その他、真野の白土や比良の材木などを運ぶために、和邇船瀬がつくられました。和邇は往還舟船による公私運漕の要点となり、古代北陸道の和邇駅のみならず和邇船瀬の設けられた陸上交通と湖上交通の要衝でした（『志賀町史』）。

和邇には、古代北陸道の駅が穴太に次いで設置されていました。『志賀町史』は、「古代をつうじて、志賀町域は、律令国家の官道のひとつである北陸道が通過する要所でありつづけた。」とし、「本町域には、駅馬七疋と伝馬五疋を備えた和爾（和邇）駅が置かれていた。」と記しています。和邇駅は、「龍華関を通過してきた道が北陸道に合流する地点」にほかなりません。龍華関は、天安元（八五七）年に、「相坂・大石・龍花等三処の関剗」が置かれ（『文徳実録』）、翌年には解消された新関のひとつです。『志賀町史』は、「龍華（龍花）関は京都市の八瀬・大原から北上する若狭街道ルートの花折峠手前で東折して、和邇に向かう道沿いの大津市伊香立上龍華・下龍華の域内に置かれた。」と記しています。

古代の和邇駅は、和邇中という地名に残されています。『志賀町史』に「和邇中は、和邇川が丘陵の間を流下して谷口を出、同川がつくった三角州面に移る境界部の、標高九五メートル内外のところ、すなわち琵琶湖面との比高一〇メートルほどの扇状地に位置する。」とあり、さらに「和邇川を渡り小野集落を貫くほぼ直線の西近江路が、この区間に関する限り古代北陸道にさかのぼる可能性が大きい。」というのです。古代の北陸道は、街道の整備も不十分で安定した道を通ったとみられます。後世の北国海道（西近江路）は湖岸を行くことが可能になったために平坦な道を用いました。

和邇宿・木戸宿

江戸時代の西近江路は、志賀町域では、和邇宿・木戸宿・小松宿が置かれました。『志賀町史』は、「和邇宿の中心は、今宿村であったとみられ、北国海道と龍華（大津市）から途中村（大津市）を経て京の大原へ抜ける間道（龍華道）とが交わる三叉路には、榎の大樹がかつてあったことを示す石碑が建てられている。このことから和邇宿は別名榎宿といった。」と記しています。

明治八（一八七五）年に、和邇中村は今宿村と合併して榎村となりました。和邇宿にある西近江路と途中越の岐路にあった一里塚に植えられた榎の大木が枯れたので、明治百年記念に榎の文字を刻んだ石碑が建てられました。石碑には標縄をめぐらせてあります。

西近江路は和邇宿を経て木戸宿に継ぎます。木戸は、比良山系の打見山の麓から東流して琵琶湖に注ぐ木戸川流域に開けた村落で、東部の湖岸には大谷河口の三角州まで松ノ浦が続いています。打見山と比良岳との鞍部には木戸峠（標高980ｍ）があり、葛川の坊村と木戸とを結んでいました。葛川からは木炭を琵琶湖側に運び、替わりに米を求めたコメカイ道といわれています。

『近江輿地志略』に「木戸村　荒川村の南に有り。小松より此所まで二里八町あり。是北国の順路なり。」とあります。集落の中を西近江路が通り、街道には、天保七（一八三六）年建立の道標があり「白鬚大明神　右是より京都」と刻まれています。『志賀町史』は「木戸という地名自体が、街道上の関門を意味する地名であり、荒川にも小字「城ノ本」がある。さらにこの小高い位置から湖水を眺めれば、湖西の沿岸を行く船舶の動向も一望の下に把握でき、湖西の水陸の重要な要衝であったといえる。」と述べています。そして、木戸宿から、北の小松宿まで二里八町、南の和邇宿まで一里一五町に位置し、大物・荒川・守山・北船路の四か村が定助郷を勤めていたと記しています。

街道筋には、木戸の樹下神社や北船路の八所神社などの鎮守がありますが、木戸村の鎮守は十禅師社と呼ばれました。『近江輿地志略』に「十禅師社　木戸村に有り。祭礼毎年四月初の酉の日。北舟路村の八所明神の神事と五箇村立会也。」とあり、北船路（現八屋戸）の八所神社は、社伝に「信長の兵火で日吉神社が焼亡した際、同社禰宜生源寺行丸が御神霊を奉持して当社に逃れた由縁で御分霊を勧請して八所大明神と称した」とあります。八屋戸は、比良山系の一つ蓬莱山の山麓にあって、その守山は登山口です。

比良・小松

西近江路は木戸の集落を抜けると琵琶湖畔近くを通ります。左方山側は比良山系の中心部というべき地域で蓬莱山から北に、比良岳・鳥谷山・堂満岳・釈迦岳と連なっています。山々は、冬には日本海側から吹き寄せられた雪に覆われます。冬の比良岳は、近江八景のひとつ「比良の暮雪」の装いをみせます。

秋から冬には、比良山地からは、山麓から湖岸にかけて、「比良おろし」という強い風が吹きます。特に春先に吹く最も強い風は、地元では「荒れじまい」といい、一般には「比良八荒」と呼ばれます。この時季、「比良八講」が執り行われていたことがその所以です。貞享二（一六八五）年刊の黒川道祐『日次日記』には「二月二十四日比良の八講　江洲比良明神社、古今曰く、比叡山の僧徒、法華八講を修む。この日湖上多く風烈し、故に往来の船は急事に非ずんば則ち出でず。」と記されています。「法華八講」は、法華経八巻を講ずる天台の法会です。ここにいう江洲比良明神社は、『神祇志料』は、「滋賀郡比良嶽東麓比良大明神又白鬚明神」としていますが、現在は、明神崎の白鬚神社に比定されています。

比良から小松にかけての、吹き寄せる比良の山風と、その山風が運んでくる比良の雪は、歌に詠まれ絵に描かれてきました。『万葉集』に「ささなみの　比良山風の　海吹けば　釣する海女の　袖返る見ゆ」と詠われています

（二七一五）。比良の山から湖に吹き下ろす風が、釣りをする海女の袖をひるがえす。古代北陸道の淡海の、比良の山と湖には、万葉人の心をとらえる風景がありました。それは、後の時代には歌枕としてさまざまに詠われています。

南比良や北比良には、湖畔に比良浦とか比良湊と呼ばれる入り江や小松崎の汀などの名勝があります。『万葉集』に「我が船は　比良の湊に　漕ぎ泊てむ　沖辺な離り　さ夜ふけにけり」（二七四）という歌が載せられています。この歌は、夜に船を停泊させる湊が比良川の河口近くにあったことを示しています。

『近江與地志略』に「比良川　砂川なり。川はゞ三十間余、常は水なし。源は小松山比良山より出。山谷の滴、二に流、比良村・小松村の間にして、合して一流となり、湖に入るなり。」と記しています。さらに、「比良村　南比良・北比良の二村あり。比良山の東のふもとなり。比良浦・比良湊などいふも、此地の事也。」とあります。『志賀町史』は「七、八世紀に、当時の比良川流路の北岸または南岸背後に内湖・湾入を想定することは妥当であり、そのいずれかが比良湊として機能していたと考えられる。」としています。

また、『万葉集』に「比良宮」（七）という名称がみえます。志賀町辺りにあった行宮と思われますが、宮跡は不明です。他の歌には「比良の浦」（二七四三）という地名がみえます。『日本書紀』の斉明天皇五年三月三日条に「天皇、平の浦に幸す」とあるのに合わせ考えて、比良川の河口近くに琵琶湖遊覧の舟泊まりがあったとみられています。『志賀町史』は、「昔の比良川の河口は、いまよりずっと南の方であったし、比良宮は北陸に向かう陸路にも近いところにあったであろう」と推定しています。いずれにしても、比良の山々を背にした琵琶湖畔は風光に勝れた名所でした。

比良川河口の三角州は、小松崎と呼ばれています。『近江與地志略』に、「比良小松崎　則比良川の下流の岬なり。往古よりふるき松二株有り。湖上の船の上下のめあてにす。」とあります。『志賀町史』は、「小松崎は、和歌に詠まれる名所で、現在の近江舞子、雄松崎付近に当たる」と推定しています。

小松山に名勝楊梅瀧があります。『近江與地志略』に「楊梅瀧　小松山にあり。小松山は其高さ四町半あり。瀧は山の八分より流る。瀧つぼ五間四方許。たきはゞ上にては三間、中にては四間、下にては亦三間ばかり。この瀧、長さ三十間、はゞ三間許、水は西方より流れて東へ出、曲折して南へ落、白布を引がごとし。故にあるひは布引きの瀧といふ。瀧の辺、岩に苔生じ、小松繁茂し、甚壮観なり。小松街道より此瀧まで十九町あり。」とあります。

小松は、比良山地の東麓に位置して湖岸にまで広がっています。『近江與地志略』に「小松村　南北に二村ありて、相わかるるがごとし。（略）此地も往古は繁盛の処にして、商船着岸の津にて、小松津といひたる」と記しています。小松津は古くから湖西地域における港津のひとつで、比良小松の廻船が板材を積み出していました。

北小松村は、『志賀町史』に、「北国海道（西近江路）の宿場でもあり、陸上交通と湖上交通の結節点でもあった。」と記されています。北小松宿は、南の木戸宿まで二里八町、北の河原市宿（新旭町）まで三里二十六町の位置にありました。北小松浦は堅田分浦で、「南船路浦から打下村堀切までの地域から荷物を積み出していた」とされ、「旅人の運送としては彦根と長命寺が挙がっており、北国海道の利用者を対岸に渡したのであろう」としています。

明神崎・白鬚神社

北小松を過ぎると鵜川が流れています。『近江與地志略』に「北小松村と白鬚社の中間にある小川なり。源は高島郡の山中より出て、東に流れて湖に入。昔此辺にて鵜をつかひしなるべし」とあります。比良山の北端が湖にいたる景勝の地には白鬚神社が鎮まっています。『近江與地志略』に「白鬚大明神社　鵜川・打下二村の間にあり。打下村は高島郡なり。此社有る地は郡界なり。小松より四十六町あり。」とあります。

湖岸を行くと、鵜川辺りから山と湖の間が狭くなります。比良の山地が琵琶湖にせり出した明神崎は、道が湖岸に接する街道随一の風光の地です。『万葉集』に「磯の崎　漕ぎ廻み行けば　近江の海　八十の湊に　鶴さはに鳴く」（二七三）という歌があります。近江の湖で、磯の崎と歌われる石の多い波打ち際は数少なく、そのひとつが明神崎です。後に来る歌にみえる「高島の勝野の原」（二七五）は、明神崎から湖岸沿いに行ったところにあります。先にあげた歌の「比良の湊」と一連の地は、街道のなかでも山と湖が最も接近するところにあります。なかでも、明神崎は、比良山地の長宝寺山（標高約370ｍ）と呼ばれる丘陵が琵琶湖に最も近づくところに位置してます。背後の岳山（標高566ｍ）や岩阿砂利山（標高686ｍ）にみられる花崗岩は、風化浸食をうけて崩壊が激しく、湖畔に岩石を流出しました。それらが琵琶湖畔には稀れな「磯の崎」を形成しました。明神崎に鎮座する白鬚神社は、古くは比良明神とも称されました。『近江輿地志略』には、「白鬚大明神社　鵜川・打下二村の間にあり。打下村は高島郡なり。此社有る地は郡界なり。小松より四十六町あり。所祭神猿田彦神也。」と記され、その姿から白鬚明神とも呼ばれて、延命長寿の神として崇敬されています。

社前の湖中祭神には、朱塗りの鳥居が建っています。社伝によると、古来波打ち際に鳥居が見え隠れしていたとも、天下変災の前兆として社前の湖中に石橋や鳥居が突然姿を現したとも伝えられます。湖上交通の盛んな頃には、舟での参拝の目印でもあったとか。境内には紫式部の歌碑や松尾芭蕉の句碑などが建っています。また、神社の傍らには鵜川四十八体と呼ばれる石仏が並んでいます。

四　西近江路を往く――比良山・高島の郷――

高島町

高島町は、古代の高島郡一〇郷のうち、三尾と高島の二郷に属していました。平安期以降には加茂・横山・音羽・高島荘などの荘園が起こりました。江戸時代には、鴨川流域に水尾村・音羽村・伊黒村・永田村・石垣村・打下村などの集落がありました。明治二一年の町村合併で、各村は、高島村・大溝村・水尾村の三ヵ所に併合されました。そのうち大溝村は明治三五年に大溝町となります。さらに、昭和一八年に三ヶ町村は高島町として合併。鵜川は昭和三一年に編入という経過をたどります。

西近江路は、明神崎の白鬚神社を過ぎると打下に入ります。打下は、白鬚神社のある鵜川が明治に入って高島郡に編入されるまで滋賀郡との堺でした。『近江国輿地志略』は、「郡界は打下村の南、白鬚神社の北にあり」、「此地湖辺にして、然も比良山のすそなれば、嵐はげしく打下すとの名なるべし。比良山の颪を詠る歌多し」と記しています。『万葉集』には「楽浪の比良の山風」（一七一五）の歌が載せられています。その他「比良の浦の海女」（二七四三）が詠われています。

打下の浜に沿う浜堤はその上に打下の集落をのせ、内側には内湖の洞海（乙女ヶ池）を抱えています。嶽山がせまる湖岸に面した鵜川と打下は、高波や湖面水位の上昇によって湖水がしばしば氾濫しました。そうした湖水の浸水を防ぐために浜石垣が築造されます。浜石垣は打下から勝野にかけての防波堤として集落を守ってきました。現在、その一部が残っています。

高島町は、高島村に属す高島（旧伊黒村）・拝戸・鹿ヶ瀬・黒谷・畑の五大字と、大溝村（明治三五年大溝町と改む）の勝野・音羽・永田の三大字、水尾村の鴨、宮野、野田、武曽横山の四大字から構成されます。町域は琵琶湖の西、比良山地から発する鴨川が形成する平野に広がっています。この地は西に連なる比良山地が琵琶湖まで迫り、南の釣瓶岳と釈迦岳の山並みは、大津市北小松との境になっています。渓谷の多い山々から流れる和田打川・小田川などの河川が湖岸に砂浜を形成。六世紀には大和朝廷と深いかかわりをもつ古代豪族三尾君の根拠地として栄えました。華麗な副葬品を納めた稲荷山古墳（出鴨）がそれを示しています。『高島町史』（昭和五八年刊）によると、高島

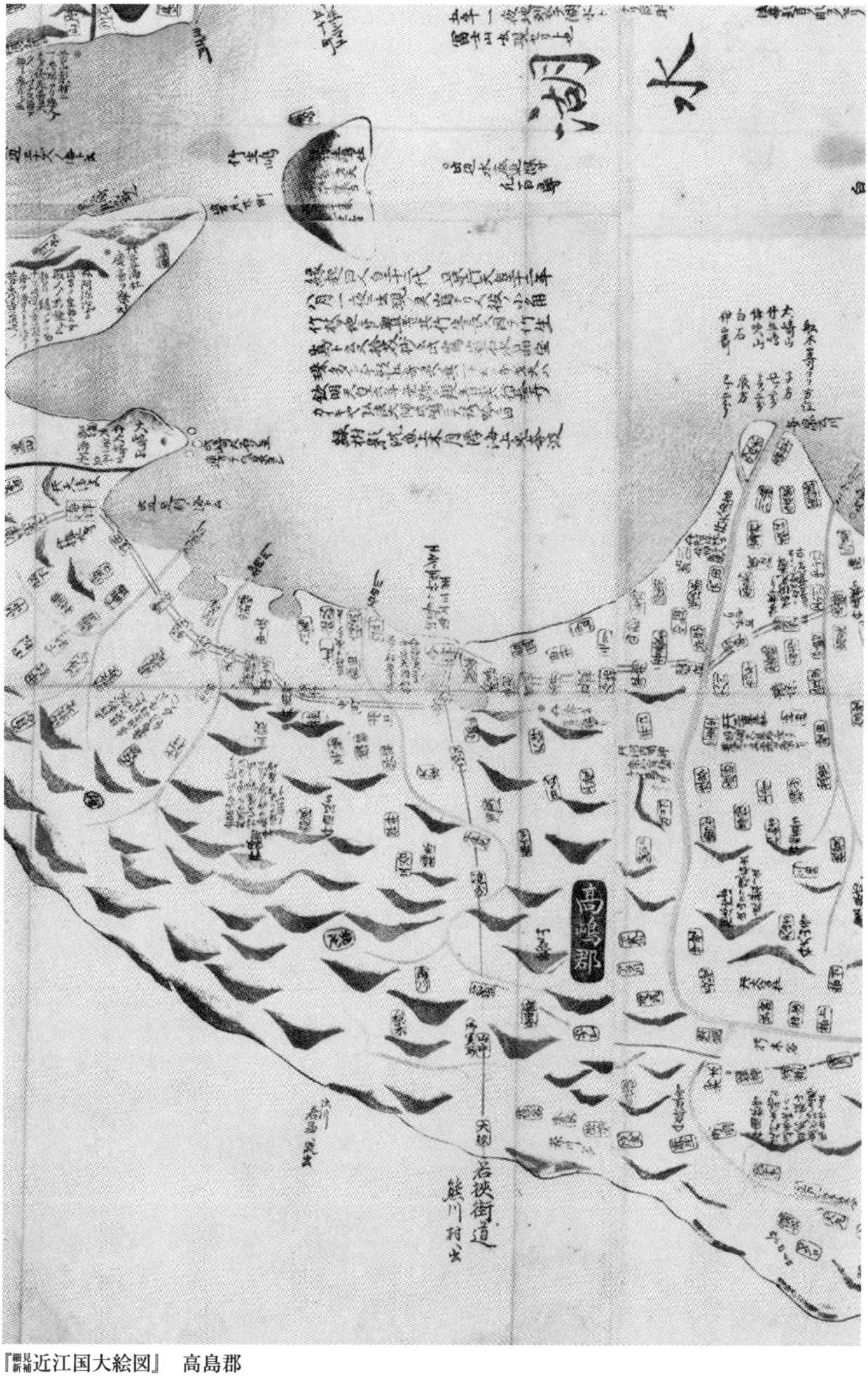

『細見新補近江国大絵図』　高島郡

の地と関係の深い継体天皇の母妃は三尾君氏の出身で、息長氏に扶養されていた彦主人王に迎えられ、湖西の三尾君氏の拠点「三尾別業」に居住したといわれています。

琵琶湖西岸にある古代の三尾は、京師から日本海側に至る官道である北陸道の三尾駅が置かれており、平安時代には、琵琶湖の湊を代表する勝野津は、湖上交通の要港として定められていました（『延喜式』）。ここには和邇・勝野津・安曇・塩津などの湖港がありましたが、なかでも、塩津（伊香郡西浅井町）と並んで勝野津は日本海側の物資を大津に回漕する有数の中継点でした。若狭をはじめ北陸諸国の官物は陸路で勝野津まで出た後、船で大津まで運漕されていました。『高島町史』は、「越前からの官物を塩津から湖上を運ぶ航路にとっても、勝野津は、風待ちや波浪を避けるための重要な港であった」とし、「勝野津は水陸交通の要衝にあったために、北陸への往還に官人や旅人がこの地に立ち寄り、ここで詠んだ歌が『万葉集』に七首おさめられている」と記しています。『万葉集』に詠まれた「高島の勝野の原」（二七五）、「高島の三尾の勝野の渚」（一一七一）、「水尾が崎真長の浦」（一七三三）、「高島の香取の浦」（一一七二）、「大船の香取の海」（二四三六）、「高島山」（一六九二）などから勝野が名勝の地であったことがうかがわれます。

勝野原は、陸路は西近江路が通り、若狭路との分岐点であり、また水路は湖西水運の中継点として交通の要衝の地。天正年間には、この地に琵琶湖の防備を固めるために、織田信澄によって湖西唯一の大溝城が築かれます。琵琶湖と細い水路で通じる内湖を利用した水城です。城跡には天然の外堀であった乙女ヶ池が残されています。

大溝城の詳細は明らかではありませんが、本丸の南と東が琵琶湖の入江、洞海（乙女ヶ池）に接していたとみられています。『高島町史』は、この湖岸の入江築城に踏み切った理由について「大溝が湖西の良港であり、西近江路（北国海道）が通じる水陸交通の要衝であったのみでなく、背後に長宝寺山をもち、南は明神崎で湖面と山地が接触する狭隘な地形が、戦闘防衛の上から有利であったからだろう」と記しています。大溝城下が整備されたのは元和五（一六一九）年の分部光信公の大溝入封によってです。光信は旧城跡に陣屋を建設し、石垣村を上下に分け、下石垣村を武家屋敷と定めて郭内と称しました。また、光信公の転封とともに伊勢上野から移住した商工業者は、城下に町屋を構え、六軒町・長刀町・江戸屋町・蝋燭町・職人町・十四軒町のいわゆる大溝六町の新町を形成。大溝城下では、西近江路の通商権を有する高島商人が活躍することになります。

『近江輿地志略』は、「大溝打下の北にして、石垣村に続く。相伝ふ。大溝は古来の城の名にして、民家は石垣村也。織田七兵衛信澄当城にあつて、後分部左京亮光信当所に封せられてより、民家立つゞき、大溝の名は出来ぬ。爾来石垣村とは別になつて、大溝の町と呼り。」と記します。西近江路は、大溝城下に入って後、永田・鴨両村を北上して川原市宿に。そして、本街道と各地の集落を結ぶ支道が通じていました。『高島町史』は「北国街道を軸に、高島町には、鴨村から朽木村市場にいたる約五里（約二〇キロメートル）の朽木道（若狭への別街道）、勝野（大溝）から拝戸村を経て田中（安曇川町）にいたり、南船木（安曇川町）船木港に通ずる約四里の田中道、北国街道の永田村から田中にいたる一里八町（約五キロメートル）の上出道、田中道の拝戸村から分岐して黒谷・畑村いたる約一里五町の高島道が走っていた」としています。そして、「特に音羽村から拝戸・伊黒・富坂・鹿ヶ瀬・黒谷・畑の各村を結ぶ高島道は、畑村から朽木村の村井に山越えする横田（谷）越と、拝戸村から鴨川を渡って武曽から朽木村の中心地市場に通ずる入部谷越の二つの峠で朽木村を結び、人馬の往来で賑わっていた」といいます。この高島道は、主として朽木村の産出する木炭を大溝の炭問屋や町家に運ぶために利用されていました。

安曇川町

安曇川町は、古代の高島郡一〇郷のうち、神戸郷・三尾郷の二郷に属するとみられています。平安時代には、古賀荘・田中荘・三尾荘・船木荘などの荘園が成立。鎌倉後期以後は荘園が衰微し、室町期には佐々木京極氏の勢力が及び、在地の田中・山崎氏等がその配下に入り、それぞれ上寺・五番領に居城を構えます。

江戸時代には、安曇川上流の長尾・上古賀・下古賀、泰山寺野東麓の田中・三重里、安曇川流域平地の常磐木・五番領・西万木・上小川、安曇川下流の青柳・川島、河口の北船木・南船木、鴨川流域の下小川・横江などの村落がつくられました。それらの村落は、明治二一年の町村制の施行に伴い、安曇村・本庄村・広瀬村・青柳村として統合、さらに昭和二九年に四ヶ村は、安曇川町として合併されます。

比良山系の分水嶺から流れる安曇川は琵琶湖西岸で最も長く水量も多い湖西第一の河川です。『近江輿地志略』によると、「安曇川　川幅二百間許。或は所に寄三百間、三百二十間に及ぶ。常水三十間許。風雨に因て水甚増なり。上河原村と新庄村に於て舟渡をす。大概丹波界より船木村迄二十余理の長さにして、湖西第一の大河」であるといい、「此安曇川鮎鱒等を産す。古昔加茂社神供になりし鯉も此川より網せしといふ」と記しています。安曇川の河口には船木の浜が広がっていますが、『万葉集』に「高島の　阿渡白波は　騒けども」（一二三八）とか「高島の　阿渡川波は　騒けども」（一六九〇）と詠われているように、安曇川は波が高いことでも有名でした。

安曇川町は、安曇村に属す田中・三尾里・西万木・五番領・常磐木の五大字と青柳村の青柳（旧東万木村嶋村）・上小川・下小川・横江の四大字、本庄村の南船木・北船木・川島・四津川・横江浜の五大字からなり、高面山・阿弥陀・武曽横山などの山地から安曇川流域南側の平野にあります。『安曇川町史』（昭和五九年刊）によれば、西近江路は、鵜川から白鬚・打下・打下河原・御曲輪内・音羽・永田・南鴨・宿鴨・北鴨を経て、鴨川を渡って安曇村の三尾里に出ます。鴨川に架かる橋はもと天王橋といい宿鴨の天王社（現志呂志神社）に通じていました。さらに、西近江路は、口碑では、三尾里から、南市・五番領・十八川を経て安曇川を渡り、河原市へ入ったのが本道であるとしたとしています。

三尾里は、「延喜式」の挙げる北陸道の三尾駅でないかと推定されているところです。また、南市には正面に

「石敢当」と刻まれた道標が建っています。石敢当は塞神と同じく、他境から疫神の侵入するのを防ぐ魔除けです。その右側面に「すく北国街道」、左側面に「すく京大津道」、裏面に「天保十三年壬寅春正月安原氏建之」と刻まれています。今一つ、「右　北国街道」「左　朽木道」と刻まれた道標が同じ場所にあります。三尾里は北国街道（西近江路）と朽木道の交叉点でした。若狭路の針畑越もこの地点で西近江路と接していました。

南市庭は、北陸道の交通の要衝。そして近江路は、平安時代における湖上海路の基点である勝野津に向かう、追分から上古賀を経て経由してくる、北陸道の重要な支道。若狭と勝野との中間に位置する五番領・南市は、北陸道と支道の分岐点をおさえていたことになります。

五番領は交易の要所。五番領城下に興行されたのが南市です。郡南地域では唯一の市庭でした。大字田中の南市地区に小字立市とあるのがその発祥地といわれます。南市では周辺の湖や川の魚介や山野の鳥、海産物や米穀、酒塩、扇、樽、莚などが商われ、呉服商や桶結、紺屋、鍛冶屋などの職人が集まっていました（『安曇川町史』）。

五番領城下で開かれた市庭には南市商人が活躍。南市商人は、若狭から九里半街道を通り、主として塩魚などを運搬していました。これらの安曇川の南市商人は、新旭、高島の商人とともに高島商人として、京・大坂・江戸の交易を運営。彼らは、近江商人の中でも最も早く東北に出かけており、盛岡を中心として商圏をつくってもいました。

安曇川と朽木を結ぶ道は、古くは中山道《なかやまみち》と呼ばれましたが、朽木の宮前坊より中山峠を越えて長尾に至る山越えの道でした。そしてもうひとつ、朽木の野尻から荒川を経て、川沿いの道を上古賀に至る朽木道がありました。明治の中頃になって、中山道にかわり、朽木の市場から野尻を経て安曇川を渡り、荒川の対岸になる中山の西北麓を迂回して長尾・五番領・南市から西近江路に達する県道朽木線が開通。それとともに野尻・荒川間に高岩橋が架けられることによって、筏で送られていた木炭は陸路で運ばれるようになりました。

安曇川町は、琵琶湖周辺でも古代史にかかわる遺跡が多いところです。安曇川下流域平野や台地に古墳群が築造されるのは五世紀に入ってからとされています。この時期を代表するものとして、安曇川町では王塚をはじめ田中古墳群があります。王塚は、被葬者が継体天皇の父、彦主人公であるという伝承が地元にあり、明治三八年に「安曇陵墓参考地」として宮内省に買い上げられています。高島市教育委員会は、発掘調査の結果について「継体天皇擁立に尽力した三尾氏との関連が考えられる遺跡です。周囲には、継体天皇関連の伝承や史跡が多く存在し、その立地からも高島平野南部一帯を治めた三尾氏族の首長墓と推定され、彦主人・継体父子を支えた三尾氏が継体朝以後もこの地において勢力を掌握していたことを示す」と解説しています。『日本書紀』によれば、継体天皇は、応神天皇の五世の孫で彦主人公の御子です。母振媛は垂仁天皇の七世の孫。彦主人王は振媛の容貌が端麗で甚だ美しいことを聞いて、「近江国の高島郡の三尾の別業」より使いを遣わして、三国の坂中井に迎えて召し入れて妃としたとあります。

この継体天皇の出自や系譜については諸説がありますが、安曇川町内には、田中山の王塚の他、関連する史跡や地名、神社などが残っています。

三重生神社　安曇川町常磐木　継体天皇の両親である彦主人王と振媛を祭る。

安産もたれ石　安曇川町田中　三尾神社旧跡にある「もたれ石」は、振媛が継体天皇を出産するときにもたれたとされる。

彦主人王御陵　安曇川町田中　継体天皇の父彦主人王の墓とされる宮内庁の陵墓参考地。

胞衣塚　安曇川町三尾里　六世紀の築造と推定される。継体天皇の胎盤をここに埋めたと伝わる。所在地に、上御殿、下御殿の字名があり、土地で「ごんでん」といい、塚上の松を「ごんでん松」と呼ぶ。

安曇川町の湖岸には松ノ木内湖があります。内湖は河川や風波による土砂の堆積がつくり出した浜堤が水面を遮断してできた小規模な湖沼です。秋から冬にマガモ・コガモなど多くの水鳥が飛来します。特に、冬季、湖上の風波が強い時には、水鳥の避難所となり、コハクチョウも羽を休めています。また、北川のヨシ原にはカシラダカなどの小鳥も見られます。琵琶湖沿岸には早くから朝廷や伊勢神宮、上下賀茂神社に湖産物を貢進する御厨が設けられていました。そのうち湖西には滋賀郡の和邇御厨と安曇河御厨がありました。この地を拠点とした安曇海人の末裔が贄人となったと考えられます。

王塚

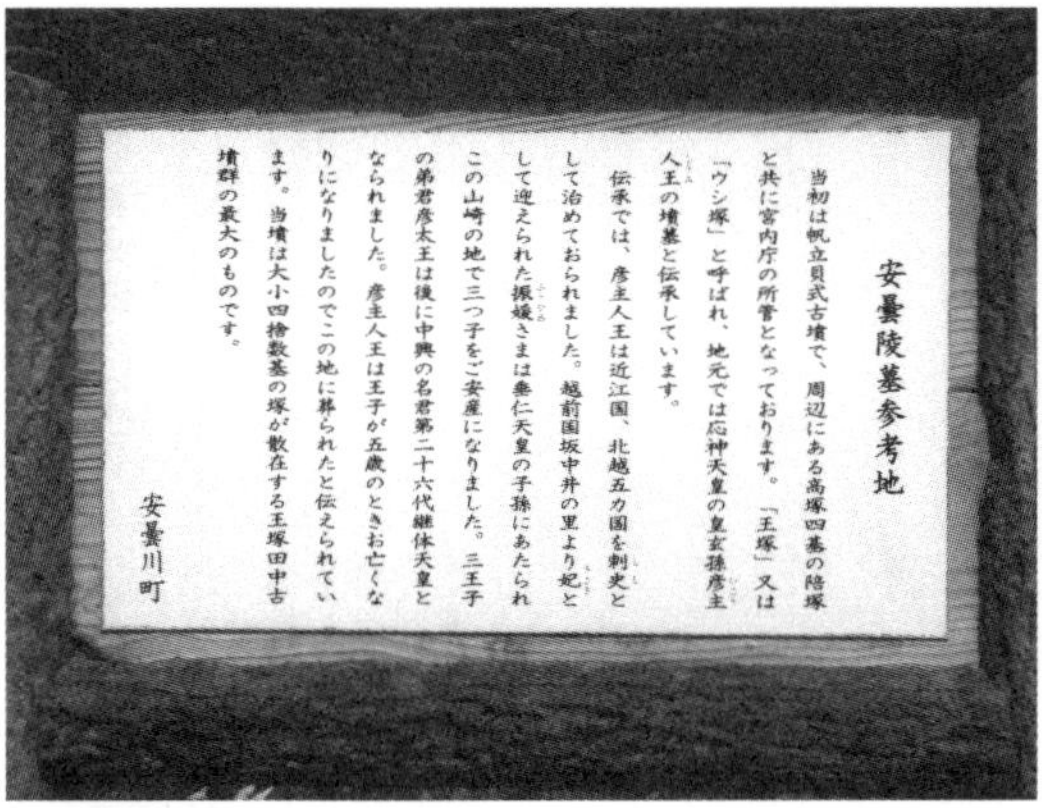

安曇陵墓参考地

新旭町

新旭町は、古代の高島郡一〇郷のうち木津郷と神戸郷に属していました。荘園制が発達すると木津荘・比叡本荘・比叡新荘が成立しました。木津荘は木津郷が荘園化したもので鎌倉期には延暦寺に寄進され、荘内には日吉神社領もあったとみられています。比叡本荘と比叡新荘はともに日吉神社領でした。戦国期以降には領主が頻繁に交替し、幕藩体制下においても領地は、複雑に分割されました。江戸時代には、町内南部の安曇川流域に新荘村・東河原村（明治二二年併合して新荘村）、安養寺・井ノ口・河原市（明治二二年併合して安井川）、北畑・藁園・太田などの村落がありました。河原市には北国海道（西近江路）の宿駅がありました。

『新旭町誌（昭和六〇年刊）』によれば、町内北部の饗庭野台地から湖岸にかけて木津・日爪・岡・五十川・米井（明治二二年併合して饗庭村）、辻沢・今市・平井（明治二二年併合して熊野本村）、田井・森・霜降・山形・堀川（明治二二年併合して旭村）、針江・深溝などの村落がありました。明治二二年、新庄・安井川・北畑・藁園・太田の五村が合併して新儀村となりました。一方、饗庭・熊野本・旭・針江・深溝の五村が合併して饗庭村となりました。昭和三〇年、新儀村・饗庭村が合併して新旭町へと変わります。町域は、周囲に、稲荷山、大宝山を有し、湖西最大の河川である安曇川流域の沖積した平野の北部にあります。町の西には饗庭野の丘陵台地が連なります。饗庭野は、慶長四年の文書に「饗庭の草山」とあり、その後は「熊野山野」と記されており、明治八年に現在の地名となります。熊野山は饗庭庄一九ヶ村領有の入会地でした（『新旭町誌』）。

西近江路の宿駅は、高島郡内では川原市と今津、海津に置かれていました。川原市は滋賀郡の小松から三里半、今津へは一里半、今津から海津へ三里の道程でした。川原市は、今津や海津と異なって湖上の運漕がなく、陸路で今津と小松に送る中継ぎとしての宿駅でした。

湖西最大の河川安曇川を渡ると、一一世紀頃から勝野津に代わって湖西の主要な湊になった木津があります。

『近江輿地志略』には「饗庭荘　相伝ふ。古へ木津荘と号す。後今の名に改。頼朝郷の近臣饗庭三郎、尊氏の愛童饗庭命鶴丸、此地を領すといふ。」とあります。安曇川河口にある木津は古津ともいわれ古くからの港です。木津はその名のとおり木材の積み出し港でした。古代以来、杣山のあった安曇川流域の山地から伐り出された木材が船積みされ、平安時代には若狭方面から物資がここで船積みされ湖上を運ばれることになります。

豊臣秀吉治世の頃から今津が若狭からの荷物の中継地となり木津は衰退。江戸時代に入ると、寛永年間に九里半街道途中の追分から新道が開かれて、若狭領主京極高次の領地である木津へ物資を運び込むことになります。そのため木津浦と今津浦との間に争いが生じたという過去もあります。

安曇川の河口に形成された三角州の北側に広がる針江地区と霜降地区は、安曇川水系の地下水が豊富で、古くより湧水を利用した稲作が盛んに行われてきました。また、自宅の敷地内にカバタ（川端）を築き、湧水を暮らしに用いてきました。カバタから流れ出た水は網目のように張り巡らせた水路を介して集落を潤し、針江大川から琵琶湖に注いでいます。この湧水の流れは生水《しょうず》の里と呼ばれる独自の水辺景観を作り出し、豊かな文化と生態系を育み、湖岸には、琵琶湖の水鳥が飛来してきます。湖辺には「高島市新旭水鳥観察センター」があり数多くの水鳥を見ることができます。また、山々と谷川の間には棚田や里山があり、饗庭の山間には「新旭里山体験交流館もりっこ」が地域活性の拠点となっています。

今津町

今津町は古代高島郡の川上郷・角野郷・善積郷に属していました。平安末期からは善積庄・河上庄・子田上杣という荘園が経営されます。善積庄は、石田川を挟んで河上庄が隣接。善積庄は、善積郷を中心とした地域で京都の社寺の領所であったとみられています。江戸時代には、石田川流域に、藺生・梅原・上弘部・下弘部・大共・今津・南新保・弘川・岸脇（明治二二年合併して今津村、明治三九年今津町）、深清水・桂・酒波・平ヶ瀬・伊井・三谷・北仰・浜分（明治二二年合併して川上村）がありました。西北部山地には北生見・南生見・追分・角川・保坂・途中谷・椋川・杉山・天増川・狭山（明治二二年合併して三谷村）などの村落がありました。昭和三〇年に今津町・川上村・三谷村が合併して今津町となりました。

町域は、山地が西部に広がり、石田川と北川上流を結ぶ東西線によって北部山地と西部山地に区分されています。北部山地は本町最高点の三重岳（標高974ｍ）をはじめ三十三間山（標高842ｍ）、武奈ヶ岳（標高865ｍ）など急峻な高山が並んでいます。これらは野坂山地の南部を占める地域で、高度は北部から南東部へ低下していきます。西部山地は丹波高地の北端部に位置し高度は500ｍ程度にそろい、町域には高度200ｍ程度の饗庭野台地があり、その北端には板倉山、大俵山、小俵山などが横たわっています。さらに石田川の河谷を中心に琵琶湖に向かって平野が展開しています。琵琶湖沿岸には今津湊。湖西の代表的な港である今津湊は、北沼・中沼などの内湖を船溜りとして利用しています。

『今津町史』（平成九年刊）は、古代の今津は木材を集積する港である木津に入るとしています。すなわち、「ここでいう木津も、琵琶湖水運の上で重要な位置を占めていたからこそ地名となった。」といい、「古代の港津としての木津は、石田川河口から南の田井川（新旭町）あたりにかけての広い地域を示すものではないだろうか。この地域にはいくつもの潟湖（内湖や入江）があって、それらが全体として木津と呼ばれた港津を形成していたのである。」と記しています。今津湊は、中世後期には、木津湊に替わって、新しい津としての若狭国内の諸荘園の年貢輸送の中継地点となりました。「今津」は「木津《こづ》（古津）」に対する地名だといわれます。ここに豊臣秀吉は、新道をつくり、若狭往還の荷はすべて今津に着けることを命じます。江戸時代には、小浜藩・宮津藩・峰山藩・豊岡藩・出石藩などの年貢米や四十物《あいもの》と呼ばれる一塩物の魚や魚肥などが大量の荷が運ばれました。『近江輿地志略』は「今津

村　木津村の北東にあり。湖中に出たる町にて、西の方に僅に陸に続く島のごとし。民家四百余戸有。船着にして繁盛の処也。此処より若狭国小浜へ五里、長命寺へ湖上八里余あり。竹生島へ三里余あり。毎日船を出す」と記しています。今津は、竹生島巡礼の渡船場であり、現在も航路があります。

今津は、若狭に通じる道と琵琶湖との接点という交通の要衝でした。西近江路の今津の宿駅が設置されていました。また、日本海側の小浜とつなぐ若狭路の近江側の起点でもあります。住吉神社を越えて左折し辻川へ抜けるのが今津と若狭をつなぐ古来の道です。この道は、中世期には「若狭路」と呼ばれ、「九里半道」とも称され、後に「九里半街道」といわれようになりました。今津から追分、保坂、大杉を経て小浜に至る道です。保坂は若狭路と朽木街道の分岐点で、大杉は近江と若狭の国境でした。保坂には関が設けられ、大山祇神を祭る山神社が建てられています。今津には、「延喜式」に載せられる式内社が幾つかありますが、中世末期までに勧請された鎮守の神々が鎮まります。特に、旧称を山王十禅師と呼ぶ日吉神社が五社鎮座すると共に、熊野那智山信仰も認められる地となっています。

マキノ町

マキノ町は、古代高島郡の鞆結郷・大処郷・角野郷に属していました。平安時代に成立した鞆結荘は角氏の所領地でした。鞆結荘には古代の製鉄の跡があり角氏が管理。鞆結は交通の要衝で北陸道がこの付近を通って敦賀に抜けていました。海津は琵琶湖水路の海津の港があり、日本海側との交通の要衝。

江戸時代には、百瀬川流域に新保・森西・沢・知内・辻・中荘・大沼（明治二二年合併して百瀬村）の村落がありました。北西の山地、知内川流域には寺久保・蛭口・石庭・牧野・白谷・上開田・下開田（明治二二年合併して西庄村）の村落があり、北端の山地、知内川上流には小荒路・野口・在原・山中・下・浦（明治二二年合併して剣熊村）がありました。琵琶湖北端には海津・東浜・西浜があり、後に海津村として合併されます。戦後、昭和三〇年、百瀬村・西庄村・剣熊村・海津村四ヶ村が合併してマキノ町となります。

マキノ町は、海津村に属する海津・西浜の二大字と剣熊村の小荒路・野口・在原・山中・下・浦の六大字からなっています。マキノ町は、南側は、山地と平野が連なって、野坂山地と湖岸平野をつくっています。西側及び北西側は、三国山（標高876m）、赤坂山（標高824m）から南西に山稜が延びています。これらの山稜は日本海側との分水嶺となっています。北側は、乗鞍岳（標高866m）を中心とする山嶺を隔てて敦賀に接しています。南東部は、琵琶湖に面し、湖岸線は東の西浅井町から西の今津町に連なっています。

今津を北へ行くと、古代北陸道の駅家があった鞆結を経て海津に着きます。海津は、琵琶湖北端で、北国の敦賀からの荷が大津に運ばれる湊として、古代以来、東の塩津とともに賑わいをみせていました。海津を出て北に進み国境を越えると越前国でした。

マキノには古代の北陸道が通じており鞆結駅がありました。『マキノ町誌』（昭和六二年刊）によれば、古代の北陸道は「三尾駅から安曇川を渡った官道は、饗庭野台地から酒波に通じ、山麓沿いに百瀬川の谷の出口付近で渡河し、森西の西側を通って辻・石庭の南、寺久保・上開田から、熊路坂（仲仙寺越）」を上がり、仲仙寺越からは、「知内川沿いに、小荒路・野口と上がって行った」と考えるのが妥当であろうとしています。また、鞆結駅の所在地については主に石庭と浦の二説があるとしています。前者は石庭には鞆結駅の存在を思わせる「鞆結」などの小字名があること、後者は浦にある鞆結神社の社名と、鞆結の郷名を根拠にしているとしています。いずれにしても古代の鞆結駅は湖西の四駅のうちで駅馬伝馬の数が最も多く重要な地点にありました。

マキノの小荒路から知内川に沿って遡り、野口、路原を経て国境で峠を越えて越中国に入る道があります。越前の山中峠を越え、駄口・追分・疋田を通り敦賀に至る道です。古くは「あらち山道」と呼んでいます。「あらち」

は険阻な山道の「荒路」とも関所の「愛発」ともあてられています。この道は、中世以降には「七里半越」とか「北国海道（街道）」とか「西近江路」などとも呼ばれています。

琵琶湖北端に南に向かって湖に突き出す海津大崎があります。知内川河口から続く湖岸の湾曲する入り江に海津湊があります。『マキノ町誌』は、「平安時代末期から、海津湊が水陸両路の交通の要地として発達してきた。」とし、「今の西浜船溜まり場付近から東にかけての地域にあったのではなかろうか」としています。そして、「海津湊が今の海津を中心に栄えるようになったのは、小荒路への近道である追（越）坂峠道の開発や、琵琶湖を就航する船の大型化などと深い関係があると考えられる。」と述べています。海津から敦賀への道は荒路山道の越峠（現追峠）を越えて小荒路を経て進みました。この道は七里半越との別称もあります。

海津周辺は、季節風による波風が強く、それを防ぐための石積みが築かれています。この石積みを含めた湖岸一帯および知内川と琵琶湖を含む地域は、特に琵琶湖や湧水、内湖や水路といった水辺での生活習慣、歴史、文化などが、平成二〇年に、「高島市海津・西浜・知内の水辺景観」として国の重要文化的景観に選定されました。

朽木

朽木は、琵琶湖の北西に広がる高島郡のそのまた南西の奥にある山村です。周囲には、福井県との県境をなす百里ヶ岳（標高931m）や、近江・若狭・丹波の国境にある三国岳《みくにだけ》（標高776m）、その尾根つづきの近江・丹波・山城の国境にある三国岳《さんごくだけ》（標高959m）などの山嶺が並んでいます。

朽木には、日本列島の日本海側と太平洋側を区切る中央分水嶺をなす山々が連なっています。中央分水嶺高島は、マキノの愛発越から今津の山並みを経て、朽木の三国岳へ至る80㎞に及ぶ稜線です。

朽木の周囲には、横谷峠（標高450m）・駒ヶ越（標高760m）・池河内越（標高720m）・桜谷山（標高824・5m）・木地山峠

(標高660m)・百里ヶ岳(標高931・3m)・根来坂(標高830m)・おにゅう峠(標高820m)・ナベクボ峠(標高620m)・三国峠(標高775・9m)・地蔵峠(標高680m)・カベヨシ(標高818m)・岩谷峠(標高780m)・三国岳(標高959m)・朽木桑原(標高400m)などの山や峠が分水嶺をつくっています。

これらの中央分水嶺から朽木側に谷筋を刻んで流れる水は、麻生川・北川・針畑川となり、百井峠に発する河川と合流して琵琶湖の源流である安曇川となっています。中央分水嶺は、ブナ・ミズナラ・アシュウスギの混成林に覆われていて、高島トレイルとして整備されています。

朽木は、雪深い山地で大半が山林です。奈良時代より林業が盛んでした。ことに、麻生木地山は、木地師帳初めの村として、以前は轆轤《ろくろ》村といい、近年に至るまで、木器の円盆、鉢皿、膳腕など木地を挽いていました。

『木地師の習俗』(橋本鉄男　昭和四三年刊)は「蛭谷側において、氏子狩の当初につねに儀礼のごとく訪問されるのが、高島郡麻生山の木地屋であった」と記しています。木地師は、中世から近世にかけて、全国を渡り歩いて尾根筋を移動しながら轆轤を挽く職能集団として組織されていました。江戸時代初期には、近江の愛知川源流の小椋谷にある君ヶ畑と蛭谷の二つの村が、木地師発祥の地、その根源の地とされました。君ヶ畑では「高松御所」、蛭谷では「筒井公文所」が、それぞれ木地師の本貫と称して全国に散在する木地師を統制していました。木地師の縁起やさまざまな特権を保証する文書の写し、免状などを授与して氏子として登録しました。全国の木地師は、君ヶ畑や蛭谷を御山といって、五年とか一〇年おきに巡廻してくる社中に烏帽子着料や儀式料などを寄進しました。この氏子狩の制度は近代まで維持されていました。朽木陣屋跡近くに、木地用具、製品などを杣の歴史や文化を展示する朽木資料館があります。

朽木谷の物資は市場に集められました。市場は朽木のなかでも低地にあり安曇川沿いに開けています。『近江輿地志略』は、「朽木市場　麻生村の東に当りある村なり。荒川より一里半あるなり。此地朽木氏の居住の地也。町数十町あり。此町にて挽物を造り、漆にてぬる盆碗などあり。京都へ出して売る。榧の実また名産也」、「朽木に四の口有。若狭口、京口、高島口、大溝口也。是より北へ行けば若狭道也。朽木より京へは南行十二里也。」と記しています。

朽木谷には、安曇川と麻生川、北川、針畑川の川沿いに道があります。日本海側の若狭と京を最短距離で結ぶ道です。主要な道は、若狭道。他にも「若狭越」、「京街道」などとも呼ばれています。安曇川の谷筋を通る、若狭と今津をつなぐ若狭街道の脇街道です。若狭の熊川を経て、近江の保坂で今津に向かう若狭街道と分かれ、途中谷・桜峠・檜峠を過ぎて、朽木の市場に至ります。市場から、岩瀬・古川・村井・栃生・細川・梅木と朽木村内を通るわけです。安曇川沿いに進み、花折峠を過ぎて、途中越から京都に入り、大原・八瀬を経て、大原口に至ります。全長一八里（約80㎞）の街道で、現在の国道三六七号がほぼこれにあたります。

麻生川の谷筋を通る道は、「木地山越」、「池河内越」と呼ばれています。小浜から遠敷を経て、朽木の木地山峠を越えて、熊畑・横谷・麻生・向所・上野と市場に至ります。針畑川の谷筋の道は、「針畑越」、「根来越」、「鞍馬街道」などと呼ばれています。小浜から遠敷を経て、根来峠を越えて、朽木に入り、小入谷・中牧・古屋・桑原・平良・小川など谷筋を行き、花脊峠より、京都の鞍馬・静市・出雲路橋を経て、鞍馬口に着きます。

朽木街道はいずれも大部分が谷筋を行く山間の道です。京都と北陸を結ぶ有力な道として、物資の運搬や商人の往来が盛んでした。近年、「鯖の道」といわれるように、若狭の海産物を京都に運ぶ道の一つでした。朽木街道は、若狭路の物資中継地である熊川から近江方面へ向かう行商人が往来。熊川からの行商人は朽木との間を一日に二往復したといわれます。熊川から京都へは、朽木・大原経由で約一五里。若狭で獲れた魚は昼前には熊川を経由して翌朝早く京の山端に着きまず市にかけられました。山端から若狭路の終点大原口までは約３㎞です。朽木を通る街道は、いずれも大部分が谷筋を行く山あいの道。街道沿いには、清らかな水の流れと緑豊かな森に包まれた村々の暮らしがあります。

琵琶湖というブランド

わが国は、現在、国土の保全と経済の発展を目指して、「中央集中時代」から「地方分散時代」へと移行しつつあります。こんにちの地域の再生は、すべての生命の基盤である自然と環境を大切にするところに見いだされます。

わが国の伝統的な、人と人、人と自然との「共生の原理」に立ち返ることによって、都市と自然の調和のとれた、「住みよい地域」の実現と、それに基づく国土の繁栄が達成されと思われます。

このような視点に立って、豊かな自然と風土と、地域の文化と歴史の有する価値を、内外に発信し、次の世代に誇りを持って受け継げる新たなビジョンとして、「地域ブランド」の策定を提唱する次第です。地域ブランドは、地域住民のだけではなく、より広い範囲に浸透し認知されて流通することによってはじめて機能を発揮します。地域ブランドは、自然、風土、風景と、歴史、文化、産物などの地域資源を集約してその価値を発信するメディアです。これは、それぞれの地域の自然や風景、町並みのなかに置かれて、より一層のブランド性を発揮することができます。季節感あふれる風景や整えられた景観、街道、豊かな文化や歴史は、それ自体が地域ブランドです。

観光の目的は、美しい風景を見ながら、地域の食文化を味わい名産を手に入れることにあります。地域ブランドは、地域住民と観光客など来訪者とが共有することによってはじめて効力を発揮します。そのためには、多様な個々の地域資源をまとめ上げて一体化し、その価値を説明する物語が必要となります。

ここにいう物語とは、個々の場所が発する情報を編集した、ブランドの背景にある地域文化の魅力や価値を説明する表現です。物語は、特産品にブランド性を付加すると共に、各地の風物や出来事に意味を持たせて観光資源とするものでもあります。地域観光は、土地や場所と文化や歴史を結び付けるブランドの物語を旅することといえます。そうした意味において、地域と都市の交流を図る、農山漁村における明確な目的をもった体験型観光は地域ブランドのもつ意味を大きくするものと思われます。

近江を代表するブランドは琵琶湖。山の緑、湖の青。それが地域ブランドです。琵琶湖の四周には、さまざまな姿をみせる自然や、緑濃き里山や実り豊かな田畑があり、それぞれの地域には、四季の移ろいに寄り添いながら、豊かな自然と共に生きる人びとの暮らし、神が鎮まる森、仏の宿る山があります。近江には、悠久の自然と人の歴史と文化が蓄積されているわけです。

琵琶湖に面し、比叡や比良の山を背にする道筋には清らかな水と緑豊かな森の周りに訪れる、四季の自然的変化が、暮らしの場面ごとに色濃く映し出され、それぞれの地域の地形や気候などがもたらす自然が、それらと結びつきながら造形されてきました。この地に暮らす人びとの生活、生業、年中行事などは風土文化そのものです。それは、現代社会が見失ったこの国の自然と風土に培われた「ふるさとの原風景」に他なりません。

近江の湖辺と山辺を行く街道は、長い時代にわたって、この国の自然と共に暮らした人びとの歴史を刻んでいます。豊かな自然と美しい風景、地域の文化と歴史、伝統的な物づくりの技と食文化。それらは、かつて、日本人がふるさとの暮らしのなかで大切にしてきたものです。その根幹にあるのは、大いなる自然に対する畏敬の念です。

緑豊かな森と山。水清き川の流れ入る青い湖。そこには、いのちの豊かさ、こころの安らかさがあります。それは、山辺や湖辺の道を辿った旅人の思いでもあり、私たちの思いでもあります。

いま、我が国の、自然と共にあった歴史と文化、精神を刻んだ、森と水の郷の街道のもつ意味を内外に発信するところに、琵琶湖という地域ブランドの創成があるといえましょう。

鎮守の森——比叡・比良・西近江路——

神尾登喜子

一　神々の山と森

いのちをつなぐ森

私たちは、山や森、自然に支えられて、季節と折り合いながら、暮らしを営み文化を築いてきました。そのなかで、山や森、自然の恵みに感謝し、時おり生じる天災に自然への畏怖を感じ、四季折々に山や森に入り、儀式や行事を営み、暮らし続けてきたわけです。私たちは自然に随い、自然と調和して生きる暮らしのなかで、眼に見えない何ものか、人を超えた存在を感じとり、神を畏れ敬い、仏を信じ、自然に抱かれて安らかに生きることを願ってきました。つまり自然のうちにあって、人も、神も、仏も、すべてが共に存在していたわけです。

私たちは、現在、この国の風土に培われた、自然と共にあった、〝いのちとこころ〟をつなぐ場を破壊し喪失しています。その一方で、癒やしや安らぎを求めて様々な「聖地」を訪ねる人が増えているというのが現代社会です。それらの多くはこれまでに聖域として崇められてきた山や森、滝や泉などの自然です。人にとっての聖地とは、神の鎮まり、仏の宿るところ。そして、生きるものすべてのいのちの源である悠久の自然。その原風景が「村の鎮守」の森です。すなわちそれは、それぞれの地域を鎮護する神が祀られている緑豊かな聖地そのものということになります。

鎮守の森は、人と自然のいのちをつなぐ日本の原風景。神々の鎮まる森は、暮らしのごく身近にある祈りの場であり、神と人、そして人と自然、人と人の交流の場でした。鎮守の森は、長い年月を経て、伝統的な精神や文化を育むものとして生き続けています。鎮守の森は、現代人にとって、それぞれの思いや願い、祈りをもって、大いなる自然、見えざる神と触れあう、安らぎと癒やしの場であり、平安と新たな生きる力を得る場であります。

近江の神山

近江は琵琶湖の四周に神々の鎮まる山があります。東には近江最高峰の伊吹山があり、湖畔に聳える三上山があります。そして、西には、比叡と比良の山々が連なっています。『古事記』には、これらの近江の山に鎮まる神として、神代の日枝の神、人皇の代になってからの三上山の神と伊吹山の神が記されています。

伊吹の山は、近江と美濃との境にある伊吹山地の主峰（標高1377m）で、古くから霊峰とされています。山頂には、大正元年に建てられた日本武尊《やまとたけるみこと》の石像があります。『古事記』によれば、景行天皇の御子倭建命《やまとたけるみこと》は、東征の命を受けて、ことごとく山河の荒ぶる神を平定し都に帰還する途次、伊服岐《いぶき》の山の神を討ち取りに出かけます。そして、白猪に化身した神に苦しめられ目的を達せずに下山します。日本武尊は、神の仕業で病いにかかり、美濃から伊勢に入り、尾津、三重を経て鈴鹿山脈の能煩野《のぼの》に辿り着いて崩じました。

日本武尊は、建部大社（大津市神領）をはじめ、倭神社（大津市坂本）、伊吹神社（高島市朽木）など近江の各地に奉祀されています。建部大社は、景行天皇の御代に、神崎郡建部の郷に尊の神霊を奉斎されたのが草創であって、その後、天武（六七五）四年に近江国府の所在地であった瀬田の地に遷祀されたと伝えられています。

近江富士といわれる三上山は、天之御影神《あめのみかげのかみ》の鎮まる神体山です。『古事記』に、第九代開化天皇の御子、火子坐王《ひこいますのおおきみ》が、近つ淡海の御上の祝《はふり》が奉斎する天之御影神《あめのみかげのかみ》の女、息長水依比売《おきながのみずよりひめ》を娶り、丹波の比古多々須美知能宇斯王《ひこたたすみちのうしのおおきみ》以下五子を生んだことが語られています。

御上神社の由緒に、「祭神天之御影命は、第七代孝霊天皇六年、三上山に降臨になったので、神孫の三上祝等は三上山の巌の磐境を、神体山と斎い定めて、約一〇〇〇年の間奉斎された。山は標高428mで山麓から山頂まで、岩磐が連って山頂には、大きな磐座がある。奈良朝に至って、天正天皇の養老二年藤原不比等が勅命を拝して、飛弾の工匠を造営使として、榧木原と称せられた現在の榧の木で、社殿を造営して奉遷鎮祭された。本殿の背面には、扉を設けてあるが、これは祭典時にお山を拝んだ神体山信仰の遺構を示している。」と記されています。

琵琶湖をめぐる山々のなかで、比良の神がみえるのは平安時代に入ってからで、『三代実録』の貞観七（八六五）年正月一八日の条に「近江国無位比良神に従四位下を授けき」と記されています。また貞観九（八六七）年六月二一日の条に「近江国滋賀郡比良山の妙法、最勝の両精舎を官寺と為し給ひき」と記されています。いずれにしても清和天皇の時代に至って、比良の神や比良の山寺が国家的な存在になったことを示しています。比良神は、現在、白鬚神社に比定されています。

白鬚神社に伝わる「縁起」に、「天照大御神が高天原にお帰りになられたので、猿田彦神は伊勢の五十鈴から国々地々をみてまわった。近江国に至ると、その国に大きい湖があり、高嶺や神山が四方を囲んでいました。猿田彦の大神は、此処を賞で小艇を造って釣を垂れて遊んでおられるうちに、此の湖が三度桑原となるのを見たと語られた。そこで、土地の人は、その神霊を祀り神社を建てた。猿田彦の大神が、老翁の顔を現されたので白鬚の神と申した。また、比良の神と申すのは、比良の山の麓に降り立たれたからである。浄御原天皇（天武天皇）が殊に尊崇なされて、叢祠を増し造りなされた。」とあります。

日枝の神

近江の山に鎮まる神のうち、祭神の系譜が『古事記』に記されているのは日枝の神のみです。日吉の東本宮に祀られている大山咋神《おおやのくいのかみ》は、大国主神《おおくにぬしのかみ》の国造りの後に掲げられた大年神《おおとしのかみ》の系譜に示されています。

大年神は大国主神と大山津見神《おおやまつみ》の娘大市比売の間に生まれた稲、穀物の神。大年神には四人の女神との間に一六柱の御子神が生まれました。そのうち、大年神と天知迦留美豆比売《あめちかるみずひめ》との間には御子神九柱が生まれました。先ず、奥津日子神《おきつひこのかみ》と奥津比売命《おきつひめのみこと》、亦の名は大戸比売神《おおへひめのかみ》が生誕しました。「こは諸人がもち拝ふ竈《かまど》の神ぞ」とあるように竈の神です。

それに続いて、「次に、大山咋神《おおやまくいのかみ》。亦の名は山末之大主神《やますえのおおぬしかみ》。この神は、近つ淡海の国の日枝の山に坐し、また葛野の松尾に坐す、鳴鏑の矢をもつ神ぞ」と記されています。日枝の山に座す大山咋神は、亦の名の表すように山を支配する偉大な大主の神です。鳴鏑の矢はその神威の顕れです。

大山咋神の鎮座する八王子山は、比叡山の東尾根にあります。後に牛尾山と呼ばれるようになりました。小比叡峰は、標高381 m の円錐形の山で、神霊の宿る神体山にふさわしいといえます。山頂附近には大きい磐座があり「金大巌《こがねのおおいわ》」と称されています。古代の祭祀が行われた聖域で日吉信仰の源です。山頂の金大巌を囲むように八王子宮と呼ばれた牛尾宮と三宮の社殿があります。この神域には、日枝の神たる山末之大主神と称される大山咋神と、鴨玉依姫神《かものたまよりひめのかみ》の荒魂《あらみたま》が祀られています。荒魂は神威の顕れで、神の内在的な静的で穏和な和魂《にぎみたま》に対して、外在的な活動的で強烈な霊威を発揮します。大山咋神と玉依姫神の和魂は、八王子山の麓にある二宮と称された東本宮と樹下宮に祀られています。大山咋神が現在の社地に遷し祀られたのは第一〇代崇神天皇七年と伝えられますが、その後、天智天皇七（六六八）年に、大津京造営にあたって鴨賀島八世の孫宇志麻呂が大和国三輪山に坐す大己貴神《おおなむちのかみ》を勧請して比叡の山口で奉祭します。それをもって、大己貴神を大比叡神として西本宮に祀り、大山咋神を小比叡神として東本宮に祀られました。

日吉社の祭神は、朝廷をはじめとして広く崇敬されてきましたが、『三代実録』によると、貞観元（八五九）年正月、大比叡神を従二位から正二位に、小比叡神を従五位下から従五位上に神階を昇叙されています。そして、元慶四（八八〇）年五月には、正二位大比叡神に正一位を、従五位上小比叡神に従四位上を加階されています。また、長暦三（一〇三九）年には国家の重大事や天変地異に際して、特に朝廷から奉幣が行われる二十二社に加えられています。さらに、寿永二（一一八三）年に小比叡神が正一位に叙せられています。

日吉大社　金大巌

地主神と勧請神

日吉社のもととなった大比叡と小比叡の二神のうち、小比叡の大山咋神は日枝の山に坐すもとからの地主神です。それに対して、大比叡神の大己貴神は外部から迎え祀ったいわゆる勧請神です。その他、摂社、末社には、各地の神社から迎えられた神々が祀られています。

こうした大己貴神と大山咋神を主祭神とする日吉社が、広範な霊威を有する神々を祭祀し、日吉山王としての結構を整えるのは天台宗延暦寺の護法神とされて以来のことです。

比叡の神は、伝教大師最澄が延暦七（七八八）年に、比叡に入山したとき念持したと伝えられています。さらに延暦寺の開創の後、堂塔伽藍の整えられはじめた第三代座主円仁が斉衡元（八五四）年の頃、一山鎮守の地主神とし、天台宗の護法神として祀られました。その後、第一八代良源座主は天禄四（九七三）年に日吉社に願文を納めています。また、天元二（九七九）年には、地主三聖祭事のため唐崎に神殿一宇を造営しています。

比叡山延暦寺の地主神たる日吉の神を山王と呼ぶのは、天台宗の本山である中国の天台山国清寺が、天台宗の護法神として地主神の「山王元弼真君《さんのうげんひつしんくん》」を祀っているのに倣ったものです。

日吉大社　西本宮

これにより、日吉社に鎮座する神々は、諸仏の垂迹とされ、それぞれの本地仏が定められました。ことに、両本宮の本地仏釈迦如来・薬師如来と摂社宇佐宮の阿弥陀如来は三聖と称えられました。

日吉社は、神仏の同座する山王七社と称され、上・中・下の各七社をもって山王二十一社と呼ばれるようになりました。さらに、神域内の末社や摂社を「境内百八社」と呼び、神域外の坂本に散在する神々や、山上の三塔十六谷に祀られている堂舎の守護神を「境外百八社」と呼んで参拝しました。

日吉社の祭神は、山王二十一社として整えられて以降も、新たに勧請されたり、変更されたりしてきました。近世期の山王二十一社の神号や社号は、おおよそ次の通りです。

上七社

本宮　大宮権現〔大比叡大明神〕　祭神　大己貴神（おおなむちのかみ）
　又は大国主神（おおくにぬしのかみ）、大物主神（おおものぬしのかみ）
本宮　二宮権現〔小比叡大明神〕　祭神　国常立尊（くにのとこたちのみこと）
摂社　聖真子　祭神　八幡大菩薩（はちまんだいぼさつ）
　応神天皇（おうじんてんのう）
同　八王子宮　祭神　国狭槌尊（くにのさつちのみこと）
同　客人宮　祭神　白山権現（しらやまごんげん）
　又は菊理媛神（くくりひめのかみ）、伊弉冊尊（いざなみのみこと）
同　十禅師宮　祭神　瓊々杵尊（ににぎのみこと）
同　三宮　祭神　伊弉冊尊（いざなみのみこと）

中七社

摂社　大行事　祭神　猿田彦大士（さるたひこのたいし）
　又は高皇産霊尊（たかみむすひのみこと）
末社　牛御子　祭神　牽牛（けんぎゅう）
摂社　新行事　祭神　奥津島姫神（おきつしまのひめかみ）
末社　下八王子　祭神　天御中主尊（あめのみなかぬのみこと）
摂社　早尾　祭神　素盞嗚尊（すさのおのみこと）
　又は猿田彦大神（さるたひこのおおかみ）

同　王子　祭神　熊野不思議童子（くまのふしぎのどうじ）
末社　聖女　祭神　下照姫（したてるひめ）又は神功皇后

下七社

末社　小禅師　祭神　彦火火出見尊（ひこほほでみのみこと）
同　大宮竈殿　祭神　奥津彦神（おきつひこのかみ）
同　二宮竈殿・若宮　祭神　国常立尊御子（くにのとこたちのみことのみこ）
摂社　山末　祭神　琴御館宇志麿（ことみたちうしまろ）
末社　岩瀧　祭神　事代主神御娘（ことしろぬしのかみのみこ）
同　剣宮　祭神　瓊々杵命（ににぎのみこと）
又は金剣大明神（こんけんだいみょうじん）
同　気比　祭神　仲哀天皇（ちゅうあいてんのう）

明治の神仏分離

明治新政府によって祭政一致が進められ、神祇官再興と神仏分離が執り行われました。慶応四（一八六八）年三月に発した太政官布告により、神社における堂塔僧坊などの仏教建築の解体、仏像や僧形神像、仏具の廃棄、神号や神社名の変更、社僧の還俗などが国是として実施されます。

このような明治の神仏判然令によって幾つかの神社が大きい影響を受けます。なかでも日吉大社の神仏分離は、全国的にみても大規模なものでした。日吉山王社においては、慶応四年四月、社家の率いる諸国の神官出身の志士からなる神威隊が神殿に昇り、神体の仏像や仏具、経巻の類を破壊焼却し、金属類を奪います。毀損は本殿のほか七社のすべてに及びましたが、それに対し、事態に反発した上下坂本の村民は、先祖以来永年続けてきた神事を旧来どおり社祭を行われるように大津県へ嘆願することになります（『大津市史』）。

明治三（一八七〇）年閏一〇月には、府藩県に令し、管内神社の明細書を録上させていますが、その頃より各地の神社改めが実施されます。そして、村々の神祠を検分して神仏を分離させ、仏像や仏具を除去し、神社名や神号を定めることになるわけです。また、一村一社を原則として氏神を祭る村社が置かれ、そのための合祀が行われ新旧の祭神が同座することになります。さらに、山野や路傍に散在する山神や塞神、疱瘡神、地主神などの祠が廃併合。併せて、新暦の採用により祭祀や行事の日時が新たに制定。このことは、各地の日吉社にも及び、神号や社号の改訂が行われたわけです。

現在、日吉二十一社に奉斎されている祭神と由緒は次の通りです。

日吉大社（坂本）

祭神　大己貴神（おおなむちのかみ）（西本宮）

大山咋神（おおやまくいのかみ）（東本宮）

当社には東西両本宮があり、東本宮の御祭神大山咋神は、古事記神代の巻に「大山咋神亦名山末之大主神此神者坐近淡海国之日枝山」と記されている。日枝山頂から今の地に移し祀られたのは、崇神天皇七年と禰宜口伝抄にある。又西本宮の御祭神大己貴神は「天智天皇七年戊辰三月三日詔鴨賀嶋八世孫宇志麻呂祭大和国三輪坐大己貴神於比叡山口日大比叡宮」と禰宜口伝抄にある。

元慶四年、西本宮御祭神正一位（三代実録）。寿永二年、東本宮御祭神正一位（二十二社注式）。長暦三年、二十二社に加えられ、延喜式内名神大社でもある。行幸は創祀以来二〇数回を数えるが、中でも第五〇代桓武天皇が延暦一四年四月第二ノ申日より七日間、日吉大社に参籠されて行在所を設けられ、勅願に依り大比叡、小比叡の神輿二基の御造進のあったことが特記される。神仏習合に関しては、天台宗の守護神として延暦寺と密接な関係を有し、歴史的にも天台教学の上にも現代に至るまで大きな影響を及ぼしている。戦国の武将は並べて崇敬が篤く、中でも秀吉、家康の山王信仰の篤さは日吉三橋（重文）、日吉東照宮（重文）に文化遺産として残されている。

元亀の乱により社殿及び神輿は烏有に帰したが、天正一四年から逐次再建された。

全国にある三八〇〇余社の分霊社の総本宮である。

上七社

本宮　西本宮　祭神　大己貴神（おおなむちのかみ）
本宮　東本宮　祭神　大山咋神（おおやまくいのかみ）
摂社　宇佐宮　祭神　田心姫神（たごりひめのかみ）
同　牛尾神社　祭神　大山咋神荒魂（おおやまくいのかみのあらみたま）
同　白山姫神社　祭神　白山姫神（しらやまひめのかみ）
同　樹下神社　祭神　鴨玉依姫神（かものたまよりひめのかみ）
同　三宮神社　祭神　鴨玉依姫神荒魂（かものたまよりひめのかみのあらみたま）

中七社

摂社　大物忌神社　祭神　大年神（おおとしのかみ）
末社　牛御子社　祭神　山末乃大主神荒魂（やますえのおおぬしのかみあらみたま）
摂社　新物忌神社　祭神　天知迦流水姫神（あめちかるみづひめのかみ）

末社　八柱社　祭神　五男三女神（ごなんさんじょしん）
摂社　早尾神社　祭神　須佐男尊（すさのおのみこと）
同　産屋神社　祭神　鴨別雷神（かものわけいかずちのかみ）
末社　宇佐若宮　祭神　下照姫神（したてるひめのかみ）

下七社

末社　樹下若宮　祭神　玉依彦神（たまよりひこのかみ）
同　竈殿社　祭神　奥津彦神（おきつひこのかみ）
奥津姫神（おきつひめのかみ）
同　竈殿社　祭神　奥津彦神（おきつひこのかみ）
奥津姫神（おきつひめのかみ）
摂社　氏神社　祭神　加茂建角身命（かもたけつぬみのみこと）
琴御館宇志麿（ことみたちうしまろ）
末社　巌滝社　祭神　市杵島姫神（いちきしまひめのかみ）
湍津島姫神（たぎつしまひめのかみ）
同　剣宮社　祭神　瓊々杵尊（ににぎのみこと）
同　気比神社　祭神　仲哀天皇（ちゅうあいてんのう）

摂社唐崎神社（唐崎）

祭神　女別当命（わけすきひめのみこと）

社伝によると、舒明天皇六（六三三）年、琴御館宇志麿宿禰がこの地に住み唐崎と名付けて庭前に松を植えた。大和から勧請された大己貴神が日吉大社に鎮座する途中に来臨したと伝える神木です。持統天皇一一（六九七）年に神社が創建されます。天智天皇の白鳳年中より卯月申日に船渡御が行われた。平安時代には、唐崎は七瀬の祓の他、水無月祓、病悩の時の祓所としても知られ、「比叡明神祭場」といわれました。当時の地形は「いと程狭き崎」で湖中に延びた風光は名高いものでした。

現在、境外百八社の一つに倭神社があります。

倭神社（坂本）

祭神　日本武尊（やまとたけるのみこと）

日本武尊は景行天皇の皇子で小碓命と称す、成務天皇の御代に当神社を創立、醍醐天皇の御代に編纂した延喜式「神名帳」記載の倭神社は当神社のことで式内社として朝廷から民間まで篤く崇敬された。古来「森本社」と称し日吉大社の境外百八社の一社に加えられている。天台宗無動寺の鎮守社としても御神徳は輝き他府県の方々からの崇敬の念も篤い。

その他、境外百八社には、福太夫神社［祭神若産霊命］、杉生神社［祭神大物主神］、長沢神社［祭神祝部石遠公］、榊宮社［祭神大己貴命］、流護因神社［祭神樹下僧護因公］、大将軍神社［祭神大山祇命・岩長姫神］、冠者殿神社［祭神三津首百枝霊］、福成神社［祭神大国主神］などが祭祀されています。

二　比叡比良山麓・滋賀郡の神々

近江滋賀郡の式内社

近江の神社の多くは、奈良時代の天智朝・天武朝に創祀されたと伝える古社です。そのなかに、平安時代に朝廷が崇敬した神社があります。醍醐天皇の御代に制定された『延喜式』神名式に、国家の祭祀にかかわる神社の一覧が掲げられています。式内社と称され、祈年祭にあたり幣帛を授かる神社です。中央の神祇官から幣帛を受ける大社と地方の行政機関である国衙から受ける小社があり、そのうち名神大社とされる、特に国家の重大事に神祇官が斎行する名神祭に列する二八五座の大社がありました。

この「式内社」は、全国で二八六一処三一三二座の神社があげられています。近江国には、滋賀郡八座、栗太郡八座、甲賀郡八座、野洲郡九座、蒲生郡一一座、神埼郡二座、愛智郡三座、犬上郡七座、坂田郡五座、浅井郡一四座、伊香郡四六座、高島郡三四座、計一五五座があります。これは、大和国二八六座、伊勢国二五三座、出雲国一八七座に次ぐもので、山城国一二二座よりも多い数です。

近江の式内社の分布で注目されるのは、伊賀郡と高島郡の数の多さです。これは琵琶湖北端から西岸にかけての地域が、大和、出雲、伊勢に並んで、政治的、経済的にも重要な地位にあったことを示しています。式内社の多くは、琵琶湖周辺を本拠地とする豪族が斎祀していた神々や、大和や山城から荘園や所領地に勧請された神々です。

その後、湖西地域は、中世の争乱や信長の兵火など度重なる戦乱により大きい被害を受けて、社寺の大半は壊滅的な状況に陥りました。ようやく戦乱の収まった豊臣や徳川の時代になって社寺の修復や復興のために寄進や保護が行われます。近江の神社も逐次再建されて今日に至っていますが、明治の神仏分離もあいまって式内社の旧に復することは極めて困難であります。しかしながら、神々が天降り鎮まる近江の山々と森は、現代もなお眼前に存在しています。

近江の式内社のうち、琵琶湖西岸に位置する古代の滋賀郡には、七社八座が『延喜式』に載せられています。これらの式内社について、『神社覈録』（明治三五年刊）は、次の通り記しています。

那波加神社　○祭神天太玉命　○雄琴荘苗鹿村に在す、今俗に苗鹿明神と称す。

倭神社　○祭神在所等詳ならず

石坐神社　○祭神詳ならず　○今は廃亡せり

神田神社　○祭神詳ならず　○真野村に在す

小野神社二座　名神大　○祭神小野氏祖　○和邇庄小野村に在す

日吉神社　名神大　○祭神大山咋神　○比叡山麓坂本村に在す

小椋神社　○祭神在所等詳ならず

このうち、日吉社についていえば、名神大の一座は、従四位上の大山咋神ではなく正一位の大己貴神とあるべきところです。

滋賀郡は、古市・真野・大友・錦部の四郷からなり、湖南の錦部は古代の大津京の置かれたところで、湖西の真野はその基盤となる地域です。式内社をはじめとする神社は、真野氏・小野臣や近江臣など湖西地域を本拠地とする古代豪族の創祀になるものが多く、比叡や比良の山麓と琵琶湖畔に鎮座しています。

滋賀郡の北部に位置する真野郷には式内社である神田神社があり、隣接してやはりこれも式内社である小野神社があります。両社は湖西を本拠地とした古代の豪族の真野氏と小野氏が祭祀した神社です。祭神は、天足彦国押人命を同じくし、それぞれに米餅搗大使主命と彦国葺命を祀っています。

神田神社（真野）

祭神　彦国葺命（ひこくにぶくのみこと）

天足彦国押人命（あまたらしひこくにおしひとのみこと）

崇神天皇一〇年に武恒安彦とその妻吾田媛が謀反を起こして帝都を襲ったとき、天皇が彦国葺命に討伐の詔を下され、命はこれを討ち平げ、宸襟を安じ奉った。その彦国葺命の裔孫和珥臣鳥務大肆忍勝が部下を率いて真野の地に居住し、持統四年に真野臣の氏姓を授けられた。

『日本書紀』に、「天足彦国押人命は、此れ和珥臣《わにのおみ》等が始祖なり。」とあります。『日本書紀』によると、天足彦国押人命は、第五代孝照天皇の皇子で、母妃は尾張連の遠祖瀛津世襲《おきつよそ》の妹世襲足媛《よそたらしひめ》とあります。また、『古事記』には、天押帯日子命《あめおしたらしひこのみこと》とし、奥津余曽《おきつよそ》の妹余曽多本毘売命《よそたほひめのみこと》の御子とあります。

孝照天皇は、欠史八代といわれ事績は詳らかに記されてはいません。そのなかで、天皇の皇子を和珥臣等の始祖と記し、弟皇子の日本足彦国押人尊《やまとたらしひこくにおしひとのみこと》を皇太子に立て、第六代孝安天皇として即位したことが記されています。皇位を継ぐことと皇別氏族の始祖たることとは、ともに、天皇の系譜において重要なことがらであるといえます。この系譜に、和邇氏にあわせて、真野氏と小野氏も連なっているとみえます。そのことが同じく天足彦国押人命を祭祀する儀礼に示されています。

『古事記』には、兄天押帯日子命は、「春日臣・大宅臣・粟田臣・小野臣・柿本臣・壱比韋臣・大坂臣・阿那臣・多紀臣・羽栗臣・知多臣・牟邪臣・都怒山臣・伊勢飯高君・壱師君・近淡海国造の祖なり。」とあります。これらは、春日・大宅・柿本・壱比韋（櫟井）は大和国の氏族、粟田は山城国、小野・近淡海国造は近江国の氏族であり、その他、尾張国、伊勢国など諸国の氏族です。いずれも、天武天皇一三（六八四）年の、「八色の姓」の制定において、朝臣の姓を授けられている豪族です。

神田神社

ここに挙げられた氏族は、天押帯日子命を祖とすることによって同族とされていました。その紐帯は共通の祖を祭祀することにあります。それを保証するのが天皇に連なる系譜です。天押帯日子命を祖として祭祀することにおいて、近江国の真野氏もまた春日臣らと同族の一員であるといえます。

筆頭の春日臣は、『新撰姓氏録』に、「大春日朝臣　孝照天皇々子天帯彦国押人命より出るなり。」とし、「家に千金を重ね、糟に委せて堵となさしむ。大鷦鷯命《おおさざきのみこと》（諡仁徳）、其の家に臨幸す。詔により糟垣臣と号す。後改めて春日臣と為す。桓武天皇延暦廿年、大春日朝臣の姓を賜る。」と記しています。本拠地は大和国添上郡春日郷で、春日姓を称し始めたのは雄略朝以降とみられています。春日和珥臣、春日粟田臣、春日小野臣の複姓があり、大春日朝臣は、和珥氏同族の本宗の地位にありました。『日本書紀』の開化天皇六年の条に「和珥臣の遠祖姥津命《ははつのみこと》の妹姥津媛《ははつひめ》、彦坐王《ひこいますのみこ》を生む。」とあります。また、『古事記』には、「丸邇臣《わにのおみ》の祖日子国意祁都命《ひこくにおけつのみこと》の妹、意祁都比売命《おけつひめのみこと》に娶ひて生みませる御子、日子坐王《ひこいますのみこ》」とあります。

次いで、崇神天皇一〇年に、武埴安彦討伐の四道将軍大彦命と共に派遣されました。『日本書紀』に「大彦と和珥臣が遠祖彦国葺とを遣し、山城に向ひて埴安彦を撃たしめたまふ。」と記されています。そのとき、彦国葺命は、忌瓮《いわいべ》を和珥の武鐰坂の上に据え、精兵を率いて、進んで那羅山に登って陣営を張ったと述べられています。『古事記』には、「丸邇臣《わにのおみ》が祖、日子国夫玖命《ひこくにぶくのみこと》を副へて遣はしし時に、即ち丸邇坂に忌瓮を居ゑて罷り往きき。」とあります。さらに、垂仁天皇二五年に、和邇臣の遠祖彦国葺と阿倍臣・中臣連・物部連・大伴連の遠祖らの五大夫に、天皇より詔があり、崇神天皇の御代にならい天神地祇の祭祀を重んじる旨を示されたことが記されています。これらの記事には、和邇氏の遠祖として、天足彦国押人命（記・天押帯日子命）の他、姥津命（記・日子国意祁都命）、彦国葺命（記・日子国夫玖命）の名が認められます。その他、「武内宿禰・和珥臣の祖武振熊」がみえます。和邇氏と真野氏や小野氏は、遠祖の系譜を共有することによって同族たりうるといえます。『新撰姓氏録』に「和邇部。天足彦国押人命《あまたらしひこくにおしひとのみこと》三世孫彦国葺命《ひこくにぶくのみこと》の後なり。」とあります。そして、同じく「真野臣。天足彦国押人命《あまたらしひこくにおしひとのみこと》三世孫彦国葺命《ひこくにふくのみこと》の後なり。」と記しています。

大和国に本拠を置く和邇部と近江国の真野臣は、同一の遠祖に連なっています。和邇氏の祖神が大和国で祭祀されるのに対して、真野氏の祖神は近江国で祭祀されてきました。それがほかならぬ神田神社です。神田神社は、真野と並んで普門にも鎮座しています。普門町の宮地のそばに彦国葺命を祀る神田神社があります。樹林に囲まれて本殿は檜皮葺きの三間社流造です。南北朝の明徳元（一三九〇）年の再建です。由緒に、

神田神社（**真野普門**）

祭神　彦国葺命（ひこくにぶくのみこと）
　　素盞嗚命（すさのおのみこと）
　　鳥務大肆忍勝（とりのつかさおおつおしかつ）

社伝によると持統天皇四年に彦国葺命一二世の裔孫和邇部臣鳥務大肆忍勝等に真野臣の姓を授けられた。同年

九月居館の傍にある浄地普門山を宮居と定めて素盞嗚命を鎮祭して真野大明神と奉斎せられた。文亀年中祭典の旧例に反し論争止まず、終に氏子の分離論に至った。この為遠祖彦国葺命、鳥務大肆忍勝の霊を奉じ、普門山に鎮祭した。二の宮（八坂神社、天王社とも称す）の祭神素盞嗚命は天照大神の弟神であり、古くから病除けの神として信仰されている。

と記されています。

小野村は、神田神社の鎮座する真野村の北、和邇川下流両岸から南岸にかけての地域に比定されています。小野は、推古天皇に仕えた小野臣妹子とその子孫の居住地であって、一族の姓氏も村名によっています。一族の氏神が小野神社です。由緒に、

小野神社（小野）

祭神　天足彦国押人命（あまたらしひこくにおしひとのみこと）
　　　米餅搗大使主命（たがねつきのおおみのみこと）

御祭神天足彦国押人命は孝昭天皇の第一皇子で、近江国造の祖である。また米餅搗大使主命はその七世の孫でもとの名を日布礼大使主命と呼んだ。応神天皇の時代にはじめて餅を作ったことから、日本餅造の始祖とされる。推古天皇の時代に小野朝臣妹子がこの地に住んで氏神社として奉祀したと伝えられる。

と記されています。『新撰姓氏録』に「小野朝臣。大春日朝臣と同じき祖。彦姥津命《ひこおけつのみこと》の五世の孫米餅搗大使主命《たがねつきのおおみのみこと》の後なり。」と記されています。これは小野氏の系図が祖先を第三〇代敏達天皇とすることとは明らかに異なります。『新撰姓氏録』は、『日本書紀』の立場に通じるものです。真野氏や小野氏が与えられた姓氏は、神統譜や皇統譜に連なるものであります。それは中心となる一族の氏神を本宗と仰ぐ祭祀組織においての同族であるといえます。血《ち》のつながりではなく霊《ひ》のつながりであるともいえます。

祭神米餅搗大使主命は、社伝によると、餅の原形となる粢《しとぎ》を最初に作った人物であり、これを応神天皇に献上したことがもとで米餅搗大使主の氏姓を賜ったとされています。毎年「しとぎ祭」には藁包《わらつと》に入れた粢が神饌とされています。

真野郷において、真野氏と小野氏は、神田神社と小野神社を建立して、同族の祭神を重んじつつ、それぞれの祖神を祭神とすることによって自らの祭祀をつくり上げたといえます。こんにちは、地域の鎮守として祭礼行事が氏子によって営まれています。小野神社には、一族の篁を祀る小野篁神社と道風を祀る小野道風神社があります。祭神は、それぞれ次の通りです。

小野篁《おののたかむら》　延暦二一（八〇二）年～仁寿二（八五三）年は、平安時代前期の公卿・文人。政務に優れ、漢詩文や和歌に秀でた人物。参議小野岑守の長男。官位は従三位・参議。野相公と称されます。小倉百人一首では参議篁。承和五（八三八）年に遣唐使の派遣をめぐる問題で官位剥奪の上で隠岐への流罪に処せられた後、承和七（八四〇）年、罪を赦されて平安京に帰り、翌承和八（八四一）年には文才に優れていることを理由として特別に本位（正五位下）に復されます。平安時代の『今昔物語集』などには篁にまつわる物語があり、京都東山の六道珍皇寺の閻魔堂には、篁作と言われる閻魔大王と篁の木像が安置されています。

小野道風《おののとうふう》　寛平六（八九四）年～康保三（九六七）年は、平安時代の能書家。参議小野篁の孫で、大宰大弐・小野葛絃の子。官位は正四位下・内蔵頭。「三跡」の一人。

小野篁神社は、本殿の右前方に位置を占める境内社です。道風神社本殿は、小野神社の飛地境内社で、小野神社の南方に位置しています。社伝によると、暦応二（一三三九）年佐々木氏頼が篁・道風の両社殿を再建しました。

式内社小野神社は、南北朝内乱以降には摂社の小野篁神社と小野道風神社のみとなり村の鎮守として保持されました。明治になって篁神社の境内に小野神社が再興され現在に至っています。

下坂本・雄琴の神社

平安末期には、湖西地域は日吉社と延暦寺の所領が多く各地に山王社が勧請されています。膝下の下坂本にも日吉の神が鎮座しています。

酒井神社（下坂本）

祭神　大山咋命（おおやまくいのみこと）

往古下坂本字的場梵音堂の上に磊があり、弘仁元年酒の泉が湧出し、小牧秀繁へ酒の精は大山咋命なりと神告があった。人々が集ってこれを掘り、石形を以て神霊と崇めて社を建てた。其後伏見宮家より酒井神社と神号を賜った。また元仁年間に穴太村禅納を勧請して合殿に祀り両社と称した。以来五月二三日に神祭を斎行した。元亀二年比叡山兵乱の際、小牧栄俸が両社を守護して伊香立村へ逃去り、其処に小祠を建て守護し、天正一六年に帰村し、社殿を再建した。此時浅野長政が旧広島藩主先祖が下坂本村領受の由緒を以って、元和六年浅野長晟が今の社を造営した、しかし社地が大変狭かったので小牧栄俸が私有地を寄進し、合殿を離して酒井・若宮の両社となった。尚廃藩迄はすべて浅野家が営繕して来た。

若宮神社（下坂本）

祭神　国常立尊（くにのとこたち）

白鳳二年、日吉大神がこの地に影向ありと伝えられ其所に国常立尊を祀った。元亀二年兵火に罹るを以て、栗太郡中村に転座され天正年中に今の地に遷座された。安永年中に中山中納言忠尹卿が神託を蒙り、自ら神号を木板に書し、書翰を添えて奉納された。この書翰は現存する。

雄琴は、下坂本の北を流れる雄琴川と大正寺川に挟まれた地にあります。湖辺の雄琴・苗鹿と仰木につづく丘陵地に千野の集落があります。

苗鹿の式内社那波加神社は、古来「苗鹿の森」と称された祭祀地に鎮座しました。神社近くには「苗鹿古墳群」と「法光寺古墳群」があります。古代の北陸道が通じ、街道を挟んで那波加神社と那波加荒魂神社が鎮座しています。

那波加神社（苗鹿）

祭神　天太玉命（あめのふとたまのみこと）

社伝によると、祭神天太玉命は太古より此の地に降臨し給うた。天智天皇七年に営社、於知別命を配祀する。於知別命は垂仁天皇の皇子小槻氏の始祖である。平城天皇大同二年に斎部宿禰広成が祭神の荒魂社を創建し別宮とした。これが飛地境内社那波加荒魂社即ち上の宮である。延喜式内滋賀郡八座の一である。元亀二年兵火の為焼失、慶長一二年再興された。

那波加神社は、小槻宿禰今尾が、雄琴庄を賜った時とされる仁寿元（八〇七）年以来、小槻宿禰一族によって保護され、延長五（九二七）年に式内社に列しています。那波加神社は雄琴神社とは古代から関連が深く、同族と考えられる小槻氏の祖神を那波加神社に、今雄氏の祖神を雄琴神社に奉祀しています。

雄琴神社（雄琴）

祭神　今雄宿禰命（いまおすくねのみこと）

縁起によると、平城天皇の大同三年に雄琴山上にはじめて鎮座されたと伝えている。主祭神今雄宿禰命は文徳天皇の御代火史官の職を奉じ、この為官務称家と称した。文徳天皇仁寿元年今雄宿禰の勲績を録して雄琴荘を賜った、元慶八年今雄宿禰逝去し苗鹿法光寺に葬られた。また醍醐天皇延長四年左大史小槻当平宿禰が社殿を造営し、今雄宿禰の神霊を祭祀して雄琴社大炊神と称し庄内の惣社称家の氏神として崇った。また伏見天皇正応四年に崇道尽敬天皇と大己貴命を相殿に奉遷した。又元亀の変にこの地は戦斗の巷となり社殿以下焼亡したが、霊元天皇延宝二年、社殿を再建された。

若宮神社（千野）

祭神　稚日女尊（わかひるめのみこと）

創祀年代不詳であるが、天和二年創立と伝えられる。仰木辻ヶ下村の若宮権現を勧請して祠を建て氏神として崇敬した。

仰木・伊香立・葛川の神社

比叡山の後背地にある仰木は、篠が峰越（仰木越）で堅田から大原へと通じるとともに、堅田に向けても湖辺への道が通じていました。山間の集落で、現在も棚田がつくられています。

この地には、源氏の祖、嵯峨天皇の皇子源融の旧跡があります。源融は、皇子でありながら源の姓を賜り朝廷に仕えました。貞観一四（八七二）年に左大臣にまで昇ったが、貞観一八年に右大臣の藤原基経が陽成天皇の摂政に任じられたため、上表を出して自宅に引き籠もりました。『源氏物語』の主人公光源氏の准拠とみられています。伊香立には源融を祀る融神社があります。

融神社（伊香立）

祭神　源融公（みなもとのとおるこう）

当地は源融公の荘園で、現在の社地は融公が宇多天皇寛平年間に南庄村牟礼の岡山に閑居された旧跡である。干時後世の為鏡一面を山上に埋められた。朱雀天皇八八年に伊香立庄管領平群三河公懐昌がこの神鏡を掘り出して、旧地に祠を建てこれを神璽として融公を祀られた。これが当社の創祀である。

寛和二年春花山法皇が近江御巡幸の際、社殿を造営し正一位融大明神と称せられた。また一条天皇が水田百町歩を神領とせられた。以後御歴代奉幣の例があったが、鎌倉時代以後衰微して遂に廃絶した。後南庄・家田・谷口三村の氏神となったが、元亀の変で焼亡した。当時の神主山本若狭と言う人が神璽を奉持して山間に避難し、天正七年に至って社殿を再興し、神璽を奉遷した。後世この神領の地は武家の所領となっていた。日吉山王膝下の伊香立地には、八所神社が鎮座しています。『近江輿地志略』に「八庄大明神社　客人宮を勧請すと云。伊香立五箇村の産土神なり。」とあります。

八所神社（伊香立）

祭神　大己貴神（おおなむちのかみ）

菊理姫神（くくりひめのかみ）

創祀は白鳳二年と伝えられる。天智天皇が大津宮に遷都の際、伊香立を食邑地として賜った真人が、祖先である天大吉備諸進命を氏神と勧請して社殿を造営した。後年、真人の後裔平群兼房が天照大神、伊邪那岐命、伊邪那美命、大山咋命、市杵島姫命、倉稲魂命、崇神天皇と七柱の大神を合祀して、八所大明神と称した。元亀二年信長が比叡山焼打ちした際、日吉神社の禰宜生源寺宿禰行丸が日吉山王の御神璽を奉じ避難した。その後、行丸は当社から北船路に移った。行丸は、当社の復興後に仮殿を設けて山王七社の神を祀り、山王祭を斎行された。この縁由に依り日吉の神大己貴命、白山菊理姫命二柱の分霊を本社に祀り、元の御祭神を境内社として祀った。

伊香立の北部は、途中峠を越えて大原に通じています。西近江路の和迩中からの道と堅田真野からの道が交差するところに還来神社《もどろきじんじゃ》が鎮座しています。

還来神社（伊香立）

祭神　藤原旅子（ふじわらたびこ）

創祀は、延暦七（七八八）年頃（承和七年とも）とみられています。桓武天皇の妃、藤原百川の娘の旅子を祀っています。龍華の荘は旅子の出生の地とされています。『近江輿地志略』に「還来大明神社　上龍華村にあり。所祭神淳和帝の后旅子。上龍華村より途中村札場まで十八町あり。其半途にこの社あり。此社まで、上龍花よりも、途中村よりも九町あるなり。」とあります。平治の乱の際、源頼朝が東国に落ちのびる時、武運を祈ったといわれています。後年、源氏の再興を果たした頼朝は、還来大明神に神田を寄与したと伝わっています。

伊香立は花折峠を隔て葛川に近接しています。葛川は、安曇川上流にあって、比良・比叡山地の西側、花折断層に沿った渓谷です。ほとんどが山地です。葛川谷は、朽木街道が通り若狭と京都との間にありますが、花折峠や崩坂はその難所でした。葛川坊村に鎮座する地主神社は、山村八ヶ村の総社。貞観元（八五九）年、葛川谷に明王院を開いた相応和尚に、仏法修行霊験の勝地を与えたのは信興淵大明神《しこぶちだいみょうじん》であると伝えられています。信興淵神は安曇川流域の地主神で朽木から葛川にかけて祀られています。葛川坊村の地主神社の祭神もまた、明王院草創により山王権現や六所明神とされる以前には、信興淵神であったとみられます。

地主神社（葛川）

祭神　国常立尊（くにのとこたちのみこと）

社伝によると、比叡山延暦寺と深い関係にあり、平安時代前期に相応和尚が息障明王院の鎮守、守護神として創建されたものである。創建時は明王院背後の山腹に鎮座されたが室町時代文亀二年に現在地に遷座した。尚当社創建以前は太古より司水神として思古淵神が祀られ、安曇川上流で働く筏師等の守護神として信仰が厚かった、今も境内社として祀られている。地主神社は平安時代前期に明王院の鎮守・守護神として創建され、祭りは神仏習合の形態を現在に残している。

仰木に鎮座する式内小椋神社は、その後、久しく社号が用いられることなく経過しました。昭和二〇年に至り、明治に至るまで田所明神と称していたのを旧名に復帰したのが、現在の小椋神社です。『近江輿地志略』には「田所大明神社　上仰木村にあり。所祭神いまだ詳ならず。所謂仰木五社といふは、新宮権現〔千野村の持分〕・大宮権現〔下仰木村持分〕・田所社〔上仰木村持分〕・若宮権現〔辻下村之持分〕・今宮権現〔平尾村の持分〕」と記されています。

小椋神社（仰木）

祭神　闇龗神（くらおかみのかみ）

猿田彦神（さるたひこのかみ）

社伝によると貞観元年惟喬親王の創祀による古社で、同五年従五位下の神階を贈られている。貞元二年の頃より、源満仲公との縁が深く、又後水尾天皇の王女賀子内親王の尊信が深かった。尚当社の創立について一説に、天智天皇が滋賀の宮に遷都された折、随従してきた嘉太夫仙人が、天皇の崩御後も大和に帰らず、この仰木の山麓に住し大和の丹生川上神社の御分霊を祀って、滝壷としたのが当社のはじまりと伝えられる。この滝壷神社跡は現存する。延長五（九二七）年に式内社に列す。建久元（一一九〇）年、日吉神社の摂社十禅師明神と石居明神とを祀り、前者を新宮神社（祭神少彦名神）後者を今宮神社（祭神大穴持神）と称した。日吉大社社外の百八社の一。

比良山麓の鎮守社

比叡・比良山麓の真野川・小野川・和邇川の流域に広がる真野郷には、各村落に鎮守社が鎮座しています。それらの多くはかつて荘園領主が地域の鎮守として勧請した神々であったが、近世期以降は村落の鎮守として祭祀されてきました。

『志賀町史』は、比良山麓の荘園鎮守の社について「この地域が山門膝下であっただけに、山王上七社を構成する神祇の一つ十禅師権現を勧請したものが多く、本町域の荘園においてもそれは例外ではない」としています。そして、「和邇荘には大字和邇中に天皇社、木戸荘では大字木戸に樹下神社、比良荘は大字北比良と南比良の村境いに天満神社・樹下神社、小松荘には大字北小松に樹下神社がそれぞれ鎮座しているが、天皇社はかつての牛頭天王社、木戸・比良・小松の樹下神社は旧十禅師権現社である。」と記しています。

近世までの各神社は、明治の神仏分離によって社号や神号の改変が行われました。祇園社の牛頭天王と日吉社の十禅師および明神は、いずれも仏号であるとして神号に改められました。

天皇神社（和迩中）

祭神　素盞鳴尊（すさのおのみこと）

社伝によると康保三年和邇荘が崇福寺領であった時に京都八坂の祇園牛頭天王を奉遷して和邇牛頭天王社と称したと伝えられる。現在の本殿は鎌倉時代正中元年改造の社と云われている。

旧中村の天王社は、明治九年に、祭神を素盞鳴尊に改め天皇神社と称しました。『志賀町史』に、「和邇荘氏神が、和邇中村に所在する天王大明神である。もとは荘園鎮守社として牛頭天王を勧請して創建されたのであろうが、近世の段階では五か村の氏神とされている。」と記されています。和邇荘の中村・中浜村・北浜村・今宿村・高城村の五ヶ村の惣氏神として祀られ、天王社境内の脇社が中浜・北浜・高城各村の氏神とされ、本社は中村・今宿二村の氏神でもありました。

木元神社（南浜）

祭神　句句廼馳神（くくのちのかみ）

天暦八年小野道風朝臣が和邇の湖汀にこの神を祀り、社殿を造営して木之元社と称した。

大将軍神社（中浜）

祭神　中浜神（なかはまのかみ）
創祀年代不詳であるが、慶長七年、延宝七年の調査除地帳に、現在の場所に氏神大将軍宮の鎮座が記されている。

住吉神社（北浜）

祭神　底筒男命（そこつつおのみこと）
　　　中筒男命（なかつつおのみこと）
　　　表筒男命（うわつつおのみこと）
寛弘七年花山天皇の皇子清仁親王が比良山最勝寺へ御参詣の帰路、湖上が荒れて御乗船が危うくなった時、親王が舳先に立ち住吉大神に祈願されると忽ち浪静まって恙なく志賀浦にお着きになった。この為此地に住吉三神を勧請されたのが当社の創祀と伝えられる。

水分神社（栗原）

祭神　天水分神（あめのみくまりのかみ）
元八大龍王社と称して、和邇荘全域の祈雨であった。元禄五年社殿改造の記録がある。

八所神社（南船路）

祭神　八所大神（はっしょのおおかみ）
　　　住吉大神（すみよしのおおかみ）
斎明天皇五年比良行幸の際当社にも臨幸ありと伝えられる。又良辨僧正と深い関係があり、天平宝字六年社宇を改造し社側に一字一石経塚を建て（此経塚現存す）法楽を修した。又足利将軍が安産の神として崇め。和邇金蔵坊が郷の産土神と崇敬し社領若干を寄進された。

若宮神社（八屋戸）

祭神　八柱大神（やつはしらのおおかみ）

樹下神社の境内社牛尾神社（八王子社）の遙拝所であったのが後に若宮神社となったと考えられる。

八所神社（八屋戸）

祭神　大己貴命（おおなむちのみこと）

　　　白山菊理姫命（しろやまくくりひめのみこと）

元亀の変で坂本の日吉神社焼亡の際、同社禰宜祝部行丸（生源寺行麿）が御神霊を奉持して諸国を行脚し、当社にも逃れ山王祭も斎行された。この由縁で日吉七社の御分霊を相殿に勧請して八所大明神と称した。

旧北船路村の八所大明神は、明治になって、明神号を廃し、八所神社と改称されます。

樹下神社（木戸）

祭神　玉依姫命（たまよりひめのみこと）

木戸城主佐野左衛門尉豊賢の創建と伝えられる。永享元年社地を除地とせられ、爾来世々木戸城主の崇敬が篤く、木戸庄（比良ノ本庄木戸庄）五ヶ村の氏神として崇敬されてきた。元亀三年織田信長の比叡山焼打の累を受け社殿が焼失した。天正六年、木戸城主佐野十乗坊秀方が社殿を再造し、坂本の日吉山王より樹下大神を十禅師権現として再勧請して郷内安穏を祈願せられた。明治初年までは十禅師権現社と称され、コノモトさんとも呼ばれていた。

旧木戸村の十禅師社は、木戸村・八屋戸村・荒川村・大物村の鎮守で、明治初年に樹下神社と改称し、祭神を玉依姫命と改められました。『志賀町史』に、十禅師社は、「木戸荘の荘園鎮守社として勧請され、五か村の氏神となっている」とあり、木戸村・守山村・大物村・荒川村・北船路村からなる木戸荘の惣氏神とされています。

湯島神社（荒川）

祭神　市杵島姫命（いちきしまひめのみこと）

創立年代は不詳であるが、大谷川の川淵の字湯島に古くより祀られた水分神であった。ところが江戸時代末に暴水の為流失したのを、明治八年竹生島より市杵島姫命を勧請して湯島神社と称した。

樹下神社（南比良）

祭神

玉依姫命（たまよりひめのみこと）

社伝に、開化天皇四二年、比良大峰に降臨霊跡を垂れ山上に社を建てこれを祀ったとある（仁寿二年創立とも）。比良大明神の招請により山王十禅師を勧請したとも伝えられる。往古は比良神を産土神として祀っていたが、平安前期に日吉山王の神を祀ったと考えられる。

天満神社（北比良）

祭神　菅原道真公（すがはらのみちざねこう）

社伝によると天慶三年に右京に住む多治比文子に「山城国北野右近馬場に鎮座の地を構えよ」と御託宣があったが、身貧賤にして社を営むことが出来ず、家辺に瑞籬を設けて斎祀した。ところが同九年に近江国比良宮の禰宜三和良種の子太郎丸に神託あり「前に西ノ京の文子と云う者によって示すといえども人人信ぜず、我居せむ処には松の種を植うべし」と。良種この為西ノ京の文子を呼び、朝日寺の僧最鎮等と力をあわせて社を営んだ、その夜北野に千株の松が生え、また比良村にも生えたので帰郷して後当社を創立したとある。

旧北比良村の天満宮社は、近世、北比良村と南比良村の氏神でした。境内には、天満宮と十禅師社が祀られ、北比良・南比良が立ち会いのもと祭礼を行っていました。明治五年に、両社を分離し天満神社と樹下神社と改め、それぞれの氏神としました。併せて、十禅師社は祭神を玉依姫命と改めています。

八幡神社（**南小松**）

祭神　応神天皇（おうじんてんのう）

古来、南小松の産土神となっている。住古より日吉大神と白鬚大神の両神使が往復ごとに当社の林中にて休憩したといわれ、当社と日吉・白鬚三神幽契のある所と畏敬されている。元亀二年に信長公によって焼失され、翌年領主丹羽長秀が資材を寄付し再造されたものである。

樹下神社（**北小松**）

祭神　鴨玉依姫命（かものたまよりひめのみこと）

佐々木兵庫佐成瀬が蒲生郡佐々木庄に移り近江を領した当時、岡島の渡合と称する処に妖怪が出没し旅人を害したので、成瀬はこれを憂い、坂本村日吉十禅師を深く祈念してこの妖怪を退治した。この縁由により天元五年当北小松に日吉十禅師を分祭したと伝えられる。仁治二年、小松庄草創にあたり日吉十禅師社と天満宮が再造された。

旧北小松村の十禅師社は、仏号を廃し、樹下神社と改め祭神を新たに鴨玉依姫命としました。

三　琵琶湖西岸・高島郡の神々

高島郡の神々

高島郡は、深い森に覆われた山と豊かな水に恵まれた地。比良山麓の琵琶湖沿岸にあって、勝野津をはじめ港津が各浦に有り、北陸道を基幹として湖辺や山辺に縦横に道が通じています。郡名は、『日本書紀』の継体天皇即位前紀に「近江国高島郡三尾之別業」とあるのが初見です。また、『上宮記』には「弥乎国高嶋宮」とみえます。

日本海側の諸国と大和や山城を結ぶ地点に位置する高島郡には、継体天皇をはじめとして、古代豪族の墳墓や遺跡が伝わり、その周辺には一族の氏上を祀る神社があります。その中心になるのが、継体天皇とその父彦主人王《ひこうしのおおきみ》です。「高島郡三尾之別業」は、継体天皇の父彦主人王《ひこうしのおおきみ》の所領地であって、そこより使いを遣わして振媛を迎えて妃としたとあります。

古代の三尾には豪族三尾君の本拠地があったとみられています。『日本書紀』に、垂仁天皇の系譜に、「綺戸辺《かにはたとべ》を喚して後宮に納れたまふ。磐衝別命《いわつけわけのみこと》を生む。是三尾君が始祖なり。」とあります。『古事記』には、「山城大国之淵の女、苅羽田刀弁《かりはたとべ》を娶ひて生みませる御子、石衝別王《いわつくわけのみこ》。」とあり、「石衝別王は羽咋君・三尾君の祖」とあります。ここにみえる磐衝別命の事績は明らかではありませんが、三尾氏が継体天皇の妃を出したことは史書に記されています。『日本書紀』に、「三尾角折君《みおのつのおりのきみ》が妹稚子媛《わかこひめ》」と「三尾君堅槭《みおのきみかたひ》の女倭媛《やまとひめ》」の名がみえます。『古事記』には「三尾君等の祖、名は若比売《わかひめ》」と「三尾君加太夫の妹倭比売《やまとひめ》」と記されます。

これらの継体天皇にかかわる三尾の所在地は、高島町内には、「高島の三尾の勝野」や「水尾神社」という地名がありまた。また、安曇川町内には「三尾里村」や「三重生神社」があります。いずれにしても、高島郡の三尾は、現在の高島町から安曇川町南部にかけての地であるとみられています（『高島町史』）。

高島郡は、山々の尾根から流れる多数の水脈があり、大小の河川が琵琶湖に注ぎ入ています。三尾《みお》は、水尾《みお》であり、水脈《みお》です。ここには、古くより、山には「高島の杣」をはじめ「三尾の杣」や「朽木の杣」などが置かれ、湖には「安曇河御厨」や「穴太御薗」などが設けられました。陸路と水路の要衝でもある高島の地は、平安末期には荘園化が進み寺社領も増えました。近世期に至ると藩政が敷かれ村落が形成されました。高島は、近代に入って町村合併が繰り返し行われていますが、村落の大字名は形を変えながらも残されています。

こうした経過に伴って各地の神社は改変されたり、新たに勧請されたりしました。『高島町史』は、「高島の地は、古代から神々の祭祀と信仰の篤いところであったが、中世末までには、ほとんどの郷村に神社が奉祀されていた。これらの神社は、もとは祖先神である氏神や、一定の地域、あるいは寺・城館などを守る鎮守神、さらに生れた土地を守護する産土神をまつったものである」と記しています。さらに、これらの神々は、総じて氏神として祭祀されるようになったと述べています。大半は、現在も各大字に祀られている鎮守社と考えられます。

高島郡の式内社

平安時代に制定された式内社は、高島郡には三四座あり、伊香郡四六座に次ぐ多さです。これらの式内社は、北陸道や若狭路、勝野津や安曇湊など水陸の交通の要衝であり、安曇氏や三尾氏など古代豪族の本拠地であった高島の地に鎮座していました。

高島郡の式内社は、中世から近世にかけての歴史的な推移によって、それぞれの存立基盤や祭祀組織が著しく変化しました。『高島郡誌』は、「式内の社は当時相当の神社なりしが、其後祭祀の事絶え、今日に至りては多くは其所在詳ならず」としています。

高島郡の式内社について、『高島郡誌』は、「今称する所の所在地を附記すべし」として、概略、次のように掲げています。

水尾神社二座　高島村拝戸に鎮座す。
阿志都彌神社　弘川村大勦社。川島村に鎮座すとの説は非なり。
與呂伎神社　東西萬木村あり。此社と定めがたし、今は子守社と云へど、如何。
熊野神社　饗庭村波爾布神社境内　今津町繭生、広瀬村上古賀三社各其社なりと云ふ。

箕嶋神社　三尾里村の三島神社とす。
大川神社　朽木村大字生杉とすべし。
小野神社　梅津村天神社内とすれども、朽木村大野にもあり、或は此社か。
麻知神社　西庄村大字蛭口村社日吉神社とすれども果たして然りや否や。又川上村大字福岡五社神社とすれども証左を知らず。
櫟原神社　川上村桂にありとす。南古賀の櫟神社及び其附近小字櫟原と云ふ。今其字名を廃したれども村民の間に猶存す。
太田神社　新儀村太田、旧天満宮なり。青柳村青柳とも云ふ。
鞆結神社　劍熊村大字浦。西庄村大字石庭村社八幡神社。
日置神社　川上村酒波と云へとも疑ふものあり。森西村に定めしことあり。
津野神社　川上村大字北仰。角川村に鎮座すとの説はいかゝ。
大荒比古神社二座　劍熊村大字浦。一に云井ノ口村河内社なりと。
大前神社　梅津村に大崎あり。
坂本神社　西庄村大字上開田（荻野光陶の説）
大處神社　百瀬村大字森西。
弓削神社　梅原村。弓削八幡とあるに拠って定めしなり（荻野光陶の説）。
志呂志神社　神名帳考証に鴨村日吉三之宮とす。今の志呂志は旧、天皇社と称せり。
波尒布神社　饗庭村大字饗庭、旧土生神。
大水分神社　今の与呂伎神社なるべし。旧子守社と云ふ。

大野神社　朽木村に大野あり、此社なるべし。
小海神社　一に、南新保村の旧稲荷大明神なりと云ふ。
三重生神社二座　安曇村大字常磐木、今御霊権現、三ッ子の社とも云。
長田神社　永田村なるべけれども、今の社は水尾大明神と称すれば拝戸の水尾神社の神なり。別に長田神社ありしなるべし。今廃絶して其の址詳ならず。
宇伎多神社　水尾村大字野田塩竈大明神の森を宇伎多森と云ふと。一に安曇村大字田中字沖田にありと云。

高島町の神社

『高島町史』は「高島町内にも、水尾・志呂志・長田・宇伎多の四社が式内社として鎮座していたが、ほかに多くの神々がまつられていた。」と記し、「町内の神社で目につくのは、日吉神社が五社も鎮座していることである。」としています。

［旧高島村］　大字　高島・拝戸・鹿ヶ瀬・黒谷・畑

拝戸は、三尾山の麓の地です。背後の山は、白鬚山から尾根つづきで、水尾神社によって水尾山と呼ばれました。『近江與地志略』に「此山に則嶽の観音あり。此辺の山続き総名を三尾山といふ。」とあり、「水尾社の北を流れる川也。往古は此川伊黒の辺より分れて、水尾川となりしと云。今は絶たり。」と記しています。

水尾神社（拝戸）

祭神　磐衝別命（いわつくわけのみこと）

　比咩神（ひめかみ）

式内社で年四度の奉幣の他に名神大社として臨時大祭にも奉幣があった。延暦三年従五位下、貞観五年従四位下の神位を授けられる。磐衝別命は猿田彦の天成神道を学ぶ為当地に来住され朝夕猿田彦命を祀る三尾大明神を遙拝されたのでこの地を拝戸と称した。そして磐衝別王は当地で亡くなられたので、その子磐城別王は三尾山に葬り、父君を奉斎する水尾神社を創建されたという。以後一〇〇年後、応神天皇の第一一皇子速総別王も天成神道を学ぶ為に拝戸を来られ、四世孫彦主人王は磐城別王の五世孫振姫を迎えて妃とし、振姫は当社の拝殿を産所として天迹部王、男迹部王、太迹部王の三児を同時に安産した。これが後の継体天皇と伝えられる。

水尾神社は、もとは水尾川（和田打川）をはさんで南北に分かれて二つの社殿がありました。北本殿は、昭和三四年、台風のために崩壊して以後、南本殿に移されています。祭神について、『近江輿地志略』に、「祭る所の神二座。南は猿田彦命河南の社と号す。北は天鈿女命也。河北の社と号く。」とあります。『高島郡誌』には「従来は、南は猿田彦命河内の社と号し、北は天鈿女命河北の社と称せり。されど三尾君の族が其祖を祀れるなり。」と記されています。『高島町史』には、「近代においては、磐衝別命と比咩神としている。」とあります。現在は、三尾君の始祖である磐衝別命を祭神として奉祀されています。

日吉神社（高島）

祭神　大年神（おおとしのかみ）

もと日吉大行事と称し、明応年間に山門の下司である伊黒城主林右京亮が、初めて祭祀を行なったのに始まる。当時、社地は伊黒部落の東北の方角にあったが、永正元年大洪水があり社殿が流出し、同四年、現在の地を選び祭祀を継承したのである。因に旧社地を古宮と称している。同一六年社殿を再建し、大連寺毘沙門天を本地としたのである。永禄年間、伊黒城主法泉坊より祭田が寄附され、降って元亀二年、織田氏の兵災に遭い社殿は焼失するが、天正六年、氏子中により再建され現在に至っている。

『高島郡誌』に「大字高島に鎮座す。高島の氏神なり。祭神大山咋神。旧日吉大行事と称せり。明応年中山門の下司伊黒城主林右京亮祭祀を奉行す。」とあります。

玉津島神社（高島）

祭神　事代主命（ことしろぬしのみこと）

　衣通郎姫（そとおりいらつめひめ）

社伝によると応神天皇の御子である隼総別皇子が、この地に事代主神を勧請し八幡神社と称したが、後年畑の山崎某が衣通郎姫を勧請合祀し、現在名に変更した。

「富坂の氏神なり。祭神衣通姫事代主命。元畑村鳳嶺に祀りしを、畑村の民此地に移り住み、衣通郎姫を此に遷し祀れりと云ふ。」（『高島郡誌』）

松尾神社（黒谷）

祭神　大山咋神（おおやまくいのかみ）

黒谷鹿ヶ瀬両村の氏神。

『高島町史』に「この地が僧空也の巡教した地であるため、空也の守護神であった松尾の神（大山咋神）を勧請したと伝え、文永三年二月、社殿を造営したという。」とあります。

八幡神社（畑）

祭神　応神天皇（おうじんてんのう）

社伝によると応神天皇の御子隼総別皇子拝戸水尾神社の社殿を再建し給ひし時、共に三尾郷三尾川上流最高の浄境鳳嶺に父天皇を奉斎し給ひしと言う。

［大溝町］　大字　勝野・永田・音羽

勝野は、北は東流する魚道川、南は明神崎があり、東側一帯は琵琶湖です。古代には勝野津があり北陸道の要衝でした。明神崎の背後には長宝寺山があり、北側には乙女ヶ池と呼ばれる内湖があります。大溝城が乙女ヶ池の周辺に築かれ、それ以来勝野は湖西唯一の城下町となりました。勝野にはその鎮守として日吉山王社が勧請されました。

日吉神社（勝野見張）

祭神　大山咋神（おおやまくいのかみ）

社伝によると嘉祥二年長宝寺の鎮守として山麓に、坂本より山王権現を勧請す。長宝寺廃絶後は石垣村の産土神として崇め、永正二年高島玄蕃允が長宝寺山に城郭を築きし時、又産土神として崇敬し、社殿を修補す。一五年高島氏亡びし後は哀願して僅に村民一〇余戸祭祀したりしが、分部侯大溝に封ぜられて後、社殿を補修し春秋の祭典等、藩に復せり、宝永六年社殿火災に罹り、同七年再建す。明治二年日吉神社と改める。

『近江輿地志略』に「山王神社　大溝分部氏邸の三町許西南の山下に有。日吉七社を勧請する所也。其の初詳ならず。此神社は本石垣村の産土神也。大溝繁盛によりて、専大溝の神と称す」とあります。

日吉神社（勝野権田）

祭神　瓊々杵命（ににぎのみこと）

仁寿二年の創立と伝え嘉祥二年長宝寺草創に当りて鎮護の神とする。

『高島郡誌』に「旧十禅師宮と称す。明治二年日吉神社と改む。打下村の産土神なり。」とあります。『高島町史』は「その創祀は、見張所在の日吉神社と同様の伝えで、のち永正十五年八月、浅井亮政の兵火によって焼亡し、天文九年、佐々木義賢（六角承禎）が白鬚神社を改修したとき、当社も白鬚神社の摂社のため修造された。」と記しています。

分部神社（勝野）

祭神　分部光信公（わけべみつのぶこう）

元和五年分部光信、伊勢国上野城より大溝藩主として移封以来、連続二六〇年、旧封有志の輩等はかりて社を建て霊を祀る。明治一一年公許、明治一三年落成。

長田神社（永田）

祭神　事代主神（ことしろぬしのかみ）

社伝によれば、天安二年の創立と伝う。延喜式神名帳記載神社、御祭神は事代主神一柱なりしも其年三尾川洪水のため三尾神社流れて社頭に留る。里人後に神霊を事代主神と同殿に奉遷奉斎す。天正年中氏子が修補せり。『高島郡誌』は、「大溝町大字永田に鎮座す。永田の氏神なり。祭神天鈿女命。旧三尾大明神と称す。社域は三尾川の流域にあり。」と記しています。『高島町史』は、「鴨川から嶽山麓に至る平野のほぼ中央、和田打川沿いに鎮座する。」とし「当社傍の川は、下流は和田打川へ合流するが、上流は水尾神社の南・北社を分けた水尾川であるから、水流のつながりから分霊をまつったことかとかんがえられる。」としています。

大炊神社（音羽）

祭神　事代主神（ことしろぬしのかみ）

本社は建久三年三尾神社の大炊殿の旧址に社殿を創建し、大炊殿の祭神を勧請して音羽村の産土神とす。旧大炊大明神と称す。

［水尾村］　大字　鴨・宮野・野田・武曽横山

志呂志神社（鴨）

高島平野を流れる鴨川の中流南岸の宿鴨に志呂志神社が鎮座しています。近接して稲荷山古墳があります。

祭神　瓊瓊杵尊（ににぎのみこと）

明和七年火災にて村内八分通り焼亡のとき悉く焼失、延喜式内の神社にして、住昔川中島の白州に鎮座し、所知食《しろしめす》天皇ゆえに志呂志の天皇と称し奉り、白州の神社とも申せし由。

『高島郡誌』は、「水尾村大字鴨に鎮座す。鴨の氏神なり。祭神瓊瓊杵尊、鴨祖神、玉依姫命。宝亀元年、藪ヶ原の地より今の地に遷座ありしと伝ふ。明治維新前までは天皇社と称し、俗に牛頭天王を祀ると称せり。」と記しています。また、『高島町史』は、神社名の志呂志について「しろしめす、すなわち領有する、支配するの意で、この土地の支配神であった。この土地の神、志呂志の神、おそらく鴨川の水をしろしめす女神としてまつられたもの」とみています。

宇伎多神社（野田）

祭神　八重事代主神（やえことしろぬしのかみ）

式内社（現在論社とされる）で嘉禎三年大溝藩主高島治郎左エ門高信小田七十石を寄進し、更に四世の孫高島内記は、郷士となって神主を奉仕した。

鴨川の北岸、高島平野の西南端にある大字野田字浮田に宇伎多神社が鎮座しています。『高島郡誌』に「水尾村大字野田字宇伎多に鎮座す。祭神八重事代主神。旧塩竈六社大明神と称す。社伝に式内なり。」とあります。

日吉神社（武曽横山）

祭神　大己貴神（おおなむちのかみ）

文禄五年日吉大宮を勧請し社殿を創建、産土神として崇敬したのに始まる。当社はもと字中殿前に鎮座していたが、その社地は諸設備を施す予知もない地であったので、大正七年先づ字西宮鎮座の御霊神社を本社に合祀し、同時に御霊神社跡地に社殿を創建、併せて諸設備を整えて遷座し現在に至っている。

『高島郡誌』に「武曽の氏神なり。祭神大山咋命。文禄二年五月鎮座。大正八年御霊神社を合祀す。」とあります。

『高島町史』は「当地には、もと正光寺薬師寺と称する天台宗寺院があったが、永禄年中に織田信長の兵火によって焼亡した。」と記しています。

日吉神社（**鴨**）

祭神　大山咋神（おおやまくいのかみ）

明和の火災により悉く焼失したため、創祀年代等不詳。明治二年山王権現社を日吉神社に改称する。

『近江輿地志略』に「山王社。祭る所日吉山王神に同じ」とあります。『高島町史』は「元亀の戦乱に焼けたあと、天正二年に再建されたと伝える。この地にあった天台宗寺院蓮照寺の鎮守であったのであろう。」と記しています。

白山神社（**宮野**）

祭神　伊弉諾命（いざなきのみこと）

　　　伊弉冊命（いざなみのみこと）

社伝によると創建は、正治二年、加賀国白山権現を勧請し、産土神としたのに始まる。また奈良時代既に白山日咩神社の分霊を勧請とも伝えられる。元亀二年、織田氏の兵災で社殿の焼失を見るが、天正二年再建し現在に至っている。明治二年権現号を廃し白山神社とする。

「宮野の氏神なり。祭神伊弉冊命。正治二年加賀より勧請す。」（『高島郡誌』）

八幡神社（**野田**）

祭神　応神天皇（おうじんてんのう）

嘉禎三年、大溝藩主高島治郎左ヱ門尉高信が、男山八幡宮を奉遷し、宇伎多神社と共に祭祀を行ったことに始まる。

若宮神社（**武曽横山**）

祭神　仁徳天皇（にんとくてんのう）

社伝に鎮座地は、磐衝別王の別業跡、更に応神天皇の行在所と伝えられる。現境内社である鞆結神社の末社として、正一位若宮八幡神社と称したが、何時の頃よりか若宮神社と称している。天正年中兵火に会い、更に明和九年再び回禄したのである。この時、鞆結神社の御神体は社殿と共に焼失したが、若宮の御神体のみ難を免れたので、これを本社として奉斎し現在に至っている。

「横山の氏神なり。祭神仁徳天皇。式内鞆結神社なりと云ふ。」（『高島郡誌』）

貴布禰神社（鴨）

祭神　事代主命（ことしろぬしのみこと）

「元亀の兵火にかかったため、天正二年再建したと伝える。」（『高島町史』）

［鵜川］

鵜川の集落は、南に流れる鵜川《うこうがわ》を隔てて北小松の集落に接しています。比良山地が琵琶湖に突き出たところに明神崎があります。明神崎の湖辺は白鬚浜と呼ばれています。この地に白鬚神社が鎮座しています。背後の裏山には白鬚古墳群があり、山中には鵜川四十八躰石仏群があります。その前を通る山道が北国海道（西近江路）です。街道沿いに白鬚神社の道標が建てられ、今も各所に残っています。

白鬚神社（鵜川）

祭神　猿田彦命（さるたひこのみこと）

垂仁天皇二五年皇女倭姫命により社殿を再建され、天武天皇白鳳三年勅旨を以て、比良明神の号を賜わる。後度々改造され現在の建物（本殿　境内社　伊勢両宮　八幡三所　若宮社等）は、慶長八年豊太閤の遺命によって豊臣秀頼が片桐且元を奉行として再興（御朱印社領一万石）されたものである。分霊社も判明するだけで一五〇社を

白鬚神社

数え、古くから皇室武将等の崇敬極めて厚く北海道、九州、隠岐まで御分霊社が奉斎されている。

『高島町史』に、「同社は、比良山の北端が湖にいたる汀の景勝の地に鎮座している」とあり、『比良荘堺相論絵図』に「白ヒゲ大明神」とあると記しています。そして、「東大寺縁起」にみえる老翁の比羅明神が神名のもととみています。

安曇川町の神社

安曇川町は、古代高島郡の三尾郷として三尾氏の居住地であったと考えられ、式内三重生神社をはじめとする古くからの神社が存在しています。さらに、中世期以降には、山門にかかわる日吉山王社が勧請されるなどして数多くの神社が各字にあります。『安曇川町史』は「その土地に造営された神社は、拓かれた土地における氏族や地域集団の平安と五穀豊穣の守護神（氏の神）として氏人たちの崇拝の対象となったと思われる。」と述べています。安曇川町の式内社は、三重生神社と箕島神社で、阿志都彌神社、與呂伎神社、熊野神社、櫟原神社、太田神社、大水分神社、宇伎多神社が論社になっています。

［旧安曇村］　大字　田中・三尾里・西万木・五番領・常磐木

大字田中字馬場にある田中神社周辺の王塚や三重生神社など継体天皇と彦主人王にまつわる伝承が残されています。常磐木に合併された三重生は、三重生神社の鎮座する地で、村名も社号に由来するとみられています。三尾里は、三尾郷の遺称ともみられ式内箕島神社の鎮座する地です。また、安曇川北方に開発された西万木は、青柳村に属した東万木などとともに日吉社領でした。

三重生神社（常磐木）

祭神　彦主人王（ひこうしのおおきみ）

　　　振媛（ふりひめ）

創祀年代不詳であるが式内三重生神社これである。応神天皇五世の孫彦主人王が当地で薨じられたので、社を建て斎祀された。振媛は彦主人王の妃で、後合祀された。

『高島郡誌』に「安曇村大字常磐木小字三重生に鎮座す。三重生の氏神なり。祭神彦主人王及び振媛。旧一元御霊権現と称す。式内なり。明治元年三月今の名に改む。口碑云彦主人王三尾の別業にありて漁猟を以て常の業とし給ひ、其地に薨し給ふ。尊骸を此に葬りて斎祀せりと。或云薨去後霊のみを此に斎祀したりと。故に今に例年祭に釣竿を造りて奉る式あり。村民は本社を三ッ子の母神と称し今に至るまで安産の祈願所とす。三重生の名によりて云ひ出てしものなるべし。」とあります。

『安曇川町史』によると、一元《かずもと》御《ご》霊《りょう》権現《ごんげん》は、大字田中の旧産所村に存在した三尾神社の縁起に、応神天皇の男子速総別《はやふさわけの》皇子《みこ》の系譜に連なる淡海主人一元《おおみのうしかずもと》といい、妃の振媛に三つ子が生まれて、その一人が継体天皇であるとされています。また、大字三重里の胞衣塚の所在地には上御殿・下御殿の字名があり、付近には御殿川の名があり、この辺りは高島宮跡であろうと伝わっています。

箕島神社（三尾里）

三重生神社

祭神　大山積神（おやまつみのかみ）

創始年代不詳であるが、式内箕島神社がこれであるとされる。

『近江輿地志略』に「三島里村にあり。神名帳に所謂箕島大明神是也。」とあります。『高島郡誌』には「安曇村大字三尾里に鎮座す。三尾里の氏神なり。祭神大山積命。元三島明神社と称す。明治に至りて箕島神社と改む。」と記されています。

惣社神社（田中）

祭神　波爾安彦命（はにやすひこのみこと）

　　　波爾安姫命（はにやすひめのみこと）

　　　建速素盞嗚命（たけはやすさのおのみこと）

　　　奇稲田姫命（くしなだひめのみこと）

　　　八柱御子神（やつはしらのみこかみ）

社伝によると後土御門天皇一二年に里人が墾田の神として斎祀し、崇敬者が多かったので惣社と称した。明治に至って惣社神社と改めた。

『高島郡誌』に「安曇村大字田中旧南市に鎮座す。後土御門天皇の一二年、里人墾田の神として土祖神を斎祀し社殿を建設したるに、信者多かりしを以て惣社と称したり。元亀年間五番領城落城の際兵火に罹りしを、天正年中再建して、明治に及び惣社神社と称せり。」とあります。

泰産寺野裾にある大字田中は、旧田中郷とほぼ一致する地域であるとみられています。田中郷に散在する集落は、南市・鍛冶屋・下ノ城・産所・馬場・三田・佐賀・仁和寺・上寺・請所の一〇ヶ村です。馬場村の牛頭天王社（現田中神社）は、郷の総社として祀られました。

田中神社（田中）

祭神　建速素盞鳴尊（たけはやすさのおのみこと）

奇稲田姫命（くしなだひめのみこと）

八柱御子神（やつはしらのみこかみ）

社伝によると田中郷の総産土神である。往昔、若林牛頭天皇社また祇園牛頭天王社と称した。享保七年宗源宣旨により神階正一位を授けられ、爾来正一位牛頭天王社と称した。明治二年田中神社と改称。明暦の縁起によれば清和天皇貞観年中の創祀とある。一説に天平三年僧良弁松蓋寺建立の際鎮守の神として奉祀し天長年中此地に遷して氏神となしたとある。国衙領であった郷の領域化が完成した平安末期には郷鎮守社の地位を得、後太山寺を当社の別当寺として佐々木・田中氏の信仰に支えられて行ったと伝えられる。

『近江與地志略』に「馬場村　此地本、牛頭天王の馬場によって村居をなす。故に馬場の名あり。牛頭天王社馬場村の山にあり。田中郷の産土神也。毎年五月一日祭礼競馬す。近年吉田より正一位牛頭天王と称す。」とあります。『高島郡誌』に「安曇村大字田中小字馬場に鎮座す。田中郷の氏神なり。祭神素盞鳴尊、奇稲田媛及び八岐大蛇霊なり。旧正一位牛頭天王と称す。天平三年僧良弁松蓋寺建立の際鎮守の神として奉祀し、天長中比の地に遷して氏神とせり。後年佐々木泰綱、継体天皇を請じて合祀したりと伝ふ。明暦の縁起には某年疫病流行の時、京祇園社を勧請し、応仁文明の諸国動乱したりし折、本社造替の際にて仮殿に納めし神宝記録を劫奪せられ旧記を失へ

田中神社

りとあり。寛文一三年社殿を再建承応四年大鳥居を建立す。」とあります。

日吉神社（西万木）

祭神　瓊々杵尊（ににぎのみこと）

社記によると往昔天武天皇の皇孫塩焼王の霊を斎祀せし万木の森の旧跡である。後醍醐天皇嘉暦三年滋賀郡日吉十禅師社の分霊を遷し奉り産土神と崇祀した。元亀の兵乱に社殿兵焚に罹ったが、天正一七年社殿を再建し日吉神社より神璽を再勧請して以降社頭修存春秋の祭祀を連綿奉祀する。明治維新の制に日吉十禅師社を日吉神社と改称する。

『高島郡誌』に「安曇村大字西万木に鎮座す。同大字の氏神なり。祭神瓊々杵尊。本社境内は天武天皇の皇孫塩焼王を祀りし万木社の旧址にして、嘉暦元年日吉十禅師を勧請したり。元亀年間社殿兵火に罹りしかば、天正一七年、更に社殿を再建して日吉神社より神霊を再請したり。」とあります。

佐田神社（田中）

祭神　佐田彦命（さたひこのみこと）

創祀年代不詳であるが、社伝によれば佐田大明神、また田植神・五月神と称して田植の際神事が行はれた。特選神名牒に式内田部神社は一説に田中村にあり中古佐田神社と称す云々とあるが、確証がない。

『高島郡誌』に「安曇村大字田中小字馬場に鎮座す。祭神猿田彦命。旧佐田大明神と称す。又田植神社又は五月神社と称し、田植の際神事を行ひしと云ふ。元亀中兵燹に罹りしを、天正年中に再興し以て今日に至る。」とあります。

天満宮（五番領）

祭神　菅原道真公（すがはらみちざねこう）

明細書に創祀年代不詳であるが、社記によると応安二年山崎兵庫頭がこの地を領して、当社を鎮護の神と尊崇した。元亀年中織田氏の兵火により焼失したが、天正年中に再建した。

『高島郡誌』に「安曇村大字五番領に鎮座す。同大字の氏神なり。祭神菅原道真。勧請年代不詳。応安二年佐々木氏の麾下山崎兵庫頭此地を領有し、城郭を築きて以来、領内鎮護の神として尊崇し、神田を寄附したり。元亀年間山崎左馬介、織田氏の為めに亡され、社領も略奪せらる。現今の社殿は天正年間里人の再建に係る。」

［広瀬村］　大字　下古賀・上古賀・長尾・中野・南古賀

熊野神社（上古賀）

祭神　伊邪那岐命（いざなきのみこと）

　　　伊邪那美命（いざなみのみこと）

創祀年代不詳。社伝によれば弘仁一四年再興される。延喜式内の一社（現在他二社と論社となっている）であり、応仁度諒部に祭り白山宮と称する。維新の際復旧に基き式内熊野神社と称する。当社古文書古器物は、天正年間織田公の兵火に罹りて、悉皆散失している。正保三年領主酒井讃岐守忠勝公社殿屋根の葺替えを寄進される。

『高島郡誌』に「広瀬村大字上古賀字熊野に鎮座す。上古賀、下古賀の氏神なり。祭神伊弉册尊、伊弉諾命。勧請年代不詳。式内の社なり。正保三年月領主酒井忠勝修補す。」とあります。

櫟神社（南古賀）

祭神　罔象女神（みつはのめのかみ）

勧請年代不詳であるが社伝によると「宮寺慈昌庵始め数多の坊ありて之を管治す故を以て、天正年間織田公の兵火に罹り焼滅せりと云う。是を以て既往の事は考う可らず。後文禄二年修覆し奉り是時神祇福管長吉田殿より奉幣祝詞を奉納され、今に存在せり」と云う。文禄二年、神主中村道音宮内帯刀等を始め数十名の人々同心協力し再興遷座を行う。

『高島郡誌』に「広瀬村大字南古賀字松田に鎮座す。南古賀の氏神なり。祭神罔象女神。伝説に往時宮寺慈昌庵其他六坊あり、天正年間織田氏の兵火に罹り、文禄二年再興すと云ふ。寛文七年修覆せり。」とあります。

八幡神社（上古賀）

祭神　応神天皇（おうじんてんのう）

往古は字古八幡の地に勧請されたが、後世今の地に遷座した。

八幡神社（下古賀）

祭神　応神天皇（おうじんてんのう）

大国主神（おおくにぬしのかみ）

「広瀬村大字下古賀字島内垣外に鎮座す。祭神応神天皇、大国主神。明治三七年二社　殿を新築す。北は大社、南は八幡社なり。」（『高島郡誌』）

若宮神社（長尾）

祭神　大鷦鷯命（おおさざきのみこと）

「広瀬村大字上長尾字最勝に鎮座す。長尾の氏神なり。祭神大鷦鷯命。勧請年代不詳。文化八年回禄す。」（『高島郡誌』）

思古淵神社（中野）

祭神　彦火々出見尊（ひこほほでみのみこと）

建武元年の勧請と伝えられる。

『安曇川町史』に「思古淵神社という氏神は、今は彦火々出見尊・豊玉姫としているが、もともとこの安曇川筋の筏師たちが信仰した、思古淵の神を祭ったものである。」と記されています。

御霊神社（南古賀）

祭神　御霊御神（ごりょうのおんかみ）

「広瀬村大字南古賀字仮社立に鎮座す。祭神吉備大臣。俗に本社を刺史の社と云ふ。伝説に刺史（吉備大臣を云へるなるか）薨去の後仮社の南一町の所に葬れりと。」（『高島郡誌』）

［旧青柳村］　大字　青柳・上小川・下小川・横江

『安曇川町史』に「大字上・下小川の両集落は、はやく荘園成立期に、日吉社領の小川保といわれたところである。」として、「各地の荘園内に分祀社が勧請された。上小川には、集落の氏神である日吉神社が鎮座しており、江戸期は日吉三宮と称された三宮もまた、山王二一社の摂社に数えられている。さらに下小川には、部落の氏神として国狭槌神社が鎮座するが、江戸期は八王子権現とも呼ばれた。」と記されています。八王子権現は、西万木や東万木とともに日吉山王社から勧請された祭神です。

日吉神社（青柳）

祭神　阿夜訶志古泥命（あやかしこねのみこと）

市寸嶋比売命（いちきしまひのみこと）

橘比売命（たちばなひめのみこと）

創祀年代不詳であるが、社記によると「祭日は四月初辰日なりしが、明治初年より五月一五日となりたり」とあり、大正六年神饌幣帛料供進社に指定。

『高島郡誌』に「青柳村大字青柳字万木に鎮座す。青柳の氏神なり。祭神阿夜訶志古泥命、市寸嶋比売命、橘姫命、勧請詳ならず。」とあります。日吉神社の鎮座する万木は、『枕草子』に「葉森の神」とある万木の森があった跡です。「万木の森の鷺」は歌に詠まれる名勝です。この辺りから弥生時代の遺跡が発掘されています。

日吉神社（上小川）

祭神　大山咋神（おおやまくいのかみ）

社伝によると日吉二之宮を勧請したとある、但その年月は不詳。寛文五年神輿を改造し、正徳二年社殿を再建し、寛政七年拝殿を再建し、天保一〇年社殿再建すとある。

『高島郡誌』に「青柳村大字上小川字愛神に鎮座す。上小川の氏神なり。祭神大山咋命。旧日吉二之宮と称す。勧請年代詳ならず。」とあります。

国狭槌神社（下小川）

祭神　国狭槌命（くにさつちのみこと）

社伝によると、旧八王子権現と称す。「文永十年造営の事り勧請年代はそれ以前なること明なりと。本社は比叡山領なりしが故に同山より支配したりしを明治維新は村年寄之を行うえり」と社記にあり。

『高島郡誌』に「下小川の氏神なり。祭神国狭槌命。旧八王子権現と称す。勧請年代詳ならず。」とあります。

『安曇川町史』は「ここにいう八王子は、いわゆる山王廿一社の八王子、または下八王子のいずれかであることは間違いない。それは当地が比叡新荘に属したので、もちろんそれ以後勧請されたことになるであろう。その社号を国狭槌と改めたのは維新の廃仏棄釈の結果であり」と記しています。

布留神社（横江）

祭神　布留大神（ふるおおかみ）

「横江の氏神なり。天照大神の十員を祀る。勧請年不詳。延宝七年社殿再建す。」（『高島郡誌』）

藤樹神社（上小川）

祭神　中江与右衛門命（なかえようえもんのみこと）

大正一一年、地元高島郡民の崇敬する社として創祀。

［旧本庄村］　大字　南船木・北船木・川島・四津川・横江浜

南北の船木は、平安時代に成立した船木荘の領域です。『安曇川町史』に「その領域は現在の北船木及び南船木に比定されている」。「室町中期ごろになるとその一部が醍醐三宝院領になったことが知られている」とあります。船木は、海津・今津から大津に通じる琵琶湖上運送の寄港地でした。船木荘は安曇川御厨とともに賀茂神社の所領でありました。琵琶湖畔の要衝である南船木には日吉山王もまた勧請されました。

日枝神社（南船木）

祭神　瓊々杵尊（ににぎのみこと）

社記によると、創祀年代は建久六年旧日吉十禅師権現と称し又南宮と称した。長享三年兵乱に炎上し文亀三年再興す、とある。

『高島郡誌』に「本庄村大字南船木南浜に鎮座す。祭神天津彦火々瓊々杵尊。旧日吉山王十禅師と称し、又南宮と称す。」とあります。

日枝神社（南船木）

祭神　瓊々杵尊（ににぎのみこと）

社伝によると、正応三年佐々木西条長綱の勧請、文亀三年松下長伯、佐々木能登守再建す、正保三年酒井忠勝上葺を命ぜられたといふ、とある。

『高島郡誌』に「本庄村大字南船木中浜に鎮座す。同大字の氏神なり。祭神瓊々杵尊。旧日吉山王十禅師と称し、又中ノ宮と称す。」とあります。

若宮神社（北船木）

祭神　大巳貴神（おおなむちのかみ）

明応六年佐々木能登守社殿を造営す。正保三年酒井忠勝上葺をなす。旧若宮権現と称す。

諏訪神社（北船木）

祭神　健御名方命（たてみなかたのみこと）

明応六年佐々木能登守社殿を造営す。旧諏訪八幡宮と称す。

阿志都弥神社（川島）

祭神　島津彦命（しまずひこのみこと）

旧加茂大明神と称す。明応二年佐々木能登守社殿を再建す。式内阿志都弥神社については現在論社とされる。

『高島郡誌』に「本庄村大字川島に鎮座す。同字の氏神なり。祭神不詳。或云国常立尊玄孫島津彦命と。旧加茂大明神と称すれば、安曇川御厨は加茂神社の御厨たる関係上賀茂宮を勧請したるものなるべし。勧請年月詳ならず。」とあります。

加茂神社（四津川）

祭神　玉依姫命（たまよりひめのみこと）
加茂健角見命（かもたけつぬみのみこと）
山城愛宕郡下賀茂神社より勧請したと云う。

貴布彌神社（四津川）
祭神　高龗神（たかおかみのかみ）
高島郡本庄村大字四津川字今在家の氏神なり。

蛭子神社（横江浜）
祭神　八重事代主神（やえことしろぬしのかみ）
文政一〇年社殿再建す。

綾神社（横江浜）
祭神　綾大神（あやのおおかみ）
文政一一年火災の節焼失し由緒不詳。

新旭町の神社

『新旭町誌』は「地縁社会に移行していくにつれてしだい地縁集団としての氏神が発生し、産土神信仰となり、地主神、土地神としての性格が強くなっていくのである。」と述べています。そして、明治の宗教政策によって、「江戸時代の神社名が現在とは違っていたり、別の呼び方をした神社もあった。また古来は別の地に鎮座していたものを一つの神社の境内地に移して境内社としたり、合祀したものも多い。」と記しています。新旭町に鎮座している式内社は、波爾布神社、熊野神社、太田神社、大荒比古神社、森神社の五社があげられています。

［旧新儀村］　大字　新庄・安井川・北畑・藁園・太田

大荒比古神社（安井川）

祭神　大荒田別命（おおあらたわけのみこと）
　　　豊城入彦命（とよきいりひこのみこと）

配祀神　少彦名命・仁徳天皇・宇多天皇・敦実親王

延喜式内社で創建は明らかでないが、配祀の四座の祭神は、当地の領主であった佐々木高信が比叡谷城にあった時、嘉禎元年大荒比古神社に本領佐々木における累代奉祀の四神を勧請してこの神社に合祀した。この頃、当神社を河内大明神と称し、地主権現とした。天正年中、兵乱のため社殿が焼失したが氏子は社殿を再建し、祭祀を勤めた。以後一世一度は参拝し奉幣した。寛文一〇年小浜藩士中より石灯籠二基を奉納、文化七（一八一〇）年現在の社殿建立、享保三年、安六年に拝殿再建。

『新旭町誌』に「安井川字井ノ口で新旭町の南西端、饗庭野から南へ延びる山並み南端に鎮座する。」とあります。さらに、『高島郡誌』に「大字安井川旧井ノ口蓮池に鎮座す。旧村名井ノ口村安養寺村河原市村北畑村新庄村十八川村堀川村平井村今市村九ヶ村の氏神なり。祭神は豊城入彦命、大荒田別命二座にして小彦名命、仁徳天皇、宇多天皇、敦実親王の四座を配祀す。式内社大荒比古二座とあるは本社なり。豊城入彦命は崇神天皇の皇子にして、其四世孫大荒田別命なり。大荒田別命は大野氏の祖なり。配祀の四座は佐々木高信比叡て谷城に在りし時、嘉禎元年二月城面の大荒比古神社に本領佐々木に於ける累代奉祀の四神を勧請して河内大明神と号し大荒比古神を地主権現として同社に祀れり。」と記されています。

藁園神社（藁園）

祭神　素盞鳴尊（すさのおのみこと）

後小松天皇応永四年時、代官の不思議な霊夢により、郷内協議の上、地を藁園の北西部、霊水のわく池のほとりに社殿を建立したと伝えられている。永正一七年兵火により焼失した。再建後も焼失し、慶長二年に改めて再建された。

『高島郡誌』に「本社は元、杉本神社と称し、一に杉台山藁栄寺と称したりしが、其後牛頭天王と称せり。明治五年今の称に改む。」とあります。『高島町史』の記すところによると、神仏判然令によって、「牛頭天王社」を改めるにあたって、氏子の東西が「八雲神社」と「杉本神社」の神号をそれぞれ届け出て争い、神祇官より神号を「藁園神社」と称する裁下を得たとあります。

大田神社（太田）

祭神　大年神（おおとしのかみ）

菅原道真公（すがはらみちざねこう）

社伝によると大田神社は延暦の頃大伴大田宿彌の裔である大伴福美麿河行紀がこの地に来りて開拓し、祖先の名を地名となし、弘仁元年祖神天押日命を祀りて大田社を創立した。当社は延喜式所載の神社であって、一に大年神を祀っている。文永元年に国子六所大明神を祀って社殿を再建し、応安元年頃には既に菅公を合祀して天満天神宮と称していたが、応永三一年には山城國曼殊院法親王の令旨によって菅原道真の霊を勧請し、爾後大田天満宮と称して居た。享保四年には本殿を同八年には拝殿及末社を改築した。古来武将の崇敬も厚く、永正年中には新庄城将から大刀、天文三年には同じく唐鞍及鰐口の献納があり、文禄年中には青地城主の武連盛隆の祈願があった。明治五年には天満宮なる名称を改めて、式内大田神社と旧に復した。

『高島郡誌』に「祭神は大伴氏の祖神天押日命なること明なり。本大字には太田氏林氏多し、共に大伴姓にして太田氏は村祖なり。」とあります。『新旭町誌』に「鎌倉時代、亀山天皇の文永元年六月に本殿を改築したが、そのとき祭神は六所大明神となっている。」とります。六所大明神の一柱豊玉姫像が所蔵されています。

加茂神社（新庄）

祭神　別雷大神（わけいかずちのおおかみ）

　　八幡大神（はちまんおおかみ）

旱魃の時は雨乞いに氏子が日夜参拝し、満願の夜は安曇川上流で祈祷したといわれる。『新旭町誌』に「新庄の西南、安曇川沿いに鎮座し、新庄の氏神である。」とあります。

大将軍社（安井川）

祭神　少彦那命（すくなひこなのみこと）

一説には乗原大和守の祖先を祀るとされる。

『新旭町誌』に「安井川字安養寺、清水山城の南に鎮座し、安養寺の氏神である。祭神は少彦名命。由緒は明らかではないが、一説には桑原大和守の祖先を祭るとされている。」とあります。

日枝神社（安井川）

祭神　大己貴命（おおなむちのみこと）

社伝によれば、井ノ口谷の氏神である。大荒比古神社の御旅所であった。

『新旭町誌』に「安井川井ノ口に鎮座する。祭神は大己貴命。由緒は明らかではないが、井ノ口の谷氏が祭る神社で、もとは新庄城の西南隅にあったものを移したとされ、大荒比古神社のお旅所でもある。」とあります。

大神宮神社（北畑）

祭神　天照大神（あまてらすおおみかみ）

『新旭町誌』に「北畑の東南に鎮座し、北畑の氏神である。祭神は天照大神。由緒は明らかではない。」とあります。

［旧饗庭村］　大字　饗庭・熊野本・旭・針江・深溝

大国主神社（饗庭）

祭神　大已貴命（おおなむちのみこと）

慶応四年まで山王大権現と称していたが、大国主神社と改号した。

『高島郡誌』に「饗庭荘の鎮守として日吉山王を田井村字竹花に勧請し、今宮山王と称したりしを、天授年間今の地に遷し祀れり」とあります。『新旭町誌』に「饗庭字五十川の中央、山すそに鎮座し、五十川、米井、田井の氏神である。祭神は大已貴命で配祀神として火産霊神、豊受大神、天児屋根命、小毘古神、菅原道真公が祭られている。慶応四年まで今宮山王と称していたが、後大国主神社と改号した。勧請年代等について不詳であるが、天授六年に田井から遷座されている。」と記されています。

若宮八幡社（饗庭）

祭神　仁徳天皇（にんとくてんのう）

正平二二年日爪右京佐為治が入部の際勧請とも、元中八年産土神として大阪高津宮より仁徳天皇を勧請したとも伝えられる。慶応四年まで若宮八幡宮と称していたが、社号を若宮八幡社と改めた。

『新旭町誌』に「饗庭字日爪の山すそに鎮座し、日爪と岡の氏神である。祭神は仁徳天皇で配祀神として八衢彦神、八衢姫神、久那斗神、猿田彦神、事代主神である。正平二二年、日爪右京佐為治が役人として入部の際勧請。更に元中八年、産土神として、大坂の高津宮から仁徳天皇を勧請して神社を創立した。慶応四年まで若宮八幡宮と称していたが、社号を若宮八幡社と改めた。」と記されています。

健速神社（饗庭）

祭神　須佐之男命（すさのおのみこと）
　大国主命（おおくにぬしのみこと）

往昔栗毛神社と称したが安永二年疫病流行のため祇園失頭天王を勧請した。慶応四年健速神社と改名する。『新旭町誌』に「饗庭字木津の南西、小高い丘の上に鎮座し、木津の氏神である。」とあります。『高島郡誌』に「社伝に云、往昔此処に木津忌寸祖阿知使主墳墓あり、天平宝字七年大和守坂上忌寸此に移りて遠祖阿知使主の霊を祀れりと。一に云、旧栗毛神社と云へる社あり、安永二年三月村中疫病流行したりしかは村民協議して疫病平癒の為め、神祇管領吉田家に官幣を請ひ、牛頭天王と社号を改むと。栗毛宮は果して阿知使主なるか否や詳ならず。されど木津忌寸の本郷は此地なるべし。」と記されています。

波爾布神社（饗庭）

祭神　波爾山比売命（はにやまひめのみこと）
　彌都波能売神（みつはのめのかみ）

往古より弥都波乃売命を祀っていたが、天平一三年に阿波国勝浦郡建島女祖命神社より波爾山比売命を勧請したと伝えられる。饗庭の庄の総社。後醍醐天王の元弘年度に至るまで当郡北部の大社として隆盛を極めた。元亀天正の兵乱により社頭は衰微したが、元和一〇年、後土御門天皇の聖旨をもって社殿が再建された。『高島郡誌』に「饗庭村大字饗庭字土生谷に鎮座す。饗庭村一村の氏神なり。旧饗庭庄十九村の氏神と称せり。饗庭一村に新儀村大字の安井川の内平井、安養寺、新町を加へて針江小池を二村とし、合計十九村とせるなり。祭神埴山姫、罔象女二神。旧土生大明神。式内なり。口碑に本社は罔象女を祀れるを天平十三年に至り阿波国より埴山姫を勧請したるなり」と記されます。

森神社（旭）

祭神　八衢比古神（やちまたひこのかみ）
八衢比売神（やちまたひめのみこと）

至徳二年大和国より勧進して産土神として奉祀、以来道祖神と称していたが、明治元年に現在の社号に改められた。

『高島郡誌』に「饗庭村大字旭旧森字宮腰に鎮座す。祭神八衢彦、八衢姫神、久那斗神なり。至徳二年、大和国り道祖神を勧請す、寛政九年吉田家の告文に道祖神社とあり。明治元年森神社と改称す。」とあります。『新旭町史』には、当社が式内社とすることについては、明治三年の「神社書上帳」に「森神社式内　神号道祖神」とあり、種々の神祇関係資料にも、近江国の大寸神社が森村に在ったと記されていることなどが明記されます。

日吉二宮神社（深溝）

祭神　大山咋命（おおやまくいのみこと）

社伝によると延暦二年山門より勧請し、二宮大権現と称して、比叡本荘に属する山門領であった。元は湖辺の低地にあったが琵琶湖の増水により、保延年間に今の地に移された。

『高島郡誌』に「饗庭村大字深溝字丸沢に鎮座す。祭神大山咋神。旧二宮大権現と云。勧請の年代不詳。此地は比叡本庄に属して山門領なれば其鎮守とて勧請としたるなり。旧社地は湖辺にして極て低地なりしかば保延年間今の地の高地なるを以て移したるなりと云ふ。」とあります。さらに『新旭町史』には、「深溝の西の端に鎮座し、深溝、小池、霜降、山形の氏神である。祭神は大山咋命でもとは二宮大権現といった。勧請の年代はつまびらかではないが、この地は比叡本荘に属する日吉神社領であるため、その鎮守として勧請したものである。」と記されています。

八幡神社（熊野本）祭神

応神天皇（おうじんてんのう）

由緒不詳。

『新旭町史』に、「熊野本字平井の西方山すそに鎮座し、平井の氏神である。祭神は応神天皇命。社殿は昭和五七年に新築された。由緒は明らかではない。」とあります。

佐々木神社（熊野本）

祭神　少彦名神（すくなひこなのかみ）

当社西の山頂の城が佐々木高信の城であったといわれ、その祖神を祀ったもので、今市氏神である。

『新旭町史』は、「熊野本字今市の西方山裾に鎮座し、祭神は少彦名命。慶長一二年に、上田太郎右衛門尉が社殿を造営し、宝永年間及び文政年間に改築。当社の西の山頂に、佐々木氏の本拠清水山城があり、さの祖神を祭ったもので今市の氏神である。」と位置づけます。

西宮神社（旭）

祭神　事代主命（ことしろぬしのかみ）

由緒不詳。

『新旭町史』に、「旭字山形に鎮座し、山形の氏神である。祭神は事代主命で配祀神は伊弉冊命である。由緒不詳である。」とあります。

日吉神社（針江）

祭神　玉拠姫命（たまよりひめのみこと）

山王七社の一つ。樹下神社の分霊を祀る。保存されている棟札に鎌倉時代伏見天皇の御宇永仁二年の建立になっている。

『高島郡誌』に「饗庭村大字針江字西出に鎮座す。針江の氏神なり。祭神玉依姫命。」とあり、「石津系図によれば石津重元、永仁二年に重元山石津寺を建立し、次で鎮守石津権現を建立す。後に石津十禅師と改めて波爾布神社の摂社とすとあり。明治四年村社に列せられ今の社号に改む。」と記されています。『新旭町史』に、「針江の西端に鎮座し、針江の氏神である。祭神は玉依姫命で山王七社の一つ樹下神社の分霊を祭る。」とあります。

今津町の神社

『今津町史』は、「南北朝の内乱以後、次第に荘園制が崩れ、新たに地縁的結合が進められると、その精神的支柱となったのは、在地の鎮守神であった。この鎮守神は、集落の守り神として崇敬されるようになった。今津町域には既に『延喜式』神名帳に載る神社が幾つか存在していたが、このほかにも中世末期までの草創と伝えられる神社は多い。その中には神仏習合の発展によって神々の本地を仏菩薩に求める、本地垂迹思想に基づいて勧請された山王十禅師社（日吉神社）や、八幡宮、住吉宮など、新たに氏神・鎮守として勧請された神々もあった。」と述べています。式内社は、阿志都彌神社、弓削神社、大水分神社、大野神社、熊野神社、日置神社、麻知神社、櫟原神社、津野神社、田部神社、小海神社の一一社があげられています。

［旧今津町］

『高島郡誌』は、「饗庭村旧木津村は古津の意にして、之に対して後に成りし津なるが故に今津と称するなるべし。其邑は湖辺に臨み、西近江路の一駅にして九里半街道此より起る。中沼が琵琶湖に通ずる小川を中ノ川と云ふ。其南を南浜と云ひ、北を北浜と称す。社は住吉、十禅師、八幡あり、中央の名小路より南は十禅師の氏子、北は日吉の氏子なり。」と記しています。『今津町史』は、「今津町域の神社で目につくのは、日吉神社の社号を持つ五社の氏神である。そのうち三社は旧称を山王十禅師と呼んでいる。」と記しています。

住吉神社（今津）

祭神　表筒男命（うわつつのおのみこと）

中筒男命（なかつつのおのみこと）

底筒男命（そこつつのおのみこと）

弘安元年現在地に社殿を造営し、その後、宝永四年と嘉永七年に再建、更に明治一二年に現社殿に改築した。また、武将の崇敬も厚く、天正一一年豊臣秀吉が北国への軍務の際、幣帛料を奉り、湖上安全を祈り、若狭街道荷物着港の御章印を賜り、以後六月一日を御章印祭と称して例祭同様の祭典を明治六年まで執行ってきた。

阿志都彌神社・行過天満宮（弘川）

祭神　木花開耶姫命（このはなさくやひめのみこと）

菅原道真公（すがはらみちざねこう）

阿志都彌神社は、上古、社殿の設なき時にこの霊地にあった桜樹に木花開耶姫命を勧請して桜花大明神と称して祭祀を行っていたと伝えられている。善積郡の惣社である。

行過天満宮は、元慶七年に菅原道真が加賀守となった赴任の途中に阿志都彌神社に参詣して詠吟などして過ぎ行かれた由縁をもつて道真の曾孫菅原輔正朝臣が行過天満大神としたて称して長徳四年に勧請建立した。

『高島郡誌』に、「今津町大字弘川字上尾山に鎮座す。祭神吾田鹿葦津姫命、菅原道真にして同殿に祈る。善積荘八ヶ村の氏神なり。慶応二年四月吉田家より善積惣社号を称するを許可す。阿志都彌神社は善積郷の名の起因なり。」とあります。『今津町史』は、式内阿志都彌神社の比定について、「アシツミ」の名称が深く関係すると思われると記しています。そして、「『和名類聚衡』にみえる、善積郡含まれる弘川の社である。祭神は社伝では葦原醜男命（あしはらのしこおのかみ）ということであるが、土俗の古伝に木花開耶姫命（このはなさくやひめのみこと）と伝えられている。」と述べています。

日枝大水別神社（今津）

祭神　邇邇芸命（ににぎのみこと）

天水別神（あめのみくまりのかみ）

明細書に延喜式内の神社にして往古字大野堂立山に鎮座延喜七年字大久保に遷す。正和二年字木根田へ遷す。

貞和三年字南浜へ遷す。

『高島郡誌』に、「今津町大字今津南浜に鎮座す。祭神邇々芸命、天水別神なり。相殿に奉祀す。（日枝神社は旧十禅師と号す。明治三年金沢藩の書上に大野神社とし、祭神大野朝臣とせり。）元二社、堂立山に鎮座せり。其勧請年月詳ならず。十禅神宮は文久二年に木ノ根田に遷し、貞和三年今の地に遷す。大水別神社は承平の頃大久保坂へ遷し、正和二年木根田へ遷し、貞和三年今の地に移し、従来二社別殿なりしを此時一社相殿に奉祀す。」とあります。日枝神社は式内大野神社の論社の一つです。

小海神社（南新保）

祭神　倉稲魂命（くらいなだまのみこと）

もと稲荷大明神と称した。式内社小海神社であるとされるが、現在論社とされている。

『高島郡誌』に、「今津町大字南新保に鎮座す。同大字の氏神なり。祭神倉稲魂命。旧稲荷大明神と称す。勧請の年代詳ならざるも、後伏見天皇の正安の頃既に氏神として崇敬せりと云ふ。明治五年今の社号に改む。小海神社は式内なり。」とあります。

八雲神社（大供）

祭神　素盞男尊（すさのおのみこと）

往古大伴氏世々此地に住し、その子孫が当社を勧請した。延宝年間佐久間氏が再建した。

白山神社（上弘部）

祭神　伊邪那美命（いざなみのみこと）

社伝によると、白山神社は古来より大字藺生字西山に鎮座して上の宮と称し現在地に鎮座の降宮神社（祭神字賀御魂神）を下の宮と称して尊崇していたが明治五年本殿新造営の際上弘部字上野に鎮座する。嘉永四年創立の市杵島姫神社を合祀した。

日吉神社（下弘部）

祭神　大山咋神（おおやまくいのかみ）

社伝によると後陽成天皇慶長四年以前よりの鎮座で明和元年に現在の地に社殿を造営した。

『高島郡誌』に「大字下弘部に鎮座す。同大字の氏神なり。祭神大山咋命。元、字宮東に鎮座ありしを明和元年四月祭日に神社神輿等火災に罹りて今の社地字谷口に遷したるなり。旧社地は本社有に属せり。明和四年社殿再建、今の社殿是なり。」とあります。

岸脇神社（岸脇）

祭神　玉柱八姫命（たまはしらはちひめのみこと）

社伝によると伊勢神宮の別宮志摩の国、伊沢郷の伊座神社より勧請したという。本殿は元川上庄の伊井沢の宇野田に祀ってあったのを明治三年に遷し祀ったのである。

熊野神社（藺生）

祭神　熊野久須毘命（くまのくすひのみこと）

往古社地村落共に南方俵山の南麓西野村字宮谷の熊野権現垂跡の地にあった。永正の頃今の藺生に遷座した。

旧村社で、式内社熊野神社であると称されるが、現在は論社となっている。
『高島郡誌』に「今津町大字藺生に鎮座す。同大字の氏神なり。祭神熊野久須毘命。式内なり。四百余年前までは熊野山の北部俵山の南麓字宮谷に鎮座せり。熊野々の名は本社に起ると云ふ。其地に西野村民あつて奉祀したりしが、今の藺生の地に移り住みし時、同時に本社をも遷座し奉りしものなりと云ふ。宝永元年社殿を再建す。」とあります。

弓削神社（梅原）

祭神　応神天皇（おうじんてんのう）

弓削皇子（ゆげのみこ）

応神天皇が越前国敦賀に御幸の時、この地に御休泊、その時の枕石を祀て産土神とした。嘉祥四年菅原高成朝臣検地の時、八幡垂跡の地として小竹を削り弓を作り幣を建て石体を八幡宮の神霊とした。弓削の発生である。
式内社。

『今津町史』に「石田川が山間から平地に出る谷口の左岸に所在する。」とあります。

日吉神社（梅原）

祭神　大山咋神（おおやまくいのかみ）

暦応元年の建立と伝う。

大将軍神社（梅原）

祭神　少彦那命（すくなひこなのみこと）

暦応元年建立と伝う。大字梅原の枝郷、大床区のみを氏子とする。

［旧川上村］

櫟原神社（桂）

祭神　天照皇大神（あまてらすすめおおかみ）
　　　豊受大神（とようけのおおかみ）

明細書に由緒不詳であり、式内未定神社であるが、社伝によると、垂仁天皇二五年倭姫命が、天照大神を伊勢国に遷された時、この地に御逗留になり、里人が御膳等をお供えしたご縁により、垂仁天皇三〇年天照大神を祀り、又豊受大神を合祀するようになったのは、聖武天皇神亀二年で同時に櫟原神社の社号も与えられた。江戸時代は「神明宮」と称していた。

『高島郡誌』に「本社の巽隅に旧址ありて字を市原と称するを以て本社を式内櫟原神社と定めたり。」とあります。

日置神社（酒波）

祭神　素盞鳴命（すさのおのみこと）
　　　日置宿弥命（ひおきすくねのみこと）

元酒波岩劍大菩薩と称し徳川時代に岩劔大明神、若岩劔宮と称した。日置山という山号があって日置神社と定めたのである。日置神社は式内社で縁起には腹赤の池に大蛇あって人民を悩まし垂仁天皇の時代に素盞鳴命、稲田姫命自現あって退治し給い、其の大蛇の尾より得たる剣を投げて留まりし里に岩劔の神として崇めた。武内宿弥の霊夢により社殿を創建し正徳二年九月に社殿を再建した。川上庄内の総社。

『高島郡誌』に「川上村大字酒波に鎮座す。川上莊の総社なり。祭神素盞鳴命日置宿禰命稲田姫命武甕槌命天櫛日命大国主命を合祀す。元、酒波岩劍大菩薩と称したりしを、徳川時代に岩劔大明神又は若岩劔宮と称し、又日置山なる山号を称せり。是日置と定めし本拠なるべし。日置神社は式内なり。」とあります。『今津町史』には「酒波は酒波谷の谷口に位置し、竹生島や海津大崎などを一望できる景勝地である。祭神は神社明細書によれば、素盞鳴命、日置宿禰、奇稲田姫命、大国主命、天櫛耳命、武甕槌命などである。」とあります。

津野神社（**北仰**）

祭神　角凝魂神（つのこりたまのかみ）

紀角宿禰神（きのつのすくねのかみ）

鎮座年月不詳であるが紀角宿彌六世の孫角臣来子宿彌が勧請した社で、式内社であり且和名抄に載する所の都農及川上両郷の総社である。社伝に「武内大臣、越国角鹿へ赴き給ふ時、今の西近江路を通行ありて天神地祇を祭らるるは由ありしことならん。其後、第五子角宿彌を角氏の本居角国都農郡より淡海高島郡に遣はし祭祀を修せんしめんとす。高島郡に来りて祭祀し留り住す。従者の居所は今尚北仰村と称す。」とある。今津町角川の津野神社と式内社の論社である。

『高島郡誌』に「川上村大字北仰角森に鎮座す。旧川上庄二十二村の氏神なり。往古角郷の総社地主神なり。角郷は即ち角氏の領知したる地なり。後に分割して角野河上二郷とすれども、猶本社を二郷の総社とす。治暦年間二郷を合せて川上荘を置く。即ち本社の川上荘の氏神たる所以なり。祭神紀角宿禰にして角凝魂命、武内大臣を配祀す。旧角大明神と称す。式内なり。」とあります。

日吉神社（**深清水**）

祭神　大山咋神（おおやまくいのかみ）

旧山王十禅師という。

『高島郡誌』に「川上村大字深清水字里ノ内に鎮座す。深清水の氏神なり。祭神大山咋命。旧山王十禅師と称す。勧請年代詳ならず。」とあります。

八幡神社（**日置前**）

祭神　応神天皇（おうじんてんのう）
天児屋根命（あめのこやねのみこと）
神功皇后（じんぐうこうごう）
社伝によると永万元年古谷判官正友が此の地に勧請した。

山神社（日置前）
祭神　大山咋神（おおやまくいのかみ）
『高島郡誌』に「川上村大字日置前に鎮座す。旧平ヶ崎村の氏神なり。祭神大山咋命。」とあります。

井口神社（福岡）
祭神　市杵島姫命（いちしまひめのみこと）
寛文五年の勧請で、安政六年再建。

五社神社（福岡）
祭神　天照皇大神（あまてらすすめおおかみ）
豊受大神（とようけのおおかみ）
稲荷大神（いなりのおおかみ）
金刀比羅大神（ことひらのおおかみ）
愛宕大神（あたごのおおかみ）
麻知大神（まちのおおかみ）
創祀年代不詳であるが、古く麻知神社と称した。元亀三年頃焼失し、後年再建された。
『高島郡誌』に「川上村大字福岡字清海道に鎮座す。旧井ノ口村の氏神なり。祭神天照皇大神、豊受大神、稲荷社、金刀比羅社、愛宕社。往古麻知神社と称す。元亀三年焼失し末社金刀比羅大神を崇敬す。其後再建したるも年代詳ならずと伝ふ。」とあります。五社神社は式内麻知神社の論社の一つです。

日枝神社（福岡）

祭神　天御中主尊（あめのみなかぬしのみこと）

創祀年代不詳であるが、往古日吉山王宮を模して造営したと云われる。

『高島郡誌』に「川上村大字福岡に鎮座す。旧構村の氏神なり。祭神天御中主尊。旧日吉二宮と称す。矮小の祠なりしを、宝暦年間僧彭仙、妙見宮を合祀して社殿を営む。明治十一年再建す。」とあります。

秋葉神社（浜分）

祭神　加具土神（かぐつちのかみ）

明和四年遠江国秋葉山より勧請した。

神明神社（浜分）

祭神　天照皇大神（あまてらすすめおおかみ）

本殿は正徳三年に再建し、その後安政六年に現在の社殿を再建した。

安閑神社（浜分）

祭神　安閑天皇（あんかんてんのう）

文禄年間、今の社寺の北方に権現堂という小祠があった。文化元年に弥惣兵衛が夢告によって小堂を再建した。

金刀比羅神社（浜分）

祭神　金刀比羅神（ことひらのかみ）

文政七年讃岐国金刀比羅より勧請したと伝えられ、明治八年浜分村の氏神となる。

八幡神社（浜分）

祭神　応神天皇（おうじんてんのう）

建保年間に男山八幡宮を勧請した。

日吉神社（浜分）

祭神　大山咋神（おおやまくいのかみ）

創立年代不詳。中古嘉吉二年の頃大破再建其後承応二年再建、明治四年現社殿を再建した。一説に天慶三年に日吉十禅師を勧請したという。

『高島郡誌』に「川上村大字浜分字里ノ内に鎮座す。旧領家村の氏神なり。祭神玉依姫命、和魂玉依彦命、別雷神相殿。」とあります。

［旧三谷村］

山神社（酒波）

祭神　大山祇神（おおやまつみのかみ）

以前は大字追分に鎮座されていたが昭和四九年に現在地に遷座された。

津野神社（角川）

祭神　大国主命（おおくにぬしのみこと）

　　　武内宿禰（たけうちすくね）

延喜式内津野神社は当社で、和名抄に津野郷と記されているのは当社との説もあるが、現在論社となっている。

『高島郡誌』は「三谷村大字角川に鎮座す。角川の氏神なり。祭神大国主命、武内宿禰。旧山王大宮社と号し角川、保坂、途中谷、追分四ヶ村の宗社なりき。勧請年代不詳。」といい、『今津町史』は「角川の津野神社は石田川が山間から南に流れて最初に出る小平地に位置する。また、その河口近くの左岸に位置するのが北仰の津野神社である。神社明細書によれば、北仰の社の祭神は紀角宿禰命、武内大臣、孝元天皇の三柱であり、また、角川の社の祭神は武内宿禰である。」としています。

山神社（**保坂**）
　祭神　大山祇命（おおやまつみのみこと）
　由緒不詳。
勝手神社（**杉山**）
　祭神　応神天皇（おうじんてんのう）
　由緒不詳。
八幡神社（**杉山**）
　祭神　応神天皇（おうじんてんのう）
　由緒不詳。
八幡神社（**天増川**）
　祭神　応神天皇（おうじんてんのう）
　由緒不詳。
山神社（**椋川**）
　祭神　大山祇神（おおやまつみのかみ）
　由緒不詳。
日吉神社（**椋川**）

祭神　大山咋神（おおやまくいのかみ）

往古坂本日吉山王より勧請したと社伝にある。

『高島郡誌』に「三谷村大字椋川に鎮座す。椋川七の氏神なり。祭神大山咋尊。往古坂本日吉宮より勧請すと伝ふれども、年代不詳。」とあります。

八坂神社（**途中谷**）

祭神　牛頭天王（ごずてんのう）

由緒不詳。

『高島郡誌』に「三谷村大字途中谷に鎮座す。途中谷の氏神なり。祭神牛頭天王及び山神。」とあります。

マキノ町の神社

『マキノ町誌』は「当町内の神社は、荘園制が徐々に崩れ、新しい地縁的結合が進められるようになると、村落の結合のよりどころとして、また郷村の守護を願って鎮守神として祀られ、崇敬されるようになった。」と記しています。そして、これらの鎮守社は、自然神や氏神のほか、日吉十禅師社、祇園社、牛頭天王社、八幡宮、天満宮が新しく氏神・鎮守の神として勧請されたものであるとのこと。マキノ町の式内社は、小野神社・坂本神社・大処神社のほか鞆結神社・大荒比古神社・大前神社・麻知神社・麻希神社・大川神社・小海神社・大野神社となります。

［旧百瀬村］

大處神社（**森西**）

祭神　大地主神（おおくにぬしのかみ）

天智九年の創祀で、式内社である。元国主大明神と称して大地主命即ち大国主命の荒魂を祀る。この地は往古の高島郡十郷の一で、大処郷と伝えられ、その総社である。社伝に、大処神社社地及び其近傍で大地主大神営田の時、白猪白馬白鶏を以て御歳神を祀られたことの縁故で祈年祭には献猪の式があった。後猪のない時は調布八反を以て、これに代えてきたが遂に絶えている。

『高島郡誌』に「百瀬村大字森西に鎮座す。森西、沢、辻、石庭の氏神なり。祭神大地主命。元、国主大明神と称す。式内社なり。社伝に大処神社々地及び其近傍にて大地主大神営田の時白猪白馬白鶏を以て御祭神を祀られしより、此縁故にて祈年祭には献猪の式あり、後代物を以てしたるも遂に絶えたり。今社地近傍に御供田として猪田鶏田馬溝伝はれり、とあり。」と記されています。また、『マキノ町誌』に、「生来川上流の扇状地の谷口にある集落大字森西内にあり、『和名抄』に記された大処の郷名と社名が同じであることから、この郷の神社と思われる。」とあります。

唐崎神社（知内）

祭神　瀬織津比咩神（せおりつひめのかみ）

速開都比咩神（はやあきつひめのかみ）

速佐須良比咩神（はやすさらひめのかみ）

創立年代は不詳であるが、式内大川神社が当社である。（式内社については現在論社となっている）。天智の朝、沿湖七瀬の川社の中の一社と伝えられる当社は、地名から大川明神、祓戸三柱の比売神奉祀する処から日月星三光明神、大川末流鎮座から川据大明神と社号は変遷してきている。当地天文年中に兵火にかかったが幸に本地の佛像は安全だったので水玄堂に遷し唐崎神社奥の院として祀っている。天文の頃には浅井長政社傍に出張城を設け信仰厚かった。現在の社殿は明治一八年の再建。拝殿は文政一〇年の再建、鳥居は正徳元年木造を石材に換えて建立。

天智の朝、沿湖七瀬の川社の中の一社と伝えられる当社は、地名から大川明神、祓戸三柱の比売神を奉祀するところから日月星三光明神、大川末流鎮座から川据大明神と社号は変遷してきた。

春日神社（辻）

祭神　天児屋根命（あめのこやねのみこと）

　　猿田彦命（さるたひこのみこと）

大字辻の氏神として宝永元年の勧請である。猿田彦命は同字庚申社として鎮座していたのを明治四五年に合祀した。

天満宮（新保）

祭神　菅原道真公（すがはらみちざねこう）

正保五年北野神社より勧請し、字宮前に鎮座したが此の地びわ湖沿岸のため増水時浸水等の再々あり嘉永二年社殿を現在地に遷宮した。

日枝神社（中庄）

祭神　大山咋神（おおやまくいのかみ）

もと小海神社と称し、現在の御旅所とする地に霊亀二年創建され、大己貴命、瓊々杵尊を奉祀していたところ、暦応年中坂本村より大山咋神を勧請し日吉十禅師と改称、後屡々洪水にあうために享和元年現在地に遷座し、明治維新より現社名に改めた。

『高島郡誌』に「百瀬村大字中庄に鎮座す。同大字の氏神なり。延長年間社殿を造営す。本社を距る凡六町許の所の湖辺に元宮と称する址あり。」と述べられています。

日吉神社（大沼）

祭神　大山咋神（おおやまくいのかみ）

延喜の制国幣小社に列せられた大野神社で、泣沢女神を祀ってきたが、暦応年間大山咋神を坂本より勧請して日吉神社と改称した。

［旧西庄村］

天神社（寺久保）

祭神　菅原道真公（すがはらみちざねこう）

永禄年間藩主松平候勧請する。

日枝神社（蛭口）

祭神　大山咋神（おおやまくいのかみ）

社伝によると式内社麻知神社は当社の西字大町の地に鎮座したが、明暦年間火災に罹り当社に合祀。

『高島郡誌』に、「大字蛭口に鎮座す。同大字の氏神なり。祭神大山咋神、相殿麻知神社、祭神櫛真知神。旧山王八幡二社と称す。麻知は式内なり。同社は旧、日吉社の西字大町の地に鎮座せり。明暦年間火災に罹れるを以て日吉社に奉遷したるも社殿造営に及ばずして今日に至れり。」とあります。

八幡神社（石庭）

祭神　誉田別命（ほんだわけのみこと）

創祀年代不詳であるが、社伝によると、式内鞆結神社とある。今も社傍の地を鞆結という。境内を添うて流れる川を鞆結川といい、又南鞆結、北鞆結という小字もあり、その証である。社殿に直径三寸位の方扁形の神石があり、透見すると数字の見える天然の奇石である。式内論社。

『マキノ町誌』は「石庭の八幡神社も、式内社に比定されている。八幡神社は石庭集落の入り口の左わきにあり、祭神は誉田別命で、浦の鞆結神社と同一神である。」としています。

山神社（牧野）

祭神　大山祇命（おおやまつみのみこと）

社伝によると、昔麻希神社と称し字真毛野に鎮座して居たが中古弥真野に移されて弥真野神社と称した。尚式内麻希神社については論社とされる。

『高島郡誌』に「西庄村大字牧野に鎮座す。同大字の氏神なり。祭神大山祇命。社伝に云、もと麻気神社と称し字真毛野に鎮座ありしが中古彌真野神社と称したりしと。」とあります。

国狭槌神社（白谷）

祭神　国狭槌命（くにさつちのみこと）

後柏原天皇御宇今の社地八王子に勧請し八王子の宮と称されていた。

『高島郡誌』に「西庄村大字白谷に鎮座す。白谷の氏神なり。祭神国狭槌命。旧八王子宮と称す。文亀年間の勧請なり。」とあります。

坂本神社（上開田）

祭神　木角宿禰命（きのつぬすくねのみこと）

仲哀天皇の御宇武内宿禰皇子を奉じて北国に下った時、大荒熊が出たので建内宿禰の子木角宿禰がこれを退治した。其の功で、此の地を与へられ田を開き今に開田村と称す。式内社で明治九年村社に列せられた。

『高島郡誌』には、「大字上開田に鎮座す。祭神木角宿禰命。旧松田大明神と称す。口碑云武内宿禰、皇太子を奉じて北国に下られし時、大荒熊出でて坂道を塞ぎしかば、武内宿禰の子木角宿禰に命じて彼の熊を退治せしめ給ふ。其功によりて木角宿禰を此地に封ず。子孫繁衍敷して祖先木角宿禰を祀り坂本なるが故に坂本神社と称し、坂路を熊路の坂と称すと。式内なり。」とあります。『マキノ町誌』は「上開田の坂本神社は知内川の東岸の扇状地の扇頂の部分で、上開田村より浦村へ越える旧西近江路の南側の山を背にした神社である。」と立地を記しています。

［旧海津村］

海津天神社（海津）

祭神　菅原道真公（すがはらみちざねこう）

往古は社領一三〇石の勅願所であったが織田信長の兵火に逢い社殿楼門等焼失し社領は没収せられた。其の後朝廷より毎年正月五月九月の三季に国家安全の祈祷を仰せつけられた。明治五年廃止となる。豊臣秀吉、三代将軍家光公、五代将軍家綱らの寄進があった。天正四年高島郡司磯野丹波守が本殿を寄進し、慶長一九年代官白崎良純が拝殿を寄進し、宝永三年大鳥居を建立し、文政一〇年社殿を再建する。

『高島郡誌』に、「海津村大字海津字上尾山に鎮座す。祭神菅原道真。勧請は建久二年なり。」とあります。また、「本社、小野神社、大鍬神社三殿は同構造なり。勧請は本殿と同じく建久二年なり。本社及び大鍬神社は海津三町の氏神にして、又本殿及び小野神社は西浜の氏神なり。」と記されています。

小野神社（海津）

祭神　天押帯日子命（あめのおしたらしひこのみこと）

『高島郡誌』には、「海津村郷社天神社域内に鎮座す。祭神天押帯日子命。旧日吉山王社と称す、明治に至りて小野神社と改む。本社鰐口の銘に康永二年海津小野大明神とあるを以て定て式内小野神社とせるなり。」との来歴があります。『マキノ町誌』は、「ここが当初よりの小野神社の位置であり、滋賀郡和邇に本拠をもつ小野氏の一族がここ海津の地に住みついて、その祖神天押帯日子命を祀ったもので、この社は式内社小野神社と考えられている。」と根拠を記しています。

［旧剣熊村］

大荒比古神社・鞆結神社（浦）

祭神　豊城入彦命（とよきいりひこのみこと）
　　　須勢理比女命（すせりひめのみこと）
　　　大荒田別命（おおあらたわけのみこと）
　　　大己貴命（おおなむちのみこと）
　　　誉田別命（ほんだわけのみこと）

本社は二社合併の社にて、大荒比古神社は仲哀天皇越前国角鹿行幸の節其の道の荒路山麓に御親二柱の神を祀る。花園天皇天保年間水災に依って鞆結神社に合祀されたその時鍬にて神霊を助けたことにより神紋は鍬形で大鍬さんの名今に伝わる。鞆結神社は仁明天皇嘉平中友井の地に祀られたと云う。大荒比古・鞆結両社共式内社については現在論社となっている。

『高島郡誌』に、「剣熊村大字浦に鎮座す。祭神大荒比古神社は豊城入彦命大荒田別命、相殿大己貴命須勢理比女命、鞆結神社は大忍日命、誉田別命なり。もと大鍬大明神相殿八幡宮と称す。明治維新後式内大荒比古神社二座、鞆結神社（相殿八幡宮）とあるは是なりとす。本社の地を友井と云ふ。元は鞆結の地なり。大荒比古神社は始め荒乳山下に鎮座ありしが、火災に依りて文保年間此地に移し旧社を拝殿としたるなり。」とあります。また、『マキノ町誌』は、式内鞆結神社について、「鞆結の郷名と同一の社名をもち、式内社に比定される神社には浦の鞆結神社と石庭の八幡神社があり、共に当町内域にある。」と記しています。そして「浦の鞆結神社は、知内川が上流で南から西へ流路を変える付近に発達した小平地を望み、仲仙寺山を背にした浦集落内に位置する。ここは旧剣熊村のほぼ中央に当たり、古代北陸道が通過した地点といわれる。今は大荒比古神社と同じ境内にあるが、神社地付近を

「友井」といい、社名は『和名抄』に記された鞆結郷名と一致するので、この社を式内社鞆結神社とする可能性が強い。」としています。

日吉神社（野口）

祭神　大山咋神（おおやまくいのかみ）

往古より山王明神と称して愛発山の麓に鎮座する。此の地は北国越前へ通ずる要道であり徳川幕府ここに関所を置く。古来より武門武将の崇尊篤かりしという。

日吉神社（在原）

祭神　大山咋神（おおやまくいのかみ）

延長年間滋賀の坂本日吉神社より勧請し椎の実を供え祭祀を行う。

『高島郡誌』に、「劒熊村大字在原に鎮座す。祭神大山咋命。伝へ云、坂本より本社を勧請し、椎実を奉献して祭式を行ひたりしかは、今に例祭には之を奉献する例なり。」とあります。

津島神社（下）

祭神　速須佐男命（はやすさのおのみこと）

弘治年中此の地に鎮座したと伝えられ、昔は祇園牛頭社と称した。

『高島郡誌』に、「劒熊村大字下に鎮座す。祭神速須佐男命。旧牛頭天王社と称す。」あります。

朽木の神社

朽木は比良の山に取り囲まれています。谷筋からは麻生川・北川・針畑川が流れだし、安曇川と合流して琵琶湖に注ぎ入っています。谷筋の集落や朽木盆地の市場には鎮守の神が祀られています。そして、筏師の守護神思古淵神が祀られています。

邇々杵神社（宮前坊）

祭神　邇々杵尊（ににぎのみこと）

平安時代の初期に、滋賀郡坂本村日吉十禅師を勧請する。

『高島郡誌』に、「朽木村大字宮前坊に鎮座す。宮前坊の氏神なり。祭神邇々杵尊。従来は河内神社を主殿とす。其祀る所の祭神は大宮大己貴命、相殿宇多天皇、敦実親王、末社十禅師、瓊々杵尊とあり。旧、朽木大宮権現と称し、祭る所日吉大宮権現とし、市場の山神社と共に朽木谷中の産土神なり。明治八年河内神社と称せり。井ノ口村の大荒比古神社と同じく佐々木氏の祖神を祭るが故なり。明治に入り境内社瓊々杵尊十禅師社を主殿として今の社号に改め、河内社を境内社とす。勧請年代は神宮寺縁起に貞観元年僧相応、葛川息障明王院創立の時に此神を勧請したるなりと云。」と記されています。

山神神社（野尻）

祭神　大山祇神（おおやまつみのかみ）

天正一三年神道管長卜部兼和勧請、領主入部以来社殿再建及び修理等寄進あり、「大字野尻に鎮座す。市場野尻の氏神なり。祭神大山祇神。宮前の日吉神社と共に朽木谷の総産土神なり。」（『高島郡誌』）

伊吹神社（荒川）

祭神　日本武尊（やまとたけるのみこと）

社殿は元畑福の地に鎮座の処寛文大洪水の為に流失、現在地に社殿を建立した。

「大字荒川に鎮座す。荒川の氏神なり。祭神日本武尊。勧請年代不詳。享保二十年九月社殿再建。」（『高島郡誌』）

若宮神社（**麻生**）

祭神　仁徳天皇（にんとくてんのう）

本殿は天明年間火災に罹り烏有に帰して、文政元年再建される。

「大字麻生に鎮座す。麻生の氏神なり。祭神仁徳天皇。文政元年三月三日消失七年八月再建。」（『高島郡誌』）

日吉神社（**地子原**）

祭神　大山咋神（おおやまくいのかみ）

社殿は正徳二年再建され、寛延二年日吉十禅師勧請、明治二二年再建される。

「大字地子原字宮の谷に鎮座す。地子原の氏神なり。祭神大山咋命。某年坂本より勧請す。正徳二年再建。」（『高島郡誌』）

日吉神社（**雲洞谷**）

祭神　大山咋神（おおやまくいのかみ）

文政八年社殿を修理する。明治六年火災に罹り社殿等烏有に帰し、明治七年再建される。

「大字雲洞谷字上村に鎮座す。雲洞谷の氏神なり。祭神大山咋命、邇邇杵尊。勧請年代不詳。文政八年八月社殿再建。明治六年二月三日回禄す。」（『高島郡誌』）

山神神社（**能家**）

祭神　大山祇神（おおやまつみのかみ）

国狭槌命（くにさつちのみこと）

「大字能家に鎮座す。能家の氏神なり。祭神大山祇尊、国狭槌尊。寛政九年九月社殿を造営す。」（『高島郡誌』）

大宮神社（**中牧**）

祭神　大山咋神（おおやまくいのかみ）
猿田彦神（さるたひこのかみ）
応仁天皇（おうじんてんのう）

社殿は元禄一二年及び正徳・延享・宝暦年間に大修理を加える。

「日吉神社　大字中牧に鎮座す。中牧、生杉、古屋、小入谷の氏神なり。祭神猿田彦命、応神天皇。勧請年代不詳。」（『高島郡誌』）

夷神社（桑原）

祭神　蛭子神（えびすのかみ）

「大字桑原に鎮座す。桑原の氏神なり。祭神蛭子命、針畑社の分霊なりと伝ふ。」（『高島郡誌』）

思古淵神社（平良）

祭神　思古淵神（しこぶちのかみ）

「大字平良に鎮座す。平良の氏神なり。」（『高島郡誌』）

思古淵神社（小川）

祭神　思古淵神（しこぶちのかみ）

「大字小川に鎮座す。小川の氏神なり。」（『高島郡誌』）

八皇子神社（栃生）

祭神　大山祇荒霊（おおやまつみのあらみたま）

「大字栃生字西海道に鎮座す。栃生の氏神なり。」（『高島郡誌』）

八幡神社（村井）

祭神　応神天皇（おうじんてんのう）

「大字村井に鎮座す。村井の氏神なり。祭神応神天皇、素盞男尊、瓊々杵尊。承久三年朽木氏入部の時鎌倉八幡宮より勧請すと云。」（『高島郡誌』）

市杵島神社（大野）

祭神　市杵島姫命（いちきしまひめのみこと）

「大字大野に鎮座す。大野の氏神なり。祭神市杵島姫命、竹生島明神を勧請したるも年代詳ならず。」（『高島郡誌』）

広田神社（古川）

祭神　神直比神（かむなおびのかみ）

大直比神（おおなおびのかみ）

「大字古川に鎮座す。古川の氏神なり。祭神神直比神大直比神。宝暦五年九月の勧請なり。」（『高島郡誌』）

志子淵神社（岩瀬）

祭神　志子淵神（しこぶちのかみ）

『高島郡誌』に、「同村大字岩瀬に鎮座す。岩瀬の氏神なり。祭神思古淵神。今の社地は石神社のありし所にして、思古淵神を此に祭りしは寛文二年五月なり、元は畑福の地にありしが同年五月朔の地震と洪水にて社殿喪失したるを、幸に神體と不動像とを守護し得たるなりと云ふ。思古淵神は筏の祖神として尊敬せられ近郷筏に出るもの十五歳に至れば神饌神酒を供して其守護を祈る例なり。」とあります。

わが国は、国土の70％が山地からなる山の国。そして、温暖で多雨な気候によって多種多様な植物を育む森林が形成されています。山地の大部分が樹木に覆われています。山々から渓谷を刻んで流れる河川の周囲には森や林があります。

こうした風土において、山や森、自然は、私たちの暮らしを支え、ものの見方や感じ方を培ってきました。私たちは、自然に包まれて生きていくなかで、自然を崇めると同時に、畏れてきました。そして、自然の猛威を鎮め、五穀の豊穣をもたらすことを見えざる神に祈ってきました。

この国において、神々は、山河、国土を造り、山や森に鎮まりました。山深い森は、神々の鎮まる聖地とされてきました。の国において、『万葉集』は、「社」という文字を「やしろ」とともに「もり」とよんでいます。「神奈備の社《もり》」がその一つです。神々の鎮まる社は、常緑樹の生い茂る森です。そのような神聖な森を有するのが神奈備《かんなび》と呼ばれる山です。神奈備は、三諸（御室）とも呼ばれ、神々の鎮まる山です。青垣山と称される緑の樹木に覆われたひときわ目立つ山です。

わが国の神々は、神奈備山に天降り、常緑の神籬《ひもろぎ》や堅固な磐座《いわくら》に鎮まりました。神籬と磐座は、神々を迎え祀る聖域です。祭祀は、神籬に真賢木《まさかき》を立てて神の依り代とし、磐座に標縄を張って斎きの庭として行われました。

神奈備の森は、豊富な水によって育まれています。神奈備の山襞には泉井が湧き出し、谷筋には幾筋もの河川が流れています。それらの流水は集まって田畑を潤して湖や海に注ぎ入っています。山々に発する河川の流域に神々を祀る森があります。

村里には暮らしを護る鎮守があります。鎮守の社は、山すそや森のなかの湧き水などの水辺につくられています。境内の手水舎は山や森の水で身を浄めるものでした。鎮守の森は、郷土の山を司り、水を司り、災厄を防ぐ神々の社です。

こうした鎮守の森には、水辺と緑陰の風景がたたずんでいます。そこには、生きるものすべてのいのちの安らぎがあります。鎮守の森は、この国において、大いなる自然と見えざる神、そして、人の願いや祈りがつくりあげた聖地です。

この国の風土が生みだした鎮守の森は、自然のなかに見えざる神を見いだし、畏れ敬うこころのかたちになったものです。鎮守の森には、それを受け継いできた集落の歴史と文化が記憶されています。鎮守の森は、時を超えて、神と人の交わるところであり、人と人の交わるところです。

※各神社の祭神並びに由緒については、主として滋賀県神社庁「滋賀県の神社」の神社紹介によりました。

西近江路の歴史と文学

高橋　文二

一　近江の湖との出会い——『蜻蛉日記《かげろうにっき》』

平安時代の中頃に著された藤原道綱母の『蜻蛉日記』の中巻の中にとても印象的な近江の海の風景が描かれています。西近江路の歴史と文学に触れようとして私がまず思い浮かべるのはその文章です。

天禄元（九七〇）年六月の二十日過ぎ、時の顕官藤原兼家（中納言、正三位）の妻であった道綱母（当時三十代なかば）は夫兼家との関係に苦渋を深めつつあったのですが、そんな中で、その状況を逃れるように近江の湖《うみ》のほとりの唐崎に出かけて行きます。気晴らしかたがた浜辺のあたりでお祓《はら》いをしたいと思ったからです。午前四時頃に京の家を出、鴨川を越える頃にはほのぼのと明けそめる頃でした。車に乗った女人が三人、馬に乗った男たちが七、八人、皆で十人ほどの一行が逢坂の関を越えて唐崎へ出かけて行ったのです。山路にかかり、京とは趣を異にしたあたりの風景に道綱母は深く心をうたれています。原文には「このごろのここちなればにやあらむ、いとあはれなり」と述べてもいます。兼家の女性関係に心を悩ましていた道綱母の鬱屈した日頃の心境に大きな変化を与えてくれる風景に今、出会い、その感懐を吐露しているのです。

さらに関所に至って、伐《き》り出した木を載せた荷車が暗い木立の中から現れ出てくるのを見ても「ここちひきかへたるやうにおぼえていとをかし」——つまり、気分がうって変ったように思われて、とてもおもしろい、とも言っています。

そんな記述の後に、以下の文章が記されます（本文は小学館の「日本古典文学全集」所収の『蜻蛉日記』に依ります）。

関の山路あはれあはれとおぼえて、行先を見やりたれば、ゆくへも知らず見えわたりて、鳥の二つ三つゐたると見ゆるものを、しひて思へば、釣舟なるべし。そこにてぞ、え涙はとどめずなりぬる。いふかひなき心だにかく思へば、まして異人《ことひと》はあはれと泣くなり。

山路を辿りながら、道綱母は胸のうちに湧き上がってくる感懐に堪え難い思いになっているのです。つらいことがただ思い出されるというのではなく、ここで思いきり泣くがいいと、あたりの風景が彼女に呼びかけ、彼女の心を包んでいくように感じられたのだと思います。そのことは「行先を見やりたれば」以下の文章で判ります。はるばると「ゆくへも知らず見えわた」る湖の広がりと、そこに点在する鳥のようにも思われる釣舟の景観を見遣ったとき、「え涙はとどめずなりぬる」――よう涙を押さえることができなかった、と記していることからも判ります。景観は単なる景物ではなく、心のありように深く響きあうものとしてそこに存在しているのです。

逢坂の関があり、近江の湖の広がりがそこにあるということは湖の周辺の人々にかぎらず、京に生きる人々にとっても心《こころ》の心《しん》になるものであり、原郷とも原風景ともなるものであり、心を調え、鎮めていくもの、また安らぎとも慰めともなっていくものであったのではないかと思います。『蜻蛉日記』の中巻の唐崎詣での途次の描写はそういう心のありようを象徴的に、典型的に語っているのです。

二　小野の篁と小野・和邇

まだ学生であった昭和三十年代の末葉から四十年代の初頭にかけてのことですが、遣隋使として中国に赴いた小野妹子や平安期の漢学者小野篁《たかむら》のことを調べる必要があって、江若《こうじゃく》鉄道を利用して、当時は和邇《わに》村と称された和邇（現在は大津市）を訪れ、『延喜式』神名式に「小野神社二座名神大」と記されている社《やしろ》と思われるあたりを尋ねたことがありました。琵琶湖西岸の山麓に北から天皇神社、小野篁神社、その小野篁神社と併存としている小野神社、また小野道風神社の四社が『延喜式』に言う「小野神社二座」に関わる社と思われます。

その地に住まっていた和邇氏は古くから時の天皇に后妃を入れた氏族として知られており、五世紀後半から六世紀にかけて春日氏と称するようになり、大宅、柿本、栗田、小野などの諸氏に分化して行ったと言われておりますが、小野妹子や小野篁に関連して、まずはその出自の地と考えられる「和邇」（古くは「丸邇」「丸」とも記される）を尋ねてみようと思って出かけて行ったのだと思います。奈良時代の末、宝亀三（七七二）年四月、奈良の西大寺の西塔に落雷があり、それを占ってみると、小野の社の木を伐って塔を造ったための祟《たたり》だということになり、それを鎮めるために神社には封戸《ふこ》二戸が寄進されています（『続日本紀』）。その記事から推測されることは当時は巨樹のある豊かな神の杜《もり》が神社の周辺に広がっていたのだろうということです。

後の承和三（八三六）年には小野朝臣篁の申請によってそれまで無位であった当社に従五位下が授けられ（『続日本後紀』）、さらに後年には従四位下へと昇叙されたことが判ります（『三代実録』貞観四年）。小野篁の活躍もあって、小野神社の重要度が増していることが判ります。しかし、よく知られてもいるように、篁は遣唐副使に任命され、第二船に乗ることになっていたのですが、大使が乗るはずであった第一船に欠陥が発見され、急遽、予定が変更され、結果として篁の乗る予定の第二船を大使の船とせよという詔《みことのり》が下されたために、篁は納得せず、病と称して乗船しなかったのです。それが嵯峨上皇の逆鱗に触れ、隠岐に流されたこともありました。しかし、後に篁の行為が国に残していくことになる母親への孝養の心から発していることが理解されて、許され、参議にまで進んでいます。

篁の履歴については右のことをはじめ、『文徳実録』の仁寿二（八五二）年十二月二十三日の彼の亡くなったことを記す記事の中にきわめて詳細に記されています。漢字者、漢詩人として卓抜した才能を示したことは諸書に記されていますが、伝説的、物語的なさまざまな逸話も残されており、その代表的なものは、この世ならぬ地獄の、つまり閻魔宮《えんまきゅう》の冥官《みょうかん》であって、この世とあの世との間を行き来していたなどとも言われ、不思議な能力をもった人と思われていたようなのです。そんなことから篁への関心はもちろんですが、篁を生んだ和邇という土地への関心もおのずと慕ってくるようでした。

わたのはら八十島かけて漕ぎ出《いで》ぬと人には告げよ海士《あま》の釣舟

という『百人一首』にも採りあげられている周知の歌は篁のもので、隠岐に流されて行った時のものです。先祖の小野妹子たちが遣隋使として万里の波濤を超えて行った遠い苦難の海の旅を篁は当然、思い遣っていたでしょうし、後に改めたにせよ、彼を隠岐へと追い遣った帝や重臣たちの考えの中にも、先祖の苦難を、また今の世に遠国へ赴く人の苦労をも知れという思いはあったと思います。

こういう海景の広がりにつらいものを感受している心は冒頭に掲げた『蜻蛉日記』の湖《うみ》を眺めた折の道綱母の思いとも重なってくると思います。思いというものが風景の広がりと響きあうということは、とりわけ平安京を基盤とした文学作品や大和を基盤とする『万葉集』などの文学作品のそこかしこに見られることですが、近江の海と人の心の響きあいというものも京や大和の文学作品に劣らぬくらい、というよりも、ときには一層強く激しい動きを宿して表現されているように思われます。

和邇を尋ねたときにも私の心に思い起こされていた歌は『万葉集』に載る（三―二〇六）、柿本朝臣人麻呂の

近江《あふみ》の海《うみ》夕波《ゆふなみ》千鳥《ちどり》汝《な》が鳴けば心もしのに古《いにしへ》思ほゆ

という歌でした。近江の海の夕波にさわぐ千鳥よ。おまえが鳴くと心も萎えるばかりに昔のことが偲ばれることだ、と歌うこの歌の思いは若かった私の心を揺するものでもありました。柿本氏は和邇氏の同族であったとみられていますから、万葉の歌人のこの歌を和邇の人々も時には唱え、遠い大津近江宮の時代を偲んだのではないでしょうか。注目しておきたいことは、近江の海の広がりがここでは空間的なものを超えて時間的なもの――つまり懐古、郷愁の世界へと思いを誘《いざな》っているということです。

三　西近江路と万葉歌人

後年のことになりますが、夏になるとよく湖西の比良、近江舞子、北小松などを尋ねました。昭和の四十年なかばの夏の盛り、湖水浴の人々で混雑する近江舞子を避けて、北小松の松林の中の知人の会社の寮に泊って大学院の友人たちと万葉の勉強会をもったことがありました。湖に入ると、丸石の多い湖底でしたが、まだ水は澄んでいて、小魚が泳いでいるのがよく見えました。近江高島の白鬚神社のあたりまで皆で出かけて行き、近畿の厳島《いつくしま》とも呼ばれている、湖中に朱塗の鳥居のある社《やしろ》周辺を巡り、本殿背後にある古墳を訪れたこともありました。『三代実録』の貞観七（八六五）年の正月十八日の記事に、近江の国の比良の神に従四位下を授けたとありますが、そこに言う「比良の神」とは「白鬚神社」祭神の猿田彦命（さるたひこのみこと）のことだと言われています。小野神社と同じ貞観の頃にやはり同じ従四位下を授けられているのです。当社には鎌倉時代の弘安三（一二八〇）年の原図にもとづいて応永二（一三九五）年前後に描かれた「比良荘堺相論絵図」という絵図がありますが、そこでは鳥居は陸上に二つ描かれています。近江の海が何らかの理由で増水した折に現在のような状態になったのだと言われています。また、垂仁天皇の時代に創建されたと伝えられてもいますが、現在の本殿も拝殿も江戸時代の初めの頃に造られたものです。祭神については比良明神《ひらみょうじん》、三尾《みお》明神、白髭《しらひげ》明神などと名を異にして伝わっていますが、その「主体は一つである」（白水社版『日本の神々　神社と聖地』の「白鬚神社」の項）とも言われています。

『万葉集』（九―一七三三）に

思ひつつ来《き》れど来かねて三尾《みお》の崎真長《まなが》の浦をまたかへり見つ

という歌があります。三尾の崎は高島町南部の明神崎のことではないかと言われています。白鬚神社のある湖岸のあたりになります。真長の浦は同じ高島市の勝野《かつの》（古くは「かちの」、「かちぬ」とも訓む）の湾入部の大溝《おおみぞ》あたりではないかと言われています。美しい風景を賞でながらやって来たが、そのすばらしさゆえに通り過ぎてしまうのがつらかった、それゆえ三尾の崎も真長の浦もまたまたふり返って見てしまった、というほどの意味の歌ですが、作者（碁師《ごし》）が勝野、現在の高島市勝野あたりの風景のすばらしさに心を搏《う》たれているさまがよく表れています。この歌については舟で行く時のものか、陸を行く時のものかで説が分かれていますが、いずれにしても景観に心搏たれていることは変りません。

右の歌に続いて小弁という人の、

高島の阿渡《あど》の湊《みなと》を漕《こ》ぎ過ぎて塩津《しほつ》菅浦《すがうら》今か漕ぐらむ

という歌（九―一七三四）が収められていますが、これも高島市の勝野の少しばかり北方、安曇川《あどがわ》の河口あたりにあった湊に停泊した誰かの舟が今はもうさらに北方の塩津や菅浦のあたりを漕いでいるであろうかと思い遣っている歌で、歌い手の思いは空間の広がりに向うばかりでなく、時の経過へも向い、また至り着いているであろう場所とその折の行為にまで及んでいます。時の経過を踏まえ、行く先の土地への想念まで誘《いざな》う心の働きには抒情の成熟とでも言うべき心の働きが感受されます。

直接に勝野の渚を歌った歌もあります。

大御舟《おほみふね》泊《は》ててさもらふ高島の三尾《みを》の勝野の渚し思ほゆ（七―一一七一）

「大御舟」とは天皇の乗る舟のこと（一―一五一、一五二など参照）であり、「さもらふ」とは「奉仕する」、「伺候する」の意でありますから、諸説にも言われていますように、近江京時代の天智天皇たちの乗った舟が近江の湖を巡行し、勝野などに泊った折などの体験を踏まえた歌であり、「さもらふ」とは舟の整備をしたり、天候を案じたり、天皇の航路の安全を祈ったりすることであったのではないかと思いますが、そういう折に泊って見た勝野のすばらしい渚のことが思い出される、と歌っているのだと思われます。

『日本書紀』の斉明天皇（天智、天武の母）の五（六五九）年三月三日のくだりに「天皇、近江の平浦《ひらのうら》に幸す」とあり、ここに言う「平浦」とは比良の浦であり、比良の湊《みなと》のことであったと考えられます。湖西線の駅で言えば、北小松駅から南、近江舞子駅、比良駅、志賀駅などの湖水側は、比良の浦と称する美しい浜と湖《うみ》とが続いており、時の天皇はそこへ折々行幸されていたのです。

旅の歌人と言われている高市連黒人《たけちのむらじくろひと》は『万葉集』中に十八首の短歌を残し、それらの多くは自然観照的な、しかし、思いの籠った、格調の高いものであり、とりわけ近江の海を歌った歌は私たちの心にも深く響いてくるものをもっています。

そういう黒人にも比良の湊《みなと》を歌った歌があります。巻第三の中に「高市連黒人の羇旅《きりょ》の歌八首」と題されたもの（二七〇～二七七）の五番目の歌（二七四）です。ちなみに「羇旅」とは旅のことです。


わが舟は比良の湊《みなと》に漕ぎ泊てむ沖辺《おきへ》な離《さか》りさ夜ふけにけり

という歌です。私の乗った舟は今夜は比良の湊に停泊することにしよう。沖の方へ湊を離れて漕ぎ出さないように気をつけてくれ。もう夜も更けたぞ――というほどの意味の歌です。心細い舟旅の不安が窺われる歌です。不安はあたりの夜の闇の深さとも響きあっているようです。と同時に闇の中に湊のほのかな火明りを求め探している心も自ずと感じ取ることができるでしょう。

巻一の詞書の中に持統天皇の吉野行幸に従って赴いたことが記されていますから（一―七〇）、黒人は人麻呂と同時代に生きた人でありますが、歌の傾向は孤愁を歌うものが多く、人麻呂のように宮廷歌人として献呈歌を詠み、短歌のみならず長歌を作って雄大な構想力や修辞の見事さを示した歌人とは趣を異にした、きわめて特異な歌人であったと思われます。そういったことの詳細はここで述べる紙幅はありませんので、そのことを感じ、考える、よき導きの書として、国文学者として、民俗学者として、また歌人の釈迢空としても知られた折口信夫の学統を継いで、独自の研究世界を展開した山本健吉に『詩の自覚の歴史』（筑摩書房。昭和五十四年二月刊）という一書がありますので、その中の「旅びとの夜の歌――高市黒人」の章を繙いていただきたいと思います。

四　仲麻呂の乱と勝野

先に勝野のことについて記しましたが、私にとって勝野をめぐる種々の話題の中で、いつも心にかかり、この土地周辺を過るときに思い出されることがあります。

それは恵美押勝《えみおしかつ》（藤原仲麻呂のこと）の乱として知られている、時の大政大臣（従一位大師）にまで昇りつめながら、孝謙上皇の権力と抗《あらが》って、果ては湖西、湖北の戦に敗れ、一族郎党湖上で殲滅《せんめつ》されたという藤原仲麻呂一族の悲劇のことです。『続日本紀』（天平宝字八〈七六四〉年九月）が詳細に記すこの出来事をここで細々《こまごま》と述べることはいたしませんが、敗走する仲麻呂たちが「高島郡三尾崎《みおのさき》」に到ったという記事や「勝野の鬼江《おにえ》」を防禦線として戦ったという記事に心が動きます。仲麻呂は結局湖上で斬られ、妻子《めこ》徒党三十四人は皆「江の頭《えのほとり》」で斬られたと「紀」は記しています。「鬼江」というのは現在の近江高島駅近くの内湖「乙女ヶ池」あたりではないかと言われています。歴史物語の『今鏡』には仲麻呂の娘の戦場での悲惨な死のことも記されています。

昭和の時代になっても、平成の世になっても湖北の風光は昔日の面影をそこかしこに残しています。湖西はずいぶん変わりましたが、朝靄の中を釣舟が行くのを見ていたり、夕影に浮かぶ竹生島を眺めていたりすると、遠い時代がいまだ現前しているような気にもなります。

五　中江藤樹のこと

もう二十年も前のことになりますが、評論家の小林秀雄の大作『本居宣長』を読み、その前半（八）に、宣長の学問の基盤と触れあい、響きあう思念、思想をもっていた先覚者の一人として知行合一説に従って陽明学を主唱し、近江聖人とも言われた、江戸時代初頭の中江藤樹（一六〇八―一六四八）が挙げられているのを知り、その人となりと出身の地を一層知りたく思い、現在の湖西線安曇川《あどがわ》駅に降り、国の史跡に指定されている中江藤樹の私塾「藤樹書院」跡を尋ねたり、藤樹を祭神とする藤樹神社に詣でたりしました。藤樹は陽明学者として知られていますが、小林秀雄が捉えた中江藤樹は――要約が難しい文章ですから、本文の一部を引用しますと、

彼の学問は、無論、誰の命令に従ったものでもなく、誰の真似をしたものでもないが、自身の思い附きや希望に依ったものでもない。実生活の必要、或は強制に、どう処したかというところに、元はと言えば成り立っていたのである。

と言い、藤樹の思想を江戸時代初頭のその生き方から探ったもの言いをしています。小林秀雄の原文について見てもらえれば判りますが、藤樹の伝記に関する一等資料と言われている「藤樹先生年譜」それ自体が、単なる年譜であることを超えて、戦国の気風いまだ治らずといった内容もあり、殺伐な話題も出てきますが、それが逸話として面白く、藤樹の生きた時代や環境がどんなものであったかがよく判ります。本居宣長が単なる観念的な国学者ではなく、実生活を踏まえた学者であると考えていた小林秀雄は、中江藤樹の生き方の中に本居宣長の生き方の源流とも言うべきものを見ていたのだと思います。二十代後半、藤樹は四国の大洲の加藤氏に仕えていましたが、母への孝養のため致仕を願い出、それが許されなかったので、脱藩までして近江小川村に帰り、学を講じ、村民の教化に

従ったということです。小野篁が母への孝養のために公務を拒み、隠岐に流された事情と響きあっているようで面白く思います。

六　継体天皇と高島

㈢で触れた勝野や白鬚神社のある近江高島の駅は、安曇川駅の大津よりの次の駅ですから、藤樹書院を尋ねた折にも、安曇川駅近くの三重生《みおう》神社に詣で、さらに、鴨稲荷山《かもいなりやま》古墳を尋ね、鴨《かも》や勝野の方に赴いたと記憶しています。鴨川流域には古墳が多く、継体天皇の出自に深く関わる古代豪族三尾君《みおのきみ》の本貫の地でもあると聞いていましたので、この機会にゆるり見聞しておこうと思ったのです。

継体天皇（第二十六代の天皇。五〇七～五三一）の出生地は『日本書紀』によると「近江国高島郡三尾別業《みおのなりどころ》」と記されています。「別業」とは農業を管理するために建てられた別宅をいいます。その地にいた「彦主人王《ひこうしおう》」が福井の三国《みくに》の坂中井《さかない》というところから容貌が端正で美しい「振媛《ふりひめ》」を迎へて妃《みめ》とし、そこに生れたのが「男大迹王《おおどのおおきみ》」、つまり後の継体天皇であったと記されているのです。

継体天皇は五十代のなかばを過ぎてから、諸豪族によって大王に擁立され、越前を出て、現在の大阪府枚方市にあたる「樟葉宮《くすはのみや》」で即位しました。彦主人王は天皇の幼いときに亡くなったので、振媛は実家のある越前に帰り、天皇はそこで育てられ、「小泊瀬天皇《おばつせのすめらみこと》」（武烈天皇）の亡くなられたあとに即位したということです。武烈天皇には皇子がおりませんでしたので「継嗣《けいし》絶ゆべし」、つまり「跡継ぎがいなくなってしまう」と案じられて、はじめは仲哀天皇の五世の孫にあたる丹波の国桑田の郡にいた倭彦王《やまとひこのおおきみ》が候補に選ばれたのですが、迎えの軍勢の一行を見て恐れをなし、逃げ隠れてしまったので、再度、大伴金村大連《おおとものかなむらのおおむらじ》たちが相談して選び、礼を尽くして迎えたのが男大迹王であったのです。西暦五〇七年のことでありました。

即位後五年目に「山城筒城《つつき》」（現在の京田辺市）、十二年目に弟国《おとくに》（向日市、長岡京市）、二十年目の秋になって磐余玉穂宮《いわれのたまほのみや》（奈良県桜井市）に遷都したと記されています。天皇として即位しながら二十年間、大和の外で過されたことになり、奇妙な印象をもちます。武烈天皇紀という暴虐非道なふるまいの数々を記した記録のあとに継体天皇紀の落ちつきのない遷都の記録を読むと、人心の乱れが続き、内乱はいまだ収らず、治世の行き届かぬことを感じます。継体天皇の時代が研究者たちによってさまざまに論じられていることもやむを得ないことかもしれません。

先に一寸触れた鴨稲荷山古墳は明治三十五年、付近の道路工事の際、後円部より家形石棺が現われました。大正十一、二年、学術調査が行なわれ、棺内からは副葬品の金銅製の冠や銅鏡、環頭太刀《かんとうだち》など、また棺外の横穴式石室からは馬具や須恵器などが見出され、また墳丘からは円筒埴輪などが出土し、その中には朝鮮半島から入ったと思われる金製耳飾や環頭太刀などが多数見出されています。それら豪華な副葬品は被葬者が相当の権力者であり、朝鮮との交流もあった人であることを語っています。現在は墳丘もなく凝灰岩製の家形石棺のみを残しています。

被葬者は以前は継体天皇の父の彦主人王ではないかと言われていましたが、副葬品などの調査から現在では六世紀前半（五三〇～五四〇）の造営とされており、継体天皇（五〇七～五三一）の父の墓としては新しすぎるのではないかと言われています。ちなみに知られているように継体天皇の陵墓は大阪府高槻市の今城塚《いましろづか》古墳ではないかと言われています。『日本書紀』の継体天皇二十五年春二月の崩御の記事には「藍野陵《あいののみささぎ》」に葬る、とあります。『古事記』には「御陵は三島の藍《あい》の御陵」とあります。これまで政府が「継体陵」として認めていたのは大阪府茨木市にある太田茶臼山《ちゃうすやま》古墳でありましたが、この古墳は五世紀中葉の造営と見られており、継体天皇の御陵とするには半世紀以上も早すぎると言われています。

ということになると、鴨稲荷山古墳の被葬者はどういう人なのか、安曇川町の田中王塚古墳はかつて彦主人王の墓だと言われてもいましたが、それがそうでないということになると、それでは父の彦主人王の墓はどこなのか、などという関心、疑問もおのずと湧いてきますが、考古学の素人が具体的に追尋し得ることではありませんから、三尾という土地、またそのあたりを本拠とする豪族三尾君《みおのきみ》氏に深く関わる人ではないか、といった程度の推測で止めておきたいと思います。

七　紫式部と三尾が崎

後の時代、つまり平安時代の中頃、長徳二（九九六）年の夏のことでありますが、紫式部は父の藤原為時の越前下向に伴い、近江の海を渡って行きました。『紫式部集』の初めの方（新日本古典文学大系24所収の『紫式部集』の歌番号20）に、

近江の海にて、三尾が崎といふ所に網引《あみひ》くを見て
三尾《みお》の海に網引く民の手間《てま》もなく立ち居につけて都恋しも

という歌が載っています。往路、白鬚神社近くの沖を舟が行くときに実見した民の網を引く場面と作者の心境を歌っています。もちろん、手間もなく働いている者は漁師ばかりではなく、みずからの乗る舟の漕ぎ手たちもそうでありました。不安と苦労の多い旅のさなかにあっても、というよりまさに都を離れた旅であるがゆえに、旅愁は募り、都恋しさは日々増さっていたのでしょう。

こういう旅のさなかに例えば三尾の海の歴史や伝承を語り伝える人に出会わなかったのでしょうか。紫式部よりは三十年以上も年下ですが、『更級日記』の作者である菅原孝標女《すがわらのたかすえのむすめ》は、上総から都へと帰って行くときの旅日記の中に、旅のさなかに自分の耳にした竹芝寺の伝承（皇女が衛士として仕えていた武蔵の男の歌う鄙びた歌に心をひかれ、そ

の現場を見たいと願って、男とともに武蔵へ下り、一緒に幸せに暮らし、やがてその家のあとが竹芝寺になったのだという伝承）などをこまかに書き残していますが、紫式部の歌集は、歌集という性格もあるでしょうが、『更級日記』のような、説話的な伝承を記すことはありません。

恵美押勝（藤原仲麻呂）の乱のような大事件が語り伝えられることはなかったのでしょうか。万葉人たちが歌った近江の海や高島の話題は旅行くさなかに語り伝えられることはなかったのでしょうか。それは伝承の途絶であるのか、あるいは語り伝えられていても、平安朝の貴族たちの美学に適わない話題は歌や文学の世界に採りあげられることが少なかったということなのか――いずれにしても後世の私たちは平安朝の、とりわけ女流作家たちの仮名文学の物語や随筆や歌の中に、そういった伝承を見出すのは難しいのです。

八　近江県の物語

『万葉集』の巻第七（一二八七）に

青みづら依網《よさみ》の原に人も逢はぬかも石走淡海県《いはばしるあふみあがた》の物語せむ

という旋頭歌《せどうか》（五七七・五七七の音数句の歌）があります。依網の原で誰か人に逢わないものかなあ。近江県の物語をしようものを――といったほどの意味の歌ですが、今その歌を思い起こします。ただし、この歌の意味を細かに問おうとすると、「青みづら」という枕詞の意も、依網の原がどこにあるのかも不分明で、淡海県の物語がどんな物語かも判らないのですが、この歌を含め二十三首の旋頭歌の最後（一二九四番歌の次）に「右の二十三首、柿本朝臣人麻呂の歌集に出づ」という左注がありますので、人麻呂歌集の性格から見ても伝承歌的なものと思われ、淡海「県」などという「郡」以前の呼称を用いてることからも、近江大津宮のころの何かの話題を、語り手にとってはぜひとも話しておきたい話題を、まさに披瀝したいと願い、その心を歌にしたのではないかと思ってもみます。もとより想像にわたることではありますが、近江の埋もれた伝承の世界の存在を語っているような気もします。

『万葉集』の巻第一を繙きます。その二九番歌に「近江の荒れたる都に過《よぎ》る時に、柿本朝臣人麻呂の作る歌」という文字通り人麻呂自身が詠じた長歌と、そのあとに反歌二首が収められています。

近江大津京の廃墟に立ち寄ったときに、人麻呂が、今は草に埋れ、霞の中に無惨な姿を晒しているかつての都の跡を見て詠じた歌であります。知られるように大津京は壬申の乱（六七二）で廃墟となりました。

人麻呂は、長歌のはじめに、遠い神武天皇の時代からさまざまの天皇が次々と統治された大和をさしおいて、どうお考えになられたのか、近江に大津宮をお造りになって天下を治められたのですが、——と語り始め、続いて、

天皇《すめろき》の　神の命《みこと》の　大宮はここと聞けども　大殿《おほとの》はここと言へども　春草の　繁く生《お》ひたる　霞立ち　春日の
霧《き》れる　ももしきの　大宮所《おおみやどころ》　見れば悲しも

と歌い、天皇の御心をこめて造られた都が廃墟となってしまったことを悲しんでいるのです。さらにその後に、

楽浪《ささなみ》の志賀の唐崎《からさき》幸《さき》くあれど大宮人《おおみやひと》の船待ちかねつ
楽浪の志賀の大わだ淀《よど》むとも昔の人にまたも逢《あ》はめやも

と反歌を二首あげて、唐崎は今も変わらずにあるが、いくら待ってももう大宮人たちの乗った船はやってこない、また志賀の大曲《おおわだ》（入り江などの地形が湾曲しているところ）は人待ち顔に淀んでいても、古き都の人たちに逢うことはできない、と喪われてしまったものの重さ、大きさに焦点を当てて歌っています。人麻呂は公的な宮廷歌人であったようですから、後の世の公的な人々や宮廷のことなどを充分に意識して詠じてはいるのでしょうが、先の「淡海県」のことに関して少し述べたことと響きあうような、昔の大津京のことを、また大津京の宮人たちのことを深くなつかしみ、自ずと追悼する心がそこに表れているように思われます。仏教というものの無常観に彩られる以前に

既に喪失の情緒と、傷ついた心の欠落のうちに拡がる風景の量感は右の長歌と反歌に既にはっきりと表れていると思います。

近江大津京は天智天皇の崩御の後、しばらくして起こった戦で、大友皇子の率いる近江朝廷軍が敗れたために六年足らずで無惨な廃墟となったわけですが、『日本書紀』には乃楽山《ならやま》や不破や甲賀や犬上や瀬田での戦の状況は語られていますが、近江大津京の滅びの具体的な様子は描かれていないのです。大友皇子は追いつめられてみずから首をくって亡くなり、その直前の記事には「三尾城《みおのき》」が攻め滅ぼされたことが記されています。先々に述べました三尾の地に当然関わりのある地で、白鬚神社北方の長法寺《ちょうほうじ》山がその山城のあった地であろうと言われていますが（『滋賀県の地名』「三尾城」参照）、具体的な記述はありません。

天智天皇治政下の近江大津京の具体的な様相は『日本書紀』では語られず、天武天皇の治政下ではそれを語ることが忌むこととして、避けられていたのでしょうが、文学としての『万葉集』はその地を、まさに何もない廃墟、廃港として語り詠むことによって近江大津京きわめて逆説的に浮かび上がらせていると言っていいと思います。

諸注も触れているように、「人麻呂が旧都の荒廃を目のあたりにしたのは、壬申の乱からおよそ十数年の後」（新日本古典文学大系『萬葉集』一、当該歌の脚注）であったでしょうから、そういう流れの中で形式の整った右のような歌を詠むことができたということは既に当代第一の歌人としての社会的評価を受けていたということを示していると思います。『万葉集全注』（「有斐閣」）巻第一は、当該歌の「考」の中でこの歌に関する別説として草壁皇子の死にかかわる詠と見、その霊を慰めるためになされた近江朝鎮魂の歌とする説を挙げています。編者（伊藤博）はその説を採っているわけではありませんが、無視し得ない学説としてあることが判ります。既に昭和三十八年二月発行の「文芸読本『萬葉集』」（河出書房新社）の中の「柿本人麻呂」の項の当該歌の解説の中で、山本健吉が、

天武の死のあと、三年目に皇太子草壁王子が死んでいる。このとき持統を中心とする飛鳥浄御原の宮廷に、乱

に亡んだ近江方の霊を祀らざるをえないような心理的雰囲気が醸成され、人麻呂は天皇の下命を受けて、近江方の慰霊鎮魂のための大歌を作ったのだと、想像される。持統は天智の娘であり、天智は近江方の霊の代表であったはずだ。

と記しています。人麻呂は草壁皇子（日並皇子《ひなみしのみこ》）の殯宮《ひんきゅう》（もがりのみや）の時に挽歌（長歌と反歌二首）を捧げ、舎人《とねり》らも悲しび悼んで二十三首の挽歌を捧げています。草壁皇子の薨じたことへの痛恨の思いは、裏返って、近江方への慰霊鎮魂の思いを誘っていたと考えることは無稽《むけい》なことではないと私も思います。

九　想念としての「近江」

近江という土地――とりわけ近江の湖《うみ》の西岸の歴史や文化について触れてきましたが、書き記しながら感じてきたことは、近江という国は京都などとは異なった特殊な文化圏なのだということと、その思いの根幹に近江の湖という異色の存在の蔵する歴史的、文化的な意味あいの豊かさをいつも実感していたということです。

一見、不思議なことは五畿七道《ごきしちどう》という律令国家体制下の地方行政区分の畿内に「近江」が入っていないということです。大化改新の詔《みことのり》（大化二年。六四六）の四至畿内制（東西南北、範囲を決めて、その内側を畿内と称した）では「北は近江の狭々波《ささなみ》の合坂山《おうさかやま》より以来を畿内国《うちつくに》とす」とあります。狭々波《ささなみ》という地名が合坂山の場所に関わっているということは、近江の湖と合坂山との、深い、象徴的な関係を暗示します。合坂山の合坂とは逢坂と書かれるのが通常ですが、折々、相坂、会坂などとも表記されています。改新の詔は難波長柄豊碕《なにわながらのとよさき》の宮で告げられましたから、合坂山までの距離はかなりありますから、近江が畿外になるのも判りますが、平安時代に入っても五畿七道の行政区分が機能していることは私などには何となく妙な印象が残りました。平安京時代の逢坂山は東山、山科のすぐ向う側で、女流作家たちもさほどの苦もなく、そこを越えて唐崎や石山へ行っているわけですから、「近江」が畿外と認識され続けていることには、軽い違和感を覚えたものでした。

『源氏物語』「常夏」の巻にも光源氏周辺の人たちから軽く見られ、笑われ者にもなっている「近江の君」が描かれています。若い時の光源氏のライバルであった頭《とう》の中将の外腹の娘で、光源氏が玉鬘《たまかずら》を得たことを妬む内大臣（もとの頭中将）の呼びかけに応じて娘と名乗り出たのですが、ふるまいが奇異で笑われているのです。早口すぎるので、もう少しゆっくり話してくださいと父の内大臣に言われて、その返答が振《ふる》っています。口の早いのは生れつきで、近くにあった妙法寺という寺の、口の早い別当が自分が生まれたときに産屋《うぶや》に控えていて、それに肖《あやか》ってこんなになったのだと言い、そのことゆえに母にも嘆かれています、と答えているのです。妙法寺という寺は湖西ではなく、湖東の八日市（現在の東近江市）にあった寺（現在も町名として残っています）で、都からさほど離れているわけでもないのですが、「近江」の印象は物語の中でも鄙《ひな》めいた畿外の趣で、描かれているのです。近江という土地がこんなふうに語られるのはなぜなのでしょうか。当時の実際の状況がそうだったからだと言うだけではおさまらないものを感じます。

これまで述べてきた湖西のくさぐさの土地の印象は、しかし、右のような「近江」の印象とはかなり違っていると思われます。明らかに奈良時代以前の、また奈良時代の、さらには平安時代の歴史や文学という文化的な営みが湖西のくさぐさの土地に色濃く影を及ぼしていると思うからです。とりわけ戦乱などで、人を危《あや》めたり、住居を廃墟にしていったりしたことが、悔恨となったり、悲しみになったり、怨念となったりして人の心に複雑な影響を及ぼし、つまりはその土地の歴史や文化に豊かな陰翳を与えていったものと思われます。湖西の湖や山々の静かな広がりの底にそこに生きた人々の魂のドラマが蠢《うごめ》いているように思われるのです。「近江」は単なる鄙でも畿外でもなく、とりわけ湖西はその空間的な広がりは水平的に横に広がっているというよりも垂直的に地に向かって沈んでいるといった印象を私はもっています。

以上、「西近江路の歴史と文学」という題で、日頃の思いの一端をエッセイ風に書き記しました。「歴史と文学」と称しながら歴史についても文学に関しても話題を深めることの難しさを実感した仕事でした。例えば、小野や和邇に関連して篁や道風や小町や妹子について語ろうとすれば、話題は果てがありません。また高島郡の継体天皇ということで何か言おうとすれば、これも話題に事欠きません。しかし、近江の海も比良の山々も歴史を蔵して奥深く密やかに鎮まっています。西近江路は風土も歴史も文学も実に豊かで奥深い所だという思いが強く感受され、それに直面する筆者自身の小ささを実感する、ささやかな仕事でありました。

比叡山の修行

——回峰行と葛川明王院——

横山　照泰

一　最澄上人の比叡入山

伝教大師・最澄上人

比叡山といえば、伝教大師・最澄上人を第一に挙げなければなりません。伝教大師の開かれた比叡山の役割は、なんといっても人造り、人材養成にあります。その根本は「国宝的」な人材養成「忘己利他」の精神にあります。

伝教大師・最澄上人が入山の決意をされたのは、奈良時代から平安時代に移ろうとする時でありました。奈良時代には仏教を学問と捉える傾向が強く、各仏教集団は仏教学に力を注ぎ鎬を削っていました。その集団は一つの権力集団でもありました。

最澄も東大寺の戒壇院で戒を受け研鑽を積むのですが、その状況に疑問を感じるわけです。遂にその現状を打破し、新しい仏教活動を展開するために、比叡山に籠ってしまわれます。それは、あらゆる人々が成仏でき救われるという「法華経」（妙法蓮華経）の教えに基づく新たな仏教運動でした。

最澄は、延暦四（七八五）年七月、静寂の地を求めて比叡山に登り、庵を結んで修行を始めます。入山に際しては、五ヶ条の誓願を立て、修行精進を誓って願文を表されています。そこには、擾乱相いつぐ世相に対して、鋭い感受性で世の無常を説き、その決意を述べられています。それは十九歳の青年が書いたとは思えないような、憂いに満ち、純粋で切々たる願いが綴られた文章です。これは、青年の澄んだ眼差しで、物事を直視する洞察力をもって、憂慮せざるをえない無常観、更に人生観、反省、そして決意を述べられているのです。

最澄は、痛切に世の無常を感じ、人の身の受け難いことを自ら反省して、愚か者の中の最も最低の人間であると云っておられるのです。そして、短い一生の中で寸時を惜しみ、成すべきことを成し、進んで世のため人のために尽くさなければならないと訴えているわけです。

法華経の教え

最澄の入山は、当然、他集団からの反発もあり、多難な出発でした。しかし、その活動は次第に人々の知るところとなり、多くの人々を魅了するところとなり、遂には、日本仏教の展開はもとより、日本の精神文化に多大な影響を及ぼすことになります。

「法華経」の教えは、「ただ一乗のみあって、二もなく三も無し」（譬喩品第三）と説かれるように、すべての人は救われ、仏になることが説かれています。

「法華経」（妙法蓮華経）は諸経の王と言われ、数多い経典の中でも最も重要な教えが説かれた経典とされています。その内容は広大で深淵な教えで、中国の天台大師・智顗が、釈尊一代の教えを整理され、数多い経典の中でもとりわけ、法華経は捃拾の教えだと云われました。捃拾とは、稲を刈り取ったあと、なお田圃に取り残された落穂を拾い集めることをいいます。

最澄は、師であった行表より授けられた「心を一乗に帰すべし」という教訓を旨に、法華経の教えに心酔していきます。その教えを具現するために、先ず手掛けたことが、「一乗菩薩僧」の養成でした。

最澄の「山家学生式」は、比叡山で修行するものの道標で、今日でいう大学の綱領にあたるものです。その冒頭にこうあります。

「国宝とは何物ぞ。宝とは道心なり。」
道心ある人を名づけて国宝となす。

故に古人の云く、径寸十枚これ国宝にあらず、一隅を照らす、これ則ち国宝なり。」

「道心」とは、仏道というこの上もなく高い理想に向かって努力することで、「発菩提心」とも云われ、自分のためと云うより他のために働くということです。この道心ある人こそ国宝的人材だと云うのです。

比叡山には、人知れず最澄の下に求道心に燃えた人たちが多く集まり、今までとは違った新しい仏教が展開されていくことになります。最澄亡きあとはその意志を継いで、弟子の円仁（慈覚大師）等が比叡山での仏教を展開し、「己を忘れて他を利する」という菩薩の精神を説いた、「自行化他」の大乗の教えを大成させていきます。

最澄の弟子である円仁は、師である最澄の意志を継ぎ入唐します。さらに、その弟子が回峰行の始祖と云われている相応《そうおう》和尚《かしょう》（八二九〜九一八）であります。また、比叡山中興の祖といわれている慈恵大師・良源など、日本仏教史上にも多大な足跡を残す多くの人材を拝出していくのです。比叡山はそういう意味でも平安以降の日本仏教の展開は固より、精神文化にも多大な影響を及ぼしてきました。

二　比叡山の回峰行

全行程約八十四キロ

回峰行につきましては、私自身百日の回峰行しか経験なく、ここに回峰行を語る資格などあるはずもありませんが、それでも、私を導いてくださった光永澄道阿闍梨の人となりによって、僅か百日の回峰行でしたが、多くの感動を生み、本当に有難い有意義な行をさせていただきました。

三月末、比叡の山はまだ肌寒く、雪が舞い、手がかじかむ日もあります。最初の一歩は百日回峰行も千日回峰行も同じで、千日回峰行もこの一歩からはじまります。

兎に角無我夢中で、出峰前日の晩など、興奮して一睡もできない有様で出峰の時間午前一時を迎えます。多少は山の生活に慣れているとは云え、実際に行が始まるとそんなに甘くはなく、二日目、三日目と足は重く、筋肉痛で足を引きずっての回峰行になります。山より下り坂本に降りるころには夜も明け、人や車の往来も次第に増え、人前で回峰行者が足を引きずって歩くわけにもいかず、痛む足を無理に上げ、平静を装います。

街中を通り抜け山中に入ればやれやれといった感じで、足を庇う始末。このような状態は、始まって二週間余り続き、そのうち慣れるとは云うものの、今度は足のひび割れに悩まされ、足の指先、踵が割れます。それが痛いのなんの、一歩歩いて足を付けると痛みが全身に走り、飛び上がる始末、出血もあり痛いたしい限りです。しかし一と月も過ぎると足も慣れ、今までが嘘のように、石や木株を蹴飛ばそうが多少のことでは答えなくなるのですから不思議です。また、日々変わる景色、行者を迎える木々、草花、季節は春の芽吹きの時期を迎えます。それは日増しにその装いを変え、木の芽も始めは、透き通るような淡い緑から次第に萌え木色にと変わり、生命の息吹きを感じます。木が眠りから覚め一気に吹き出してくるような、そんな躍動感を感じます。

春先きの比叡の山は、また日の出時期に雲海が発生します。尾根伝いなどでは、自身が雲の上を飛んでいるような気さえします。雲が涌いては流れ、それは幻想的風景です。

千日回峰行は足掛け七年を一期とします。五年目で六、七百日。終えると当行満と称され、ここで九日間の堂入りといって、無動寺谷の本堂・明王堂に籠もり、九日間の断食断水不眠不臥の行を行います。

回峰行はこの七百日までが自行といって自己の完成を見ます。九日間の堂入りを経て行者自身生まれ変わり、化他行といって、これより以降は人々の為に行に向います。六年目の八百日は赤山苦行といって比叡山の回峰（30㎞）

山道を行く回峰行者

に京都側の赤山禅院参拝が組み込まれ、最後の年の七年目が九百日、千日となり、今度は山廻りに京都旧市街が加味され、一周八十五キロ程の距離を百日間歩き通します。こうなると日々の睡眠時間が二、三時間ということで、体調でも壊そうものなら命取りとなります。この千日回峰行を終え大行満を名乗り、さらに土足参内と続きます。

このように、相応和尚を始祖とする回峰行は、先人の努力により形が整えられ、合理的括、教理的裏付けが成されて、今日行われている回峰行へと引き継がれています。

三　相応和尚伝

相応和尚の修行

回峰行の創始者と言われている相応和尚は、近江の国浅井郡（今の長浜市）の生まれ、若くして非常に穏やかな人柄で、郷里にあっては広く敬愛され、その出生には幾多の伝説が残されています。承和一三（八四五）年十五歳のとき鎮操和尚の導きによって初めて比叡山に登り、僧侶としての第一歩を踏み出します。相応はそのころから、修行の合間を見て毎日山中より花を摘み、根本中堂の薬師如来にお供することを秘かに続けていました。そのことが、近くに住房を構えていた円仁の目に止まり、相応の信心の堅固なところを見出され、早速に自分の直弟子とされ、相応の名を頂き得度。二十五歳の出来事です。この日より相応は、宗祖（最澄）の遺訓に基づき籠山十二年の修行に入られます。

叡岳に生身の不動明王を顕現すべく、仏法と国家の鎮護の悲願を立て幽深の他を探し求め、薬師如来の示現により比叡南岳の地を示され、これが無動寺谷の歴史のはじまりとされています。

当時各地の山岳においては、修験道的修練が行われつつあり、それらを参考に独特の山岳巡行の方法を編み出し、これを回峰修験と称し、法華経中に説かれている常不軽菩薩の誓願を根本精神に置きました。

これは、相応が十七歳のとき法華経に触れ、特に第二十品に説かれている常不軽菩薩に感激されます。その内容は、常不軽菩薩が合う人ごとに「あなたは仏さまだ、私は深くあなたを敬います。」というものです。そして亡くなったときには六根清浄で、お釈迦さまが後の我なりと。つまり前世において、そのような行いをされたとあるのです。これは下座の行にあたるわけです。皆を尊重すると云うより人間礼拝と云うか、その精神は「不専読誦。但行礼拝」、経を読むことを専らにせず、ただ礼拝を行ず。一切を拝むというのが常不軽菩薩です。すべてのものの持っている仏性を拝むことです。ところが実際それをやろうとすると、気狂い扱いされ、そこで、お花を持って根本中堂に通われました。これが史実上の回峰行の起源となっています。

これは、最澄の意を体するものであり、また、四種三昧の一つである常行三昧にもあたるもので、肉体的な苦痛を乗り越えたところに、更に高い境地に達した回峰行者は、欺く、生身の不動明王に生まれ変わり、衆生救済していくと云う体系を完成させていきます。

その出で立ちは、頭に蓮華の檜笠を頂き、草鞋は蓮華台を表わし、腰には降魔《ごうま》の剣を差し、まさに不動明王の、

無動寺坂周辺

魔を砕き衆生を救済する姿です。「相応和尚伝」の中には、比叡山無動寺での十二年籠山中の相応に、外護者である面三条良相の娘で文徳天皇のお后だった藤原多賀幾子が重病にかかり、何を持ってしても好転しないところ、相応の祈請を求める書簡が円仁の許に届きました。予てより十二年間山を下りぬ覚悟をしていた相応ではあったが、面三条公の招請と恩師円仁のたっての願いでもあり、それを承知し、一先ず山を下りて要請に答えることとなります。相応和尚伝には、「面三条家に参上、並いる僧らを前に、和尚は殿中には上がらず遥か庭前の白州から病床を望み、修験祈祷をはじめた処、やがて平静の状態に還り、さしもの奇病も立ちどころに平癒した。」と記されています。

相応は再び大願を発し、更なる静寂幽邃の地を求めて比良山中を彷徨し、比良西側の聖地を見出し、ここに三カ年三籠。これが今日の葛川参籠、葛川明王院の起源となっています。このように数々の霊験を現わし、修験の誉れ高い相応を清和天皇は御所に招請。更に幾多の験を顕わすことになります。

無動寺の回峰行が一期千日を持って満行したものを大行満と称し、また、大行満が御所に草鞋履きで参内し、玉体安穏を祈念する「土足参内」は、ここにはじまります。

これら相応の霊験に対して清和天皇は相応を讃美して褒賞を与えようとしたところ、私は扨て置き、宗祖最澄、恩師円仁への大師号の諡号を願われたという美談が残っており、このことで、最澄上人は、日本第一号の大師号授与者になられました。

こうして、回峰行は衣帯装束自体、生身の不動明王として、常不軽菩薩の願行である不専読誦、但行礼拝の精神を掲げた回峰行として今日に引き継がれています。

四　葛川息障明王院

回峰行の修練道場

比良連峰の西北、安曇川上流に沿って拓けた山添いの小聚落、葛川坊村に葛川息障明王院があります。この地は比叡山の回峰行の修練道場になっています。

この明王院は、回峰行の創始者、相応和尚によって開かれたものです。相応和尚は、十五歳で比叡山に入山、十七歳のとき法華経に出合い、その第二十品の常不軽菩薩品に大変感激され、その教えを実践するために山中より採取したお花を持って、根本中堂に七年間毎日通われた、といわれています。このことが、史実上の回峰行の起源となっています。ではこの常不軽菩薩品には何が説かれているのか、と云いますと、この第二十品の主人公である常不軽菩薩が、会う人ごとに一所懸命に「あなたは仏さまだ。私は深くあなたを尊敬します」と、拝まれたのです。拝まれた側にとっては、不気味で気持ち悪いと、石を投げて追い払うわけです。しかし、「あなたの内なる仏さまを拝むのです」とひたすら礼拝して廻られたわけです。つまり、これは仏教の根底にある「仏性」（すべてのものが持っている仏になる種子）を拝むという教えです。

思古淵明神の託宣

相応和尚は二十九歳のとき、比叡山無動寺谷南山坊の庵室より更に幽谷の修行の地を求めて、比良の奥地に入り、この地の地主神である思古淵《しこぶち》明神の託宣を受けます。そして、思古淵明神の間族眷属である常喜、常満の導きを得て、坊村から比良に登る山道の滝で参籠中、滔々たる瀑水の中の火焔を帯びた不動明王を感得。そのとき思わず滝壺に飛び込み、不動明王の御体に跳び付いたところ、一本の桂の木と化し、相応和尚身らこの桂の木から一刀三礼の下、刻まれたのが明王院の不動明王だといわれています。元々この地主神であった「シコブチ」と言う特異な名称は、伝説によると、この川筋で働く筏師の守護神として信仰されてきたもので、古くはこれを人名として用いたという例が、古い文献に散見できます。しかし、この安曇川流域で祀られている思古淵明神は、恐らく何か水の流れとか、川、滝といったものに深い関係があることは確かです。

ここで、太鼓廻しについて触れてみたいと思います。これは、比叡山回峰行の創始者と言われている相応和尚が滝で不動明王を感得されたことに由来するもので、葛川明王院参籠の行者は、村の青年の廻す桂の木でできた直径四尺を超える大太鼓の上に昇り、そこから飛び降りる行事で、村の祭りの中心をなす催しになっております。青年たちは脱兎のごとく明王堂本堂になだれ込み、群衆の怒号の中に大太鼓を廻し、その周りを竹の簓《ササラ》を持った若い衆が取り囲み、滝壺の情景を演出。太鼓を廻す音響は、滔々と落ちる滝の瀑布の轟きを現わしています。太鼓の回転が止まったとき、常喜、常満が「大聖不動明王、これに乗って飛ばっしゃろう！」と大喝すると、外陣にいた新達（葛川夏安居＝参籠・度数七度までの者）の行者が走り寄って太鼓に飛び乗り、合掌して飛び降ります。

これらの行事がいつ頃から始まったかは定かではないのですが、室町時代の記録によると、明応四（一四九五）年の蓮華会に関するところで、「太鼓乗は新錬達行者のすべてが、これを行わねばならない」と言った記述があり、大体この頃には既に行われていたことが分かります。

五　帰りの願行――葉上阿闍梨――

葉上照澄阿闍梨の入山

師である葉上照澄阿闍梨が比叡山に入られたのは、終戦の痛手冷め遣らぬ喪失感漂う最中の昭和二一年に入山され、その動機を二つ上げられています。先ず一つ目は、昭和二〇年九月二日、東京湾・ミズーリ号艦上での降伏書調印式に居合わせ、一部始終を目の当たりにされ、そのとき「ああ負けた！」と実感したと言われています。それから暫くして、マッカーサーの「日本人の精神年齢は十二歳」という発言を聞き、若い人の教育のためには、先ず自分から学び直さなければならないと、比叡山入山を決意されました。このことは、師が大学での専攻を西洋哲学、それも古典哲学と言われていたドイツ観念哲学に置き、カント、ヘーゲルと転じたが、自分の追い求める普遍的で実質的なものが見出されず、カントから一歩踏み出したいと、その弟子のフィヒテに到ったと。また、フィヒテでは、実践的傾向がカントより強く、宗教論においても前進しているように思え、更にはゲルマン民族の自覚を促し、教育によって国を興したことが忘れられず大和民族の奮起のため、比叡山の修行に入ったと述懐されています。このことが二つ目の契機だとされています。

師も若い頃は、明治生まれの人間の常として、西洋の思想や芸術に憧がれを持たれたわけですが、精微な論理的転回に自分の才能の限界を感じられ、寧ろ平易な文学の方に逃げ込んでしまわれたのでしょう。しかし、文学は男子一生の本懐とは思われなかったようです。いざドイツ観念哲学に取り組んだものの惨憺たる状態。西洋哲学に身を置いていながらも血の通っている人間社会の生活において、普遍的であっても抽象的なものでは困ると、普遍的なることは当然として、しかも具体的で実質的なものでなければならないと。そのさ中にも、西洋の哲学を暫く傍に、最後には東洋の実践と西洋の理論との総合といったことを考えられ、日本の仏教を現在最も大切な世界平和樹立の指導原理となってほしいと考えておられたようです。

二つのバロメーター

若いときから今日に至るまで、師は事物の捉え方、有り様について二つのバロメーターがあると言われていました。先ず一つは、合理という見地で、「何が合理であるかは時代によって多少変わるかもしれないが、まあ一般に科学的見地に立って、ものを考えることであろう」と、この科学的見地に見合うものは合理で、合わないもの、それ以下のものは不合理であり、そのような宗教は迷信だと言ってよいと。少なくとも近代的な人間にとって、神が世界を創ったということを文字通り信じるものはないだろうし、今まで宗教の名において、如何に多くの悪がなされてきたかは誰もが知るところです。しかし、人間は決してこの抽象的な、或いは算術的な合理、更には科学的見地ということだけでは満足できるものではない。現実、一プラス一は必ずしも二にあらず。また、男と女が一つになれば子供が生まれ、三にも四にもなり得る。このようにして飽く迄も合理を踏まえて、しかも合理を超えるもの、そのようなものでなければ本当の芸術でも宗教でもないと言い切られています。言わば、このことを非合理といい、目差すものは合理以上ともいうべき世界なのだと。

次に二つ目のバロメーターとして、「インターナショナル（全世界的なもの）であってほしい」と。つまり、日本でしか通用しないようなものでは困る。いつどこでも通用するものでなければ問題とするに足りない。やはり個々の風土の特色、或いは伝統を十分尊重しながら、新しくその風土に根ざすものであってほしい。風土的に、暑くて広いインドの仏教と、温暖で狭く四季の変化の美しい日本の仏教とは、まったく別のもの、しかも仏教の本質は忘れてはいないという、そのようなものにこそ、私は一番、心を引かれるものである」と。

以上あげてまいりました二つのバロメーターについて、これに見合うものはないと結論づけられています。実際のところ、内面的にもどんな凡夫であっても、仏になり得る「仏性」というものがあり、また、因縁果の縁起説を上げ、これを超える宗教原理は見当たらない、とされています。このように仏教こそ人間の宗教であり、これをもって世界平和樹立の指導原理となってほしい。いや、そうしなければならないと、きっと思われていたと思います。この願行を伝えていくのも実践していくのも残されたものの務めだと思っております。

亡くなる間際まで身を粉にし、東弄西走され、物事を率直に捉え発言されてきた姿は、まさに、天台大師の説かれた四種三昧の中の非行非坐三昧であり、相応和尚が感激して止まなかった常不軽菩薩の願行を回峰行に繫いでいかれたのと同様、師である葉上阿闍梨の願行はこの常不軽菩薩の願行だったと思います。

近江・朽木

——木地師の郷と谷筋の道——

廣川　勝美

朽木　谷筋の村

朽木は、近江・山城・若狭の国境にあり、平成の町村合併まで滋賀県唯一の村でした。北は今津町・福井県遠敷郡・小浜市と、西は京都府北桑田、南は京都市左京区大原・大津市葛川、東は安曇川町・高島町に接しています。

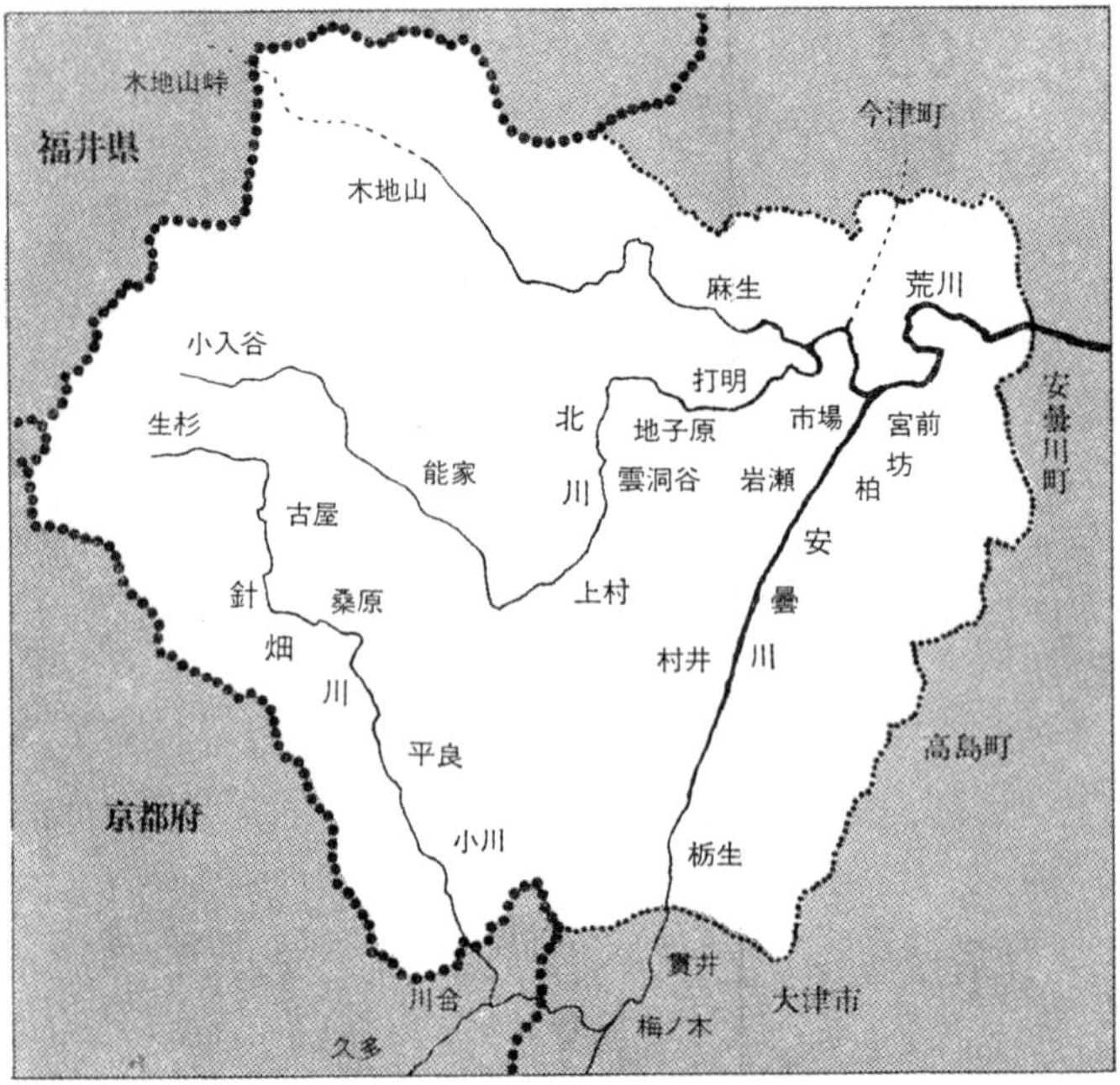

朽木地図

周囲には、福井県との県境をなす百里ヶ岳や近江・若狭・丹波の国境にある三国岳《みくにだけ》や近江・丹波・山城の国境にある三国岳《さんごくだけ》などの山岳が並んでいます。その間に、丹波山地の百井峠を源とする河川が、麻生川・北川・針畑川を合わせて安曇川となって琵琶湖に流れ入っています。これら大小の河川が四つの谷筋をつくり、それぞれを山が取り巻いています。

安曇川筋には、比良山系北部の主峰として知られる蛇谷ヶ峰があり、朽木では小椋栖山と呼ばれています。今津町・安曇川町・朽木の境界にある西峰山のほか、西山・東山・雲洞谷山・白倉岳・宮山・地蔵山、麻生川筋には、行者山・池原山・駒ヶ岳、北川筋に、能内山・地蔵谷峰があります。針畑川筋には、水無山・正座峰・イチゴ谷山・経ヶ岳が連なり、それらの山間に、横谷峠・地山峠・遠敷峠・地蔵峠・三国峠・岩谷峠があります。

　昭和四六年に、丹波山地の続きの標高300〜1000mの山々と、その山あいを縫う川や谷が、「朽木・葛川県立自然公園」が指定されました。生杉地区に属する三国岳を中心としたブナ原生林の大部分が朽木に属しています。

　朽木は、雪深い山地で総面積の約93%が山林です。樹木の80%が広葉樹林で、大部分が木炭の生産材として伐り出されていました。それにひきかえ谷筋の山肌を覆うスギ・ヒノキなどの針葉樹林は12%にすぎません。その他は竹林などです。山地の南斜面の一部にはマツ林。スギ・ヒノキの伐り出されたあとには、コナラを主とする雑木林が多く、種々の樹木が混じり合っています。

　奈良時代には、朽木に「高島山作所」が置かれ、スギ・ヒノキなどの木材が安曇川を筏で琵琶湖まで流されていました。平安時代には、「朽木の杣」と呼ばれ歌枕にもなっています。江戸時代には、朽木谷は平地の村とは異なり山林関係の生業の割合が大きい山村でした。明治の初年には、朽木谷各村のうち、野尻・岩瀬・麻生・地子原・古屋などでスギ・ヒノキ・マツの木材を伐り出しています。特に、明治三〇年代の後半から鉄道の枕木としてクリの角材が伐り出されて安曇川の筏流しは活況を呈します。

　朽木の林産物の中心は木炭でした。朽木谷の炭焼きは、もとは安曇川筋の村井村が領主によって認可されたものです。明治の初めには、朽木谷の各村で、アカシデ・ブナ・カシ・クヌギ・クロモジ・ツバキなどの雑木を用いて炭焼きをしていました。なかでも、雲洞谷・栃生・村井・古川・宮前坊・麻生・能家などでは一万俵を越える木炭が出荷されていました。朽木の林産物は、炭や薪のほか、杉皮・竹材・楮皮などがありました。

　朽木には、木材用や炭焼用の山林の周囲に農業用の里山があり、雑木の若木や柴を冬の間に野積みをして田畑の堆肥とするホトラ山が集落ごとに決まっていました。

　また、山深い朽木の谷は、耕作や物資の運搬のために牛馬を飼育していましたが、明治一〇年代には、高島郡の牛馬の三分の二以上が朽木谷で飼育されていました。明治三七年には、県農会が和種の種牛を買い入れて産牛事業を始めます。朽木村の畜牛組合が増殖をはかり、毎年五〇頭以上の子牛が品評会に出品されました。これが「朽木の牛市」の起こりだといわれています。現在は、宮前坊において畜産が行われています。

朽木の山峡を縫う河川は、それぞれに渓谷を刻みながら谷筋を流れています。それらの渓流には、アユ・アマゴ・イワナなどの淡水魚が放流されると共に、その他、ゴリ・ハヤ・マスなどが生息しています。

山深い朽木には、緑豊かな森と清らかな川と、季節感あふれる風景と豊かな食文化と物づくりがあります。ここ朽木の暮らしのなかには、人と人、人と自然が共に生きる「日本のふるさと」が息づいているのです。

木地師の郷

山深い朽木のなかでも奥にある木地山は近年まで木地師の郷でした。朽木を流れる安曇川支流の麻生川の谷筋は、西に延び、木地山峠を越えて若狭の根来に入る若狭路が通っています。この谷筋の麻生木地山は、かつては轆轤村ともいいました。同じ谷筋を北に行くと、江若国境の大杉に流れる天増川の谷奥に轆轤という集落の名が残っています。角川谷の奥にも轆轤という小字名があります。また、南に谷筋を行くと、葛川谷の坊村にはロクロシ平という地名があり、花折峠を伊香立の途中町へ下りるところにも轆轤谷の地名がありました。轆轤とは、椀や盆など円形の木器を挽く道具です。轆轤を廻して挽くのは、漆を塗る以前のもので挽物とか木地とかいわれました。そのような道具や製品から名づけられた轆轤村とか木地山という地名が各地に残されているのです。

轆轤を使い木地を挽く職人は、古くは轆轤工とか轆轤師とかいい、後には、木地師とか木地屋と呼ばれました。彼らは、木地の良材を求めて山に入り、川上の谷間に小屋掛けして轆轤を挽いていました。

木地師は、中世から近世にかけて、全国を渡り歩いて尾根筋を移動しながら轆轤を挽く職能集団として組織されていました。江戸時代初期には、近江の愛知川源流の小椋谷にある君ヶ畑と蛭谷の二つの村が、木地師発祥の地、その根源の地とされました。君ヶ畑では「高松御所」、蛭谷では「筒井公文所」が、それぞれ木地師の本貫と称して全国に散在する木地師を統制していました。いずれも、木地師の縁起やさまざまな特権を保証する文書の写し、免状などを授与して氏子として登録します。全国の木地師は、君ヶ畑や蛭谷を御山といって、五年とか一〇年おきに巡廻してくる社中に烏帽子着料や儀式料などを寄進することになります。この氏子狩の制度は、近代まで維持されていました。

各地の木地師は、御墨付と称する幾種類かの古文書を伝えていますが、そのひとつが木地師の祖神とされる惟喬親王にかかわる縁起です。君ヶ畑と蛭谷でまとめられた文書は、双方に若干の相違はあるものの、帝位を奪われた惟喬親王が、小椋の地に居住し木地業を始めたという点は共通しています。木地師の本縁は、「親王縁起」とか「御縁起」として各地に残されています。木地山に伝わる「親王録記」などによると、惟喬親王は文徳天皇の第一皇子でしたが、第四皇子の惟仁親王が即位したために小椋谷の筒井峠の深山に入ります。親王は杣人が建てた宮を大君御所とし、筒井に正八幡宮を勧請。そして、経軸から思いついて木地挽きの轆轤を造られ、その技術を土地の杣人に伝えられて木地轆轤師の世業とされたわけです。親王は薨去の後皇大明神の名を賜りますが、その御陵は筒井峠にあります。

木地師は、諸国の山中に入って必要な用材を伐採して轆轤を挽いていました。そのような木地業の免許状が「朱雀天皇御綸旨」と称する文書です。それには、「近江州愛知郡小椋庄筒井の轆轤師の職頭は、四品小野宮（惟喬親王）が製作された木地挽きの職を務めているのは神妙である。今後は木地の統領として、諸国の山に入らせるのは、西は櫓櫂の立つ程、東は駒の蹄の通う程までの間はこれを免許する」と記されています。これらの縁起や綸旨は、筒井公文所が発行したもので、氏子狩の際に配布された文書です。朽木には、このほか、「正親町天皇御綸旨」、

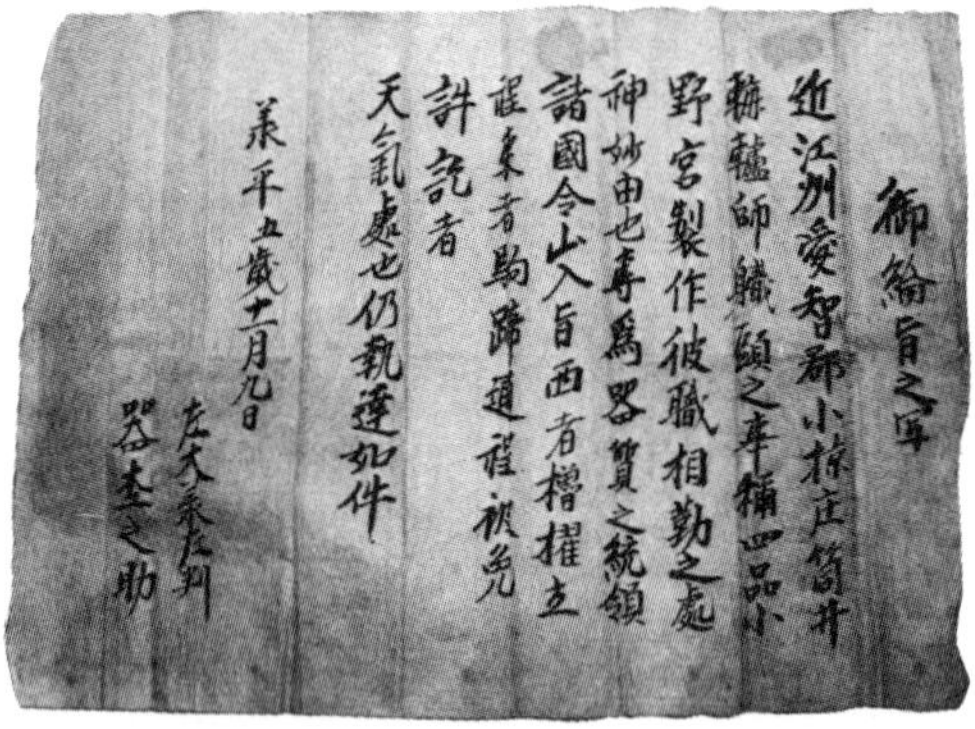

朱雀天皇御綸旨

惟喬親王尊像

「織田信長免状」、「豊臣秀吉免状」といった「木地山文書」があります。こうした文書によって、木地師は諸国の関所を通行し、各地の山中に住んで七合目より上の木を伐ることを許されましたが、土地を構えて竃場をつくる炭焼きは出来ませんでした。

麻生木地山には、近年に至るまで、神殿《こうどの》といわれる神職の代理があり宮座を司っていました。神殿は、木地山文書とともに、「倭国御器肇・筒井社地之図」と「器地轆轤之祖神惟喬親王命尊像」の掛軸を保管しています。筒井八幡宮から配布されたもので、神事に用いられていました。

麻生木地山は、蛭谷の支配下にあり、君ヶ畑の氏子狩は受けませんでした。「蛭谷氏子狩帳」に、麻生木地山は、全国の木地師を巡廻した記録の筆頭に置かれる帳初めでした。天正年間の記録には、「筒井八幡宮を修理するために諸国の轆轤師などへ廻国して氏子狩を始めることにした。そこで、麻生山の木地屋に帳初めを行った」と記されています。そこには、二一軒の木地屋の名が認められます。それによると麻生木地山には四〇〇年以上前から木地屋が居たとみられます。木地山という村名もそのことに由来しています。諸国の木地師と同じように、木地山の木地師も、御墨付と称するものの由緒をもとにして、麻生の山内に小屋掛けをして轆轤を挽いていました。

江戸時代には、麻生木地山は朽木藩御用の木地を挽いていました。木地の用材は、ブナ・トチ・カツラ・カジカエデ・ケヤキ・ミズキの六種で、御墨付の由緒によるといわれたが、実際は、朽木藩によって、それ以外は止め木とされたとみられます。麻生で挽かれた木地は、安曇川筋の岩神村（現在の下岩瀬）の職人によって漆が塗られていました。近世期、朽木の山地は朽木藩の所領でしたが、一部は集落の入会山でした。明治の時代になると、山割で私有地になった里山・炭焼き山のほかは集落の共有となりましたが、麻生では、村山の利用をめぐって村方と木地山方の間で山論が起こります。その結果、木地山などにも麻生村民として、山地・肥草場・草生地などの権利が認められることになります。そして、山地で伐採する木は、横谷ではカシ・ホウ・サクラ・ヒトツバ・シデ・チシャの六種とし、口麻生ではチシャ・ヒトツバを除いたクリ・ブナなど一〇種とされました。

木地師は、惟喬親王の始められた轆轤の技術を伝える家系であることを示す小椋の姓を名乗っています。各地の山あいに残る木地師の墓石には菊の紋が刻まれているのもその徴しです。朽木の菊盆もそのひとつです。木地山で挽いた盆や膳に、岩神の塗師が漆をかけ、黒地に朱で大きく一六菊を描いています。参勤交代の土産物として朽木氏が江戸に携えて朽木盆が知られるようになり、民間にも売りさばかれたものです。

こうした長い伝統を有する木地山の木地業も、昭和の時代には衰退し、現在は、すでに跡を絶ったといわれています。さらに、過疎化の進行は、この谷奥の朽木にいっそう大きい影響を与えています。しかしながら、木地師帳初めの村としての歴史は、こんにち、改めて見直す価値を有しています。山深い朽木の森林・肥草場・草生地など里山の自然環境と、轆轤挽きによる木の文化の伝統は、地域の振興にとって重要な役割を持っています。朽木谷の里山林の整備と森林資源の活用を循環的・持続的に行うことによって、多様な生物が生息する自然環境の保全と、木地師の伝統を基とする森林と林業の再生をはかることが求められています。

朽木街道　谷筋の道

朽木谷には、南北に流れる安曇川と、東西に流れる麻生川、北川、針畑川の川沿いに道があります。日本海側の若狭と京を最短距離で結ぶ道です。主要な道は、「若狭道」です。このラインは、「若狭越」、「京街道」などとも呼ばれています。安曇川の谷筋を通る若狭と今津をつなぐ若狭街道の脇街道です。若狭の熊川を経て、近江の保坂で今津に向かう若狭街道と分かれ、途中谷、桜峠、檜峠を過ぎて、朽木の市場に至ります。市場からは、岩瀬・古川・村井・栃生・細川・梅木と村内を通り、安曇川沿いに進み、花折峠を過ぎて途中越から京都に入ります。さらに大原、八瀬を経て、大原口に至る。全長一八里（約80㎞）の街道で、現在の国道三六七号がほぼこれにあたります。

麻生川の谷筋を通る道は、「木地山越」、「池河内越」と呼ばれています。小浜から遠敷を経て、朽木の木地山峠を越えて、熊畑、横谷、麻生、向所、上野と市場に至ります。

針畑川の谷筋の道は、「針畑越」、「根来越」、「鞍馬街道」などと呼ばれています。小浜から遠敷を経て、根来峠を越えて、朽木に入り、小入谷・中牧・古屋・桑原・平良・小川など谷筋を行き、花脊峠より、京都の鞍馬・静市・出雲路橋を経て、鞍馬口に着きます。

これらの道はいずれも大部分が谷筋を行く山間の道です。京都と北陸を結ぶ有力な道として、物資の運搬や商人の往来が盛んでした。朽木で近年、「鯖の道」といわれるように、若狭の海産物を京都に運ぶ道の一つです。本街道は馬の道として、宿と宿とを継いで荷物を問屋まで運送する馬借が通ります。それに対して脇街道は牛の道です。里から里へと人や牛が荷物を背に負って運ぶ背持が通いました。若狭路を通う背持の荷は、若狭や敦賀の浦々から京都はじめとして近江や丹波の各地に運ばれる魚荷が中心でした。

朽木は、若狭街道の物資中継地である熊川から近江方面へ向かう行商人が往来。熊川からの行商人は朽木に一日に二往復したといわれます。熊川から京都へは、朽木・大原経由で約一五里。若狭で獲れた魚は昼前には熊川を経由して翌朝早く京の山端に着き、まず市にかけられました。山端から若狭路の終点大原口までは約３㎞です。

朽木を通る若狭路は、いずれも大部分が谷筋を行く山あいの道です。街道沿いには、清らかな水の流れと緑豊かな森に包まれた村々の暮らしがあります。経済社会が成熟し都市化が著しい現代、農山村の活性化は、美しい景観と伝統文化の継承、森林の再生と国土の保全にとって極めて重要です。朽木をはじめとする地域の森林を基本とする自然環境を保全し、歴史的文化的景観を再生することが望まれるところです。そのために朽木の自然と暮らしに基づいたシンボルとルートの開発が必要と思われます。それは、人と自然とが共に生きる風景です。

コラム

日本のふるさと朽木・天狗の山里

山に閉ざされた朽木谷は、昔話の里です。その概要は、玉木京編『朽木の昔話と伝説』（朽木村教育委員会、昭和五二年三月）、清川貞治編『版画の里ろくろっ子　版画集』（滋賀県立高島郡朽木東小学校ろくろ分校、昭和五二年三月）に記録されています。

朽木の昔話の代表は「天狗の森」です。その他、「遠敷の祭」（麻生）、「天狗のかくれ蓑」（麻生）、「天狗さんご機嫌」（麻生）、「じょうげつさんと天狗」（村井）、「天狗さんが呼んでる」（村井）、「高岩の天狗」（市場）、「天狗倒し」（木地山）、「南谷の天ぐ」（木地山）などが採録されています。

天狗の森は、安曇川の東岸、大野に近い蛇谷ヶ峰（標高901.7ｍ）にあります。稜線にシャクナゲが目立ち、山一帯が岩瀬にある旧秀隣寺庭園から見えて、「天狗の森」と呼ばれてきました。

天狗は、もともと、山に住む神で、空を飛んで人里に現れては、さまざまな仕業をしました。赤顔鼻高で、手にうちわを持ち、一本足の高下駄をはく姿は江戸時代以降のこととされています。山伏の格好もその頃からです。

天狗に出会った者は、不思議な体験をします。朽木から遠く離れた若狭の遠敷の祭見物もそれです。怠け者や悪い者が懲らしめられたり、貧しい者や弱い者が助けられたりするのもそうです。山の神としての天狗は、森を守り、豊作を祝います。宮前坊の邇々杵神社のご神体はその象徴むといえるのではないでしょうか。鬼が都近くに現れるとすれば、天狗は、山深い村に姿を見せます。

天狗は、山里としての朽木のシンボルといえます。人と自然を取り持つ天狗は、深い山林のなかにおいてこそ存在します。体力と知力を兼ね備えた天狗は、自然に育まれた生命力の表れです。そのような意味で、日本のふるさと朽木を天狗の山里として世に広めることが必要です。（廣川勝美）

遠敷《おにゅ》の祭

　ずっと、昔のことらしいが、村の者《もん》が、木を伐りに、山に行っとったんやが、どんどん、奥の方い行くうちに、道に迷うてしもたんや。

「去《い》ぬこともでけん、困ってると、ぴゅうと風の音がして、ひらりと、天狗が降りて来た。

　赤い顔の高い鼻で、話に、聞いたことのある、天狗が、目の前に立ってた。

「今日は、*遠敷《おにゅう》の祭りやが、連れてったろか。」

て、言うさけ、そくざに、連れてってくれえと、天狗に頼んだら、天狗は、この男を、かくれ蓑に包んで、空へ高う舞い上ったて。

「そら、ついたぞ。」

て、遠敷《おにゅう》の宮さんの鳥居の上に、軽う降ろしてくれたてな。下では、祭りが、賑やかに始ってたさけ、鳥居の上から、天狗と並んで、祭り見物をしたてな。

「下に行って、喰う物を持って来たろ。」

て、天狗が言うと、ひらりと下に降りてって、菓子やらなんやら、一杯抱えて戻って来て、それを喰いながら、天狗と、祭り見物をしたて、そら、面白かったてな。

　日暮れになると、天狗は、もう、去《い》のかちゅうて、また、かくれ蓑に包んで、空に、舞い上ると、風を切って飛んだら、*間なしに、家の庭に、ぽんと降ろしてくれたて。天狗のかくれ蓑を着けてるさけ、どこまで行っても、誰れも、姿を見んさけ、そら、面白かったて、言うことを聞いたで。


（麻　生）

*遠敷（若狭）
*間なし（間もなく）

天狗《てんぐ》のかくれ蓑《みの》

　むかし、むかし、山の天狗が、かくれ蓑に身を包んで、村い見物に降りて来た。天狗は、村はずれに、ひらりと降りると、一軒一軒のぞいて歩いてた。

「ここは、仲よう飯を喰てるなあ。」

「次はどうや、ああ、ここは、夫婦げんかが始まった、物を投げ出した、こら、かなん。」

と言いながら、歩いてたが、一軒の小さい家の前まで来ると、家の中から、楽しそうな、男等の声が聞えて来た。

「さて、何を、してるんかいなあ。」

と覗いて見たら、男等が、さいころを転がして、博打《ばくち》をして遊んでた。

天狗は、見物してるうちに、面白なって、去《い》ぬことが出けん、身体を乗り出して見てたが、とうとう、いかい＊声で、

「その、さいころと、この、かくれ蓑と替えてくれ。」

と、男等に頼んでみた。

「そんなら、その、かくれ蓑を置いてけ、さいころと替えたろ。」

と、大声で、言い返してきた。天狗は、喜んで、かくれ蓑を渡すと、引替えに、さいころを受け取って、山い、戻って行った。

かくれ蓑を、手に入れた男は、これを身につけて、試してみたいと思いながら、家に戻って来た。

「風呂が湧いたさけ、早う、入っとくれ。」

と、かかあが言うんで、そんなら、まあ、風呂に入ってからに、しょうかと思い、天狗に貰うた、かくれ蓑を、小屋の入口に、ぶら下げて風呂に入った。

かかあは、風呂を、一くべしようと思うて、小屋の前を通うると、入口に、古い蓑が掛ってるんで、こんな汚いもんは、燃してしまえと言うと、風呂の下に、くべてしもた。

男は、風呂から上ると、さっそく、かくれ蓑を取りに、小屋の入口に行ってみたが、掛けといたはずの蓑が見当らん。びっくりした男は、かかあに、たずねて見た。

「ここに掛けといた、蓑を知らんか。」

かかあが、言うのには、

「あんまり、汚ないもんやさけ、風呂の下に、くべてしもた。」

と、答えたので、男は、かかあを、叱りとばして見たけんど、灰に、なったもんは、もう、どうにもならん。せんど、考えたすえ、その灰を、身体一面に、塗ったらよかろと思いついた。

あくる朝は、念入りに、身体に灰を塗って。

「どうや、わしが見えるか。」

と、かかあに聞いて見た。しげしげと見てたが、

「何にも、見えんで、どうなったんや。」

と、言うんで、男は喜んで、姿を、かくして、村中を見てやろと、そんなり出て行った。

村の者《もん》は、男の姿が、見えんので、知らん顔して、通り過ぎて行くし、家の中に、入って見るのも知らんと、勝手なことを話しして、いばってる男もあるし。いっつも、いばり散らしてる男が、かかあに、いじめられてる者《もん》も居たり。家の中で、してることが、いつもと違うんで、そら、面白かった。

しばらく、村を歩いてたが、どうしたことやら、小便を、もよおして来た。どうもならん。道の片わらで、小便をしたが、男は、小便に、気を取られて、灰を塗ったことを、忘れたので、しずくを、ちょぼ、ちょぼ、と、掛けてしもた。

そこだけ、丸う灰が、はげたのも知らんと、村中を歩いてると。村の者《もん》は、なんやら小さい丸いもんが、村の、あっち、こっちに二つも、三つも、飛んで来ると言うて、しまいには、村中総出で、追いかけまわした。

男は、ふうふう言うて、村中を、逃げて廻った。へとへとに、くたびれて、たおれて、しもたちゅうこっちゃ。

（麻　生）

＊いかい（大きい）

じょうげつさんと天狗《てんぐ》

村井の在所から、一里ほど奥のシラクラに、石摘花が、美しい花を、咲かすじぶんになると、山

の奥から、良い音楽が、聞こえてくるんどすてな。

こんなときは、天狗さんが、ご喜嫌で一杯飲んで、散財しとらはるんや、そうやで。

村井の若い者《もん》が、山で、炭を焼いとらはったら、天狗さんが、来やはったんやてな。

「若狭の、じょうげつさんの、祭りに連れてったろこい、わしの背中に、ひっつけ。」

て言わはったんで、若い者《もん》が、急いで、天狗さんの腰に、しがみついたら、ぱあーと空に舞い上って、風を、切って、飛んだて。

「さあ、じょうげつさんや。」

ちゅうて、拝殿に、とーんと降ろしてくれはった。

そこで、祭りを見物してたが、天狗さんは、また、しばらく、どっかへ行ってくると。

「さあ喰え、さあ喰え。」

ちゅうて、*ごっつをを、ぎょうさん持って来て、くれはるんどすて、それを、食べながら見物を、しとった、にぎやかな祭りやった。

また、去《い》にしなも、天狗さんの腰に、ひっついて、空に舞い上ったら、山に戻って来たてな。

村のもんに、この話をしたら、ええかげんなことを言うてるちゅうて、誰れも、相手にせなんだけど、若者《わかいもん》の言うた日は、ほんまに、じょうげつさんの、祭りやったてな。

（村　井）

*ごっつを（御馳走）

高岩の天狗

川向いの人が、山い、行っとらはったら、天狗さんが、ぴょんと、降りて来ゃはって。

「ええとこえ、連れてったろこい。」

ちゅうて、小脇に抱えて、空に舞い上らはったんどすて、ほて、ぽうーいと、降ろされたとこは、高岩の岩の上、ちょんと座って、天狗さんは、どこからや知らんけんど、酒どくりと盃を出して、自分も一杯飲んで。

「さあ、お前も飲め。」

ちゅうて、酒を、ついでくれはったんどすて。二人で、一杯ずつ飲んでは、酒盛りを、しとったら、そのうちに、天狗さんが、酒を一杯飲むと、ぽいと、川の淵に、ほらはるんどすて、ほてぇ、

「さあ、取りに行ってこい。」

て言わはるんやて。その人ぁ、びっくりして、

「わしゃ、そんな深いとこは、よう行かん。」

ちゅうて、ことわると、天狗さんは、笑いながら、

「どうもない、さあ、行って取ってこい。」

て言わはるんで、恐る恐る、川の淵の中へ入って行くと、不思議なことに、今までにないように泳いだり、水の中に、もぐることができたんどすて。ほて、水の底の盃を持って上って来ると、天狗さんが、また一杯飲んで、淵へ盃を、投げ込んでは、拾うてこいて言わはるんで、淵い、もぐっては、拾うて来たてな、こうやって、一日天狗さんと、遊んだちゅうて、面白かったて、言うとらはったてなぁ。

（市　場）

天狗さんの御喜嫌

天狗さんの喜嫌が良いと、山から、とんとこ、とんとこ、太鼓の音が聞こえる。

ある晩、炭窯で泊ってると、突然、大風が吹いてきて、小屋の屋根が、引きむけた、今晩は、天狗さんが、怒ってるなあと思うてると、べりべりと屋根が、引きむしられて、そこから、美しい星さんが拝めた。

（麻　生）

天狗の森

この森には、天狗さんが、おらはるちゅうて、森の木は、切ったらあかん。たたりがあるて、むかしから言うんや。天狗さんの休み場やて言うて、いかい*岩の上に松の木が生えた岩があるんや。これが、天狗の休み松やな。

ここは、杉と、もちの木、しゃくなげが多うて、むかし、雨請《あまご》いしたとこや。

（柏）

＊いかい（大きい）

天狗倒《だお》し

山の荒れる前は、妙なことが起る。山から太鼓の音が、どどどーん、どどどーん、と聞えて来ますんや。今日は、天狗さんの喜嫌が良いなあ、よろこんどらはるなあ、て言いました。

南谷で、笛やら太鼓の音を、よう聞くことがありました。それは、天狗の太鼓て言いまして、風が、ぴゅうぴゅう吹いて来て、岩を引っくり返したり、木を倒したりして、大木が、こけると、天狗さんの気嫌が悪い時や、て言うて、石の飛んでくるような時もありました。こんな時が、天狗倒して言います。

（木地山）

天狗さんが呼んでる

だいぶ前のこっちゃけんど、夫婦で炭焼きを、してた者《もん》が、ささごで、窯《かま》を、しとったら、木が足らんようになって、男は一人で、山の奥へ入って行ったが、ちっとも、戻って来んのやて、嫁は心配して、

「おうーい、おうーい。」

ちゅうて、大声で、呼んでみたんやて、ほたら、男が、きょろんとして戻って来てぇ、

「天狗さんに、つかまって戻れなんだ。」

ちゅうんで嫁は、恐しなって男の手を、ぎっと握ると急いで家に戻って来たんやが、

「天狗さんが呼んどらはる、すぐ行かんなん。」

て、暴れ出すんで、ほとほと、困ってしもた、そうなると、どうすることもでけなんだ、親類の者が、多勢《おうぜい》よってたかって、手足を、押えてたけんど、その力は、ものすごいもんやった。家で寝てても、天狗さんが、呼んどるちゅうて、ぴょんと、押えてる、皆を、はねのけて、大釜さんの上に座った、みな、びっくりしたけんど、女の声で止めると、すぐに、静まったそな、天狗さんが、呼ぶんや、そうな。

（村　井）

近江の風光と観光

——琵琶湖周遊こころ旅——

吉見　精一

一　新しい観光スタイル

ニューツーリズム

二一世紀は、世界的な観光交流時代といわれて久しいです。わが国にも多数の観光客が訪れています。その一方では、国内旅行の需要は思うように伸びていないようです。むしろ陰りを見せているといえます。そのなかで、激しい地域間競争が行われています。

いずれにしても、観光のスタイルは、従来とは異なり、わが国の自然や文化を対象にするのは少数派になりつつあります。国内の観光は、魅力的な旅行商品の登場、魅力的な地域商品を提案してくれるニュー観光地が現出しない限り低迷から抜け出せないと思われます。

今まさに、地域の特性を生かした観光地づくりが求められています。人々は新しいライフスタイルにふさわしい観光に価値観を求め、従来型の足早に観光地を見て廻るマスツーリズムには満足しなくなっているのです。人々は、交流やふれあい、そして学習の機会を求めています。やすらぎ、うるおい、感動、交流が新しいライフスタイルに適う旅行商品のキーワードとなっています。

そこで、私が重点的に取り組みたいことは、エコツーリズムやグリーン・ツーリズム、また、産業ツーリズムや文化観光などです。つまり様々なテーマ性を持ったニューツーリズムです。そして、都市と農山村の交流や二地域居住・移住など総合的に地域とくに過疎地域を元気に再生する社会的課題に関わる仕事です。この分野は、私の地元滋賀県のみならず、すべての地域にも当てはまることから、最近の取組みからノウハウを活かしてサポートしたいと活動している所以なのです。

着地型観光

これからの観光はアウトバウンドからインバウンド重視に移行することが必要であるといえます。インバウンドとは「着地型観光」。すなわち、地域をまるごと体感する観光です。現地集合・現地解散型で、その地域にじっくりと滞在し、体験し、地元の人々と交流する観光です。つまりニューツーリズムといわれる観光です。

着地型観光は、地域を訪れる交流人口を拡大し、地域振興を図り地域を元気にし、経済的にも豊かにしていくものです。それには、まず、地域ならではの豊かな地域資産を再発見し、着地型観光のプログラムとして商品化を試みることから始めます。「ほんもの体験」を提供する交流型観光をビジネスにする方向性を探る必要があります。

地域にあっては、自らが地域ならではの資源を生かした地域づくり型観光を構築し、観光地の付加価値のある商品化計画に取り組むことが重要になっています。これが、「一地域一観光」の地域づくりの提唱です。

着地型観光は、地域を元気にする地域づくり型の観光創造であり、地域コミュニティの結束を高め地域に対する誇りと自信を回復する効果を生み出します。観光型の地域産業の振興に役立つという可能性を再認識することが、最初の一歩になるのです。

訪れる人が、住みたくなるような場所、来訪者は訪れる地域に期待を込めていることを考えれば、従来のマスツーリズム観光から脱却して、自分たちにしかできない個性的な観光振興に取り組む発想の転換が重要であります。まず、自分達の住む地域の「宝もの」を再発見し、プログラム化してお客様を呼び込むことです。それが、着地型観光の取組み推進の最初のアクションです。

地域資源の開発

日本の「地域」は今、大きな曲がり角に立っています。過疎化による居住人口の減少が、地場産業の衰退を招き、地域固有の文化やコミュニティの崩壊にまでつながりつつあります。少子高齢化社会の到来が、この傾向に拍車を掛け地域の自立自体が危ぶまれています。滋賀県においても同じことが言えるのです。

観光も多品種、少量の時代で観光客をひきつける時代になりました。幸いにも滋賀県は地域の多様性と相俟って、様々な面白い多品種の観光資源に恵まれています。体験旅行の素材・資源は豊富で先進的な活動を行う団体も多く存在します。そういう資源を有機的に結びつけるニューツーリズムの考え方で、訪れる人も住む人も心の豊かさを満喫できる地域づくりを目指していていくべきではなでしょうか。

滋賀県内においても多分にもれず、社会経済環境の変化により、地域の生活・暮らし、産業ともかつての活力が失われており、その再活性が強く求められています。

そんな状況下にあっても、個々人・地域のがんばりと創意工夫により地域活性に成果をあげている例は少なくありません。「人」を最重要な地域資源と捉え、地域には、その力を十分に発揮しきれていない地域人財とその繋がりから生れるパワーを最大限発揮できる環境整備が求められます。

現代の観光地とは、地域資源を単的に結びつけるのではなく、地域資源の関係性をみせることが大事です。人々の生き方、そこに育まれてきた歴史なども含めて複合的に来訪者に見せる、感じさせる。その地域の「ほんもの」が見えてきてこそ、それが来訪者の心を満たす。そのためには、いかにして資源どうしを「物語」でつなげるかが重要です。そこで必要なのが、地域のストーリーテーラー「インタープリター」の存在です。

琵琶湖の魅力

二　琵琶湖の自然と文化

近年、注目されているエコツーリズムやグリーンツーリズムは、自然環境に恵まれた地域のみが実施しうる地域経済活動の一つです。近江に近接する奈良や京都などが、社寺を中心として史跡・建物・文化などの固有の歴史資産を活用して観光集客に結びつけているように、地方の農山漁村では、集落独自の風景美や周辺の自然、それらの環境を背景に営まれてきた暮らし・行事・技術・生み出される様々な産物が観光的資源になりつつあります。地域住民との交流を基本とする農山漁村における体験型観光の意義や仕組み、考え方は、自然豊かな湖国近江においても新しいスタイルの観光の取組があります。

近江には、琵琶湖を中心にして東に伊吹山、西に比良、南に鈴鹿、北に野坂、と言う四つの山地が取り囲む素晴らし自然があります。田んぼのある風景も、季節によって朝夕など、その時間帯によって様々な変わった表情を見せてくれます。それらの間に、自然に育まれた暮らしが息づいています。近江には、湖国ならではの伸びやかさがあります。琵琶湖の周囲には、豊かな自然風土と歴史文化と、それらによって育まれた多彩な食文化や伝統産品などがあります。

こうした豊かな自然を残している地域を、これからの時代は、今までに味わったことの無い新鮮な感性で旅しようとするニーズが高まってきています。にもかかわらず、その魅力や強みは十分認知されていないためポテンシャルを生かせていません。そこに住む地域住民の取組み意欲を高めながら、自然と人と地域、その個性が輝くよう「もったいない資源」の活用を図ることが地域を元気にするために必要なことなのです。

地域の観光資源は、自然、歴史、商業にとどまらず、産業、景観、文化活動など多岐にわたります。いわば、「観光地づくり」は地域のだれもが参加できるもので、「地域の魅力を知る楽しみと、知られる喜びを広げる」ことから生まれる「地域の誇り」を育てることが観光の意義といえます。地域にとっては、自然・文化・産業を保存・育成・展示することで、地域社会の発展に寄与する、と言うエコミュージアムの定義にならうものとなります。ひ

す。周囲は約6.8kmで約350人の人が住んでいます。湖沼の島に人が住む例は世界的にも少なく、ここでは昔ながらの生活の知恵や豊かな自然が今も生きており、学術的にも注目されています。

・多景島
彦根市街より沖合約6.5kmに浮かぶ周囲600mの小さな島です。見る方向によってさまざまな景色を見せることからその名が付いたといわれます。島全体が断崖絶壁で、岩の上には松や竹が生い茂り、琵琶湖に浮かぶ様は趣きがあります。

・竹生島
沖合約６kmに浮かぶ周囲２kmあまりの小島で、神の住む島といわれ信仰の対象として昔から多くの人に親しまれてきました。西国三十三所観音霊場の三十番札所である宝厳寺と都久夫須麻神社が祀られ多くの参詣客で賑わっています。また宝厳寺の唐門は秀吉の大坂城の唯一の遺構と伝わり、都久夫須麻神社の本殿とともに国宝に指定されています。

・沖の白石
安曇川河口（船木崎）の東約5.5km沖に、水深約80メートルほどの湖底から湖面に顔を出す大岩１つ・小岩３つの４個の岩は「沖の白石」と呼ばれ、古くから琵琶湖上の景勝の１つに数えられてきました。大岩の高さが約20m（地上）あるので、大岩の全長は約100m前後と推定され、琵琶湖の不思議です。

＊今津ヴォーリズ資料館　滋賀県高島市にあるウィリアム・メレル・ヴォーリズ設計の歴史的建造物。同じくヴォーリズ設計の日本基督教団今津教会会堂（1933）や旧今津郵便局が並ぶ「ヴォーリズ通り」に面しています。ウィリアム・メレル・ヴォーリズ（*William Merrell Vories*、1880年10月28日－1964年５月７日）は、アメリカ合衆国に生まれ、日本で教会や学校など数多くの西洋建築を手懸けた建築家。琵琶湖周辺を中心として熱心にプロテスタントの伝道に従事しました。

「エコツーリズム協会しが」主催エコツアー　　企画協力：琵琶湖汽船

特別航路で楽しむ

「琵琶湖一周・島めぐり巡礼」

～島の神に祈りを捧げ、恵に感謝する船旅～

・実 施 日：平成25年３月23日(土)　～24日(日)〈１泊２日〉

・募集人員：20名

＜行　程＞

期日	行　　程
3/23 (土)	集合8：40　大津港　琵琶湖汽船乗り場（受付） 大津港9：00～9：40石山寺港・・石山寺（拝観）・・石山寺港10：40堅田港・・ウォーク・・浮見堂（拝観）・・びわこ米プラザ（昼食）・・びわ湖大橋桟橋13：00～（長命寺遠望）～13：40沖島（島内見学）14：20～（沖の白石遠望）～14：50多景島（参拝）15：30～16：10長浜港＝長浜まちなか見学）＝菅浦・国民宿舎 つづらお荘〈宿泊〉
3/24 (日)	(朝の地域見学) つづらお荘8：40＝長浜港9：30～竹生島（参拝）11：00～11：30海津大崎桟橋＝12：30マキノ・ピックランド（昼食）13：30＝14：00今津・ヴォーリズ資料館・・今津港15：00～16：30大津港

〈参加特典〉

今回のご乗船の記念として、特製「琵琶湖一周島めぐり巡礼色紙」を差し上げます。島の上陸の際に記念スタンプを捺印していただけます。(沖の白石は船上で)

〈島めぐり巡礼〉

・沖島

近江八幡市から琵琶湖の沖合約1.5㎞に浮かぶ沖島は琵琶湖最大の島で

いては近江の新たな観光客誘致策として貢献するところとなり、滋賀県の誇るブランドとなるでしょう。

「ゆとり」の着地型旅行

私は、これらの近江の自然と文化のすべてを、わが地域の「宝」として、地域住民自身が改めて認識し磨きをかけること。そして、そのすばらしさを感動として、訪れる人々に伝え、双方向で自分たちの視野、世界を広め、お互いを理解しあえるような新しいタイプのツーリズムを地域の総意でつくり上げたいと考えます。

そこで、この湖国の奥深い魅力をもっと知り、滋賀ならではの地域魅力を広く見てもらう旅づくりを提唱しています。その一つが「琵琶湖一周・島めぐり巡礼」です。

三　近江の滞在型体験型観光

一地域一観光

いまは、個性的素材や暮らしぶりに魅力を感じる時代です。それに、地域の人びとのむらづくり、まちづくりへの熱い思いと取組みがあれば、新しい観光は成り立ちます。地域の個性的な魅力とは、原生的な自然の中での動植物の様子に限らず、実は毎日耕している田畑の景観、周囲の自然と生活の関わり、土地に伝わる生活の知恵など、様々な日々の営みまでもが魅力なのです。昔からその土地に暮らしているお年寄り、生業を営んでいる人たちに、自分が大切にしている場所や風景、現象などの話を聞いて、それらをもとにプログラムづくりをします。

私は、滋賀県の観光振興における将来のあるべき姿に思いをはせ、滋賀県での地域づくり、「一地域一観光」を提唱しています。とにかく地域の魅力が隠されてしまっています。地元で当たり前と思われているものを、外の人に魅力として見つけてもらい、そうして発掘された地域資源をプログラムとして提供していきたいと考えています。また、「エコミュージアム」のように、地域をまるごと全部包んでしまえば、暮らしぶり自体をツーリズム化していくことになると思います。

これからの近江における新しい観光のあり方を考える場合、湖国ならではの「ゆとり」の着地型旅行に取組むことが求められています。そのために琵琶湖をキー・ワードに、様々なテーマでの感動を見つけ出すことが求められています。琵琶湖をとりまく自然や暮らしぶりや食生活など、あるがままの多様な地域の魅力を継続的に訴え、まさに滋賀県ならではの自然や文化をテーマにした、自律的な魅力ある商品群を、たとえひとつひとつは少量にせよ、どんどん提供し続けてゆく必要があります。忙しくあちこち駆け回らせるのではなく、山野と水のある風景、ゆたかな歴史文化景観のなかにおける「ゆったりすごす時間の心地よさ」、を一番の訴求点にした取り組みが出来るようにしなければなりません。

日本の農山村には、美しい景観や伝統文化、昔ながらの暮らしなど、世界に誇れる魅力的な資源があります。しかし現状は、過疎化や高齢化など深刻な課題に直面している地域も多く、集落機能の維持も難しくなってきています。

こうした状況において、農山漁村における滞在型観光は地域の活性化にとって大きい役割をもっています。滞在型観光は、主として農山村の「民家宿泊」です。農家に泊まりながら、農作業や山仕事、家事の手伝いなど様々な体験をします。この民家宿泊は、宿泊と飲食業務だけを提供する従来のリゾート型の民宿とは異なります。地域に滞在しながら暮らしを体験することによって、都市にはない自然に包まれた暮らしを楽しむところに現代の観光が生まれつつあります。

「余呉の食エコツアー」の魅力のポイント

琵琶湖へ注ぐ河川の源流地である余呉町には、イヌワシやクマタカなど多様な生物が生息し、豊かな森林に抱かれた大地の恵みとして多様な農産物の“幸”に恵まれています。そこで、シシ鍋、そば、山菜などの地元食材にこだわった「食文化」を地元の人たちの手づくりで提供してもらい地元住民との交流を楽しんでもらうツアーを企画しました。いわば、地域の人たちが、かつては「何にもない」と自嘲して語ったが、今は、逆に地域の自慢にしているのが、地域ならではの伝統食です。

余呉町は、厳しい冬の暮らしの中での食糧確保のため伝わる保存食には暮らしに根付いた伝統食が多くあります。この企画では、おいしい余呉町の食をお裾分けします。

地場産の食材にこだわった郷土料理の昼食、地元の人たちとの交流、余呉町にしか手に入らないとっておきの手づくりの料理と冬の味覚“鍋料理”を堪能するプランです。シシ鍋に加え、ぜいたく煮・うど、ふき、わらびなどの山菜料理などを地元の女性達と「食材の作り方・育て方・取り方・調理の極意」といった食談義を楽しみます。

＊余呉菅並集落

高時川上流に位置する菅並集落（余呉）には、入母屋造草葺妻入の余呉型民家と呼ばれる地域特有の農家型民家が点在しています。今はほとんどの屋根がトタンで覆われていますが、周辺の田畑と山々の緑を背景とし、雪深い里山での人々のくらしぶりをうかがい知ることのできる貴重なまちなみを残しています。

「エコツーリズム協会しが」琵琶湖汽船共催エコツアー

「環境船めぐみで行く湖北エコツアー
“余呉の食と暮らし”を訪ねる」

～冬ならではエコな旅“余呉の食”堪能プラン！～

・実 施 日：平成22年12月12日（日）〈日帰り〉

・募集人員：50名

〈行　程〉

期日	行　　程
12/12（日）	集合：大津港・琵琶湖汽船のりば：8：45分集合（受付） 大津港9：00～～(船上エコツーリズム・フォーラム①)～～10：45長浜港10：55＝＝(貸切バス)＝＝(余呉)＝＝12：20菅並（妙理の里・古民家）　菅並＝＝12：30ウッデパル余呉 〈余呉の“冬の食”のもてなし・地域の人たちとの懇親交流会　90分〉 （地元：「また来たい余呉をみんなでつくるアイディア会議」ほか連携） 余呉＝14：10（丹生渓谷）＝＝14：20上丹生（古民家修繕の現場）14：50＝＝（余呉）＝＝(貸切バス)＝＝16：10長浜港16：30～～(船上エコツーリズム・フォーラム)～～18：30大津港［解散］

地域の食文化

古くから旅の楽しみは各地の食事にありました。「見るだけでは物足りない、味わってこそ食文化」。食はまさにコミュニケーションなのです。旅行客に喜んでもらえる食を提供することによって都市の人たちとの交流も深まります。さらに、全国からも来ていただけるようになる本物を目指すことで地元の連帯感も強くなります。

地域の食文化やそれを育んできた地域の風土や自然、そして人々の暮らしぶりを解説する地元の「食の学芸員」。例えば春の山菜は山菜取りの名人たちが来場者を野山に案内し、地形・地質・水や風や光と山菜の関係を説明しながら採取のマナー、食べ方、アクのぬき方、保存の方法を伝授する。もちろん取りたての山菜をその場で野外料理して味わうプランも企画することができます。

農山漁村では、それぞれの地域でとれた食材の特色や、調理の方法が風土に根ざした食文化をつくってきました。一地域一観光のポイントはここにあります。地域らしいの雰囲気を生かしながら、農家自身が料理を作り提供する食事です。日帰りの「民家体験」ともいうべき旅の楽しみです。

湖と山に恵まれた近江は、地元の「食」をテーマにしたプログラムの提供を進める格好の条件を有しています。もち料理、お米料理、大豆・豆料理、いも料理、行事食、漬物、山菜・きのこ料理など、地域に人たちにとっては普段当たり前にしている「地域の食文化」を旅のプログラムとして都会の人たちに自信をもって紹介します。食はまさにコミュニケーションなのです。旅行客の人に喜んでもらい、交流することで地元の連帯感も強くなります。

四　琵琶湖大津・西近江路ゆっくり再発見

名所旧跡巡り

観光とは、文化的行為の一つであるといえます。近江への来訪者も心の豊かさを実感できる観光を求めています。そういうことを意識した受け入れをしないと、一過性の誘客に終ってしまいます。観光地は、登山や水泳などのスポーツや保養や娯楽などを主たる目的とするリゾート地とは異なり、自然の風光とともに、歴史や文化の蓄積が基盤であるといえます。

ようやく一般庶民の旅が可能になった江戸時代において、盛んになったのはお伊勢参りや四国遍路、西国巡礼などでした。旅の目的は、社寺参詣と名所旧跡を訪ねることにありました。それにあわせてさまざまな地図や地誌、旅の案内書が刊行されました。なかでも名所図会は、京や大和、江戸をはじめ諸国の名所旧跡、景勝地の由緒来歴や街道や宿場などを記し、写実的な挿絵を多数添えていました。

『近江名所図会』は、江湖の名勝佳境について、湖の四辺を官道の順路に随って地名によって記しています。そのうち西江之部は、長等山、三井寺、日吉山王七社に始まり、唐崎、比叡辻、苗鹿、雄琴里、堅田、真野入江、和邇、比良山、小松浜、白鬚大明神、打下里、大溝と各地の名所旧跡をあげています。

それに併せて、琵琶湖という名称は形が似ているから名付けたと説いています。「堅田より北十七里は、東西広く、堅田より勢田まで四里は東西狭くして一里ばかり、琵琶の鹿首のごとく、勢田より宇治までは海老尾に比して、竹生島を覆手にたとへたり。」と述べています。また、「近江八景」について、「湖水の絶景をあつむ。比良、堅田より三井、石山につらなり、粟津、辛﨑、勢田、矢橋をあはせ、瀟湘八景になずらふ」と記しています。

「琵琶湖」とう名も漢詩人が用い始めたといわれ、「近江八景」も、中国宋代の山水画に基づいているといわれます。瀟湘は、湖南省洞庭湖の南、瀟水と湘水の合流するあたりの景勝地です。古代、帝王舜は死後、九嶷山（湖南省寧遠県）に葬られた。その折り、二人の妃、瀟妃と湘妃が後を負って入水し河の女神となったといわれます。いずれにしても、琵琶湖の風光は、単なる景色ではなく、その背後に歴史と文化を潜めています。

「こころ旅」の可能性

琵琶湖、そして、「水」こそが、近江の原点です。さらに、その水を生み出している四方の山や森、里、川などの全体がもつ有機的なつながりこそ、他のどこにもない自然資産であり宝そのものです。

湖国近江は訪れて良しの地域資源を有しています。美しい自然と豊かな歴史と文化など他の地域に比べ誇りとするものが多いはずです。これを今後の近江における着地型観光の展開のテーマに据えていくことがキー・ポイントです。

琵琶湖をとりまく自然、文化、歴史、暮らし、四季それぞれのアピールポイントを、地域のお宝探しとして、これからもっともっと研究して、磨き上げてゆく必要があります。

近江・琵琶湖八景の魅力についても、改めて正面から見据え、評価することから始めます。そして、いままでにない多様な、質感の高い観光地としての近江・琵琶湖が、全国に発信され、旅行者の満足と評価を獲得し、そのブランドを確立させてゆくことになります。

そのためのシンボル事業として、琵琶湖大津・西近江路ゆっくり再発見〜「こころ旅」の可能性について考えてみたいと思います。

それは、琵琶湖の西岸を、ブロックごとに、地域の宝物を再発掘し、その宝を磨きあげ、着地型観光の魅力あるコンテンツとしてプログラム化、旅行商品化して新しい観光ブランドのモデルを作り上げることです。ウォーキングやサイクリングも移動手段として活用できるように、道標やマップを整備する事が必要です。仮に、『比叡・比良・西近江路ゆっくり再発見〜「こころ旅」』と、名づけてみます。「こころ旅」大事なテーマは、大津から高島にかけての広い範囲にある神社、寺院を巡り、朱印を受けて回る。四国八十八か所巡礼や、西国三十三か所巡礼の「大津・西近江路」版の誕生を目指すものです。

琵琶湖の湖西を大津から高島市を包み込む屋根のない博物館。癒やしのゾーンとして、エコミュージアムのようなものに創り上げていくことが望まれます。

究極のエコツアーとして最近多方面で話題となっているお遍路、四国八十八箇所巡りになぞらえ。また、昔のお伊勢参りのように、神社・寺院に伝統的な産業を見て回り、お土産を買い求めて回れるよう組み合わせたコースづくりを整備すれば、魅力的なロイヤルコースに育っていくことでしょう。この、構想が実現するなら、「地域社会の人々の生活と、そこの自然や社会環境の発達過程を史的に探求し、自然と歴史を深く味わいながら、いやしの路を歩く、自分発見の旅「こころ旅」は、現代の人たちに共感をもって迎え入れられることでしょう。

移動する琵琶湖

横山　卓雄

一　古琵琶湖と現琵琶湖

筆者は、琵琶湖数百万の歴史をまず大きく古琵琶湖時代と現琵琶湖時代の大きく二つの時代にわけて考えています。現琵琶湖が、現在の南郷地域で発生した約二〇〇万年前は、湖南の水口付近にまだ古琵琶湖が残っていました。古琵琶湖は約一三〇万年前には消滅し、その後は現琵琶湖の歴史が続いています。琵琶湖が現在のように水をたたえるようになったのは約五〇万年前以後のことで、その後に形成された堅田断層や高島断層によって山々や山端の平地が上昇し、平地が高位段丘となって、湖はますます深くなっていったのです。

北部の高島地域を通っている高島断層とその周りの小断層は今も動いていて、縄文時代の地層までがくい違っています。まず、琵琶湖の成り立ちを考えてみましょう。人にとっての琵琶湖は、いつも同じ姿をしているように見えるでしょう。もちろん夏に水泳を楽しむ琵琶湖、冬の寒風吹きすさぶ荒れた琵琶湖など季節によってその姿は様々です。しかし、湖はいつもそこにあって、水をたたえています。

この琵琶湖が一年に約５㎝動いているといっても、人は信じないかもしれません。もちろん人間には感じられません。この速さは数百万年間に起こっている「琵琶湖移動」の平均の速さなのです。琵琶湖の中心は約五〇〇万年間の間に100㎞ほど移動しました。遠い昔は、三重県の伊賀盆地に琵琶湖はあったのですが、甲賀・蒲生・南湖・北湖と中心が移ってきました。このイメージは私が五〇年ほど前に学会で提唱した考えで、「琵琶湖移動説」としてその後みなさんに知られるようになりました。

今の北湖に中心がやってきたのは約五〇万年前で、琵琶湖全体の生涯から見れば、北湖に中心があったのは一〇分の一くらいの期間です。そこには、250～500ｍの厚さの粘土層がたまっています。この粘土層を溜めたのが、水をたたえた今のような湖なのです。

高島は北湖の西岸ですから、今の琵琶湖の中心に最も近い地域です。大津から高島にかけては断層があり、それに着目して琵琶湖が断層湖といわれた時期がありました。でもこの断層は約数十万年前（私は一〇〇万年頃と考えていますが）に動き始めたものです。まだ少しずつ動いていますが、一二〇万年前頃にはほとんど止まってしまいました。ですから断層は、琵琶湖の生涯の老年期にできたもので、これがもとになって琵琶湖が発生したのではありません。したがって、琵琶湖は断層湖ではありません。

琵琶湖大橋近くでは、この断層の両側で一つの火山灰層（アズキ火山灰層といいます）が約400ｍくい違っています。この火山灰層の降ったのが約八〇～九〇万年前でその時はほぼ水平にたまったはずなので、それ以後断層で土地が400ｍくい違ったのです。湖西の高島や堅田は山地と台地と平地とで成り立っていますが、平地と台地の段丘を形成したのが、この断層の動きなのです。今の平地は地下が粘土層でできていますから、土地がくい違ったあと、粘土の上に川が流してきた土砂がたまってでき上がったといえるでしょう。

二　琵琶湖の成因――琵琶湖移動説――

湖がどうしてできるのか、どのようにして水が溜るようになったのかは、ほとんどの湖の場合には簡単に知ることができます。氷河湖のほとんどは氷河の溶けたあとの凹地に水が溜ったものであり、カルデラ湖は火山性のカルデラ内に水が溜ったものです。しかし、古代型の湖である琵琶湖の場合は簡単ではありません。古代型の湖は世界の湖の中で1％にも満たないのです。

琵琶湖は昔、断層湖といわれていました。琵琶湖は構造湖ですから地殻変動によって形成されたと考えられているわけですが、地殻変動といってもいろいろあるわけです。どのような地殻変動によって、どのようにできたのかが、詳しく解明されてはじめて、琵琶湖の成因がわかったといえるでしょう。

私が信じている琵琶湖の成因説は「琵琶湖移動説」と呼んでいるもので、「琵琶湖は約六〇〇万年前に三重県伊賀盆地で発生し、北へ移動を繰り返しながら現在の姿になった」というイメージです。ただ、これは琵琶湖の変遷を述べているだけで成因を示しているわけではないので成因説とはいえないかもしれません。

「琵琶湖の移動」という概念を始めて私が持ったのは一九六六年頃だと思います。古琵琶湖層群佐山累層中の二層の砂層で古水流方向が逆転することを発見したことが契機でした。学会などで発表したのは一九六七年頃です。結論を先にいえば、琵琶湖移動の原因つまり湖の成因は、太平洋プレートやフィリピン海プレートの沈み込みであり、それが移動を起こした原動力であったとみています。

三　琵琶湖はいつ発生したか――近年の説について――

古い琵琶湖が伊賀盆地付近で発生したのは、今から何年ぐらい前だったのでしょうか。地質現象が何年前にあったかを測るには、ふつう放射性同位元素を使いますので、測定した年代を放射年代といいます。放射年代の測定方法にはいろいろありますが、よく知られているのはウラニウム・鉛法・カリウム・アルゴン法、炭素法などでしょう。これらの方法で琵琶湖の発生年代がわかるとよいのですが、残念なことに放射性元素の半減期が長すぎたり短すぎたりして、五～二〇〇万年前ぐらいの年代を、精度高く測ることはできません。そこで、私はフィッション・トラック年代の測定結果と古地磁気編年から、琵琶湖は約六〇〇万年前に誕生したと考えています。

フィッション・トラック年代測定とは、ウラン原子の自然崩壊を利用して年代を測定する方法です。ふつうの鉱物中にはほんの少量ですがウラン原子が含まれていて、これが自然崩壊すると重荷電粒子が出てきます。そうすると鉱物の結晶の中にこの粒子の通ったトンネル（きず）ができるので、このトンネルの数を何らかの方法で知ることができれば、今までに自然崩壊したウラン原子の数がわかるわけです。この数とその鉱物に含まれているウラン原子の総数がわかれば計算によって、その鉱物が結晶して以後何年経ったかが推定できるのです。実際には、琵琶湖・古琵琶湖層群中にはさまれている火山灰層中のジルコン結晶を用いて、原子炉などを利用して測定します。

古地磁気編年では、地球磁場の反転の歴史を復元して、それから間接的に放射年代を推定します。地球の磁場（地磁気）は一見不変のようですが、長年の間には磁極の位置や磁場の強さが変化するようで磁場の逆転が起こっているらしいのです。磁場の逆転というのは南磁極と北磁極とが逆になることで、現在は北半球のカナダ北部に北磁極（S極）が、南半球のオーストラリア南方海上に南磁極（N極）がありますが、約八〇～二五〇万年前には、逆に北にN極、南にS極があったらしいのです。しかも、ほぼ一〇～二〇万年に一回の割合で、磁場の逆転が起こるらしいので、その反転の歴史と放射年代の関係、つまり古地磁気編年をまとめておけば、それを基本として目的の地層の年代を推定できます。

古琵琶湖層群では、火山灰層を使って古地磁気編年を行なうことができます。どのようにして一〇万年、二〇万年前の地磁気の方向がわかるかといえば、それは岩石が全て弱いながらも磁石になっているからです。磁石はどんなものでもそれができた時、つまり火山岩であればマグマが固まった時、堆積岩であれば砂や泥が水底に溜まった時に、その当時の地球磁場の方向に向いた弱い磁石になるので、その方向を測ることができれば、岩石のできた時の地磁気の方向を知ることができます。最近では、非常に高感度で精巧な磁力計ができているのでほとんどの岩石の磁化方向を測ることができます。

筆者は古地磁気編年を一九六九年に行なって、琵琶湖は約五〇〇万年前に発生したと報告しました。これが、琵琵琶湖五〇〇万年説の根拠です。上野市予野の崖に露出している最も古い古琵琶湖層群の広出火山灰層に含まれているジルコン粒子三六個を調べた。その結果、五九〇～六〇〇万年でした。琵琶湖はやはり六～五〇〇万年前に生れたのでしょう。

琵琶湖移動

琵琶湖は言うまでもなく一つの湖です。ただ、地質学的にというか地質構造から見ると三つの湖がつながったものです。私たち地質学者は、盆地を考える時、地質構造上「堆積盆地」という形で考えます。堆積盆地というのは、岩盤が沈む部分のことで、岩盤が沈降することによって、その表面が「皿」のようにへこむわけです。ふつう「皿」には裏がありますが、堆積盆地には裏がありません。「皿」つまり堆積盆地の中には、地層がたまります。沈降速度が小さいとすぐ埋まってしまうので、湖になりません。京都盆地や松本盆地のように、皿の底には平坦な地形面ができるわけです。沈降速度が大きいと、堆積物の堆積が間に合わなくなって盆地の中に湖が発生するわけです。

「琵琶湖は一つの湖ではありません」というと、みなさんは〝琵琶湖は一つだ〟と反論されるかもしれません。現在の琵琶湖は「北湖」と「南湖」に区別されていますが、私どもが自然史学で湖を考える場合は水面で湖を定義するのではなく、地層がたまるところ、堆積盆地といいますが「器」として考えます。琵琶湖はその典型的な例ですが、実は三つの堆積盆地からなっています。三つの堆積盆というのは、現在の南湖、北湖の南半分、北湖の北半分のことで、私はこれらを南湖堆積盆、中湖堆積盆、北湖堆積盆と呼んでいます。

堆積盆地としては、現在の北湖堆積盆（沖の白石と多景島より北側）と南湖堆積盆と、その真ん中にもう一つ中湖堆積盆があって、三つどんぶり鉢が並んでいるようになっています。その三つのどんぶり鉢が本来ならば一つひとつの湖となり、三つの湖があるはずなのに、水が多すぎるからつながってしまって一つの湖になっているのです。

その三つの湖の断面は、模式的に示すと第1図のようになっています。南湖は一〇〇万年以上前にできていますが、すでにそのほとんどが地層で埋まって、残すところ深さが7～8mになっています。中湖は八〇万年ぐらい前、北湖は四〇万年ぐらい前にできています。これを人間に例えますと、南湖は一〇〇歳、中湖八〇歳、北湖四〇歳で、親子三代の湖が偶然に水面が一つになっていると考えてよいと思います。

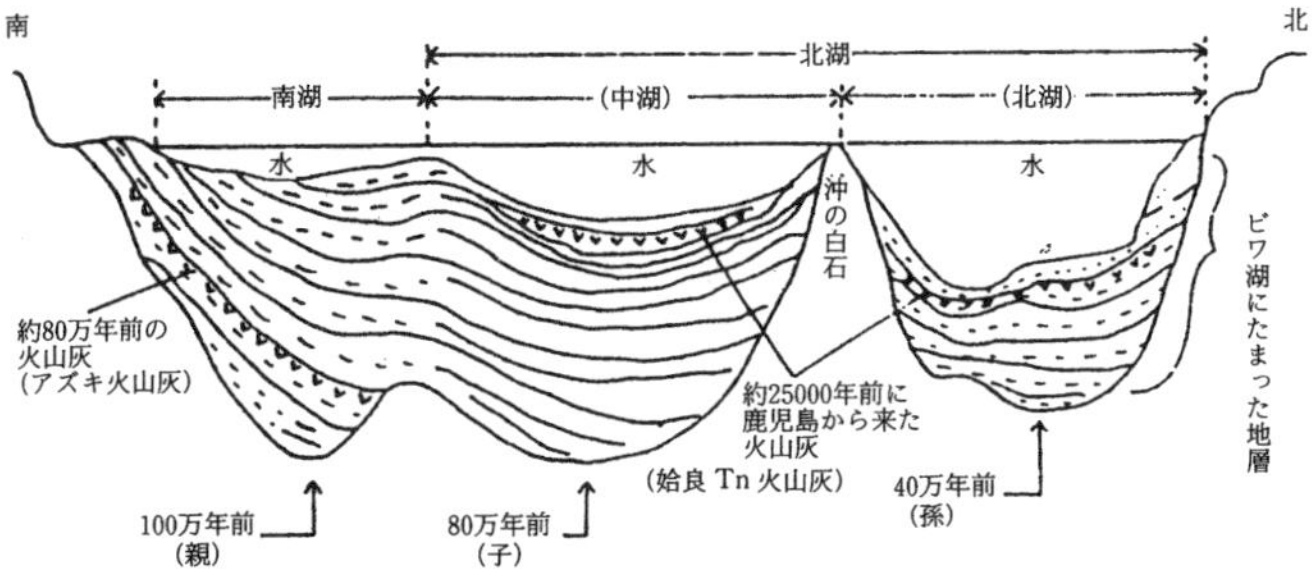

第１図　琵琶湖の構造（琵琶湖は親子孫三代の湖）

「琵琶湖移動」とは、いくつかの湖が順番に北へ向かってできていくと考えて下さい。つまり南湖ができた頃には、中湖や北湖はまだないわけです。「ない」ということは、なかなか難しい概念ですが、「ない」と思って下さい。

南湖が充分に成長した頃に、次の子ども（中湖）ができて、これがある程度成長した頃にお孫さん（北湖）ができたということになるわけです。このように〝水の溜まる場所〟というよりは、沈んで〝地層を溜める場所〟が順番に北や北西に動いてきたというのが私の言い出した「琵琶湖移動説」という概念です。

断層湖説が語るように湖が小さくなっていったのではなく、移動したのだという考え方が学問的に語られたのは一九六七年の日本地質学会での筆者による講演が最初のようです。私が琵琶湖の移動を考えついた理由をここに述べておきましょう。

まず最初に述べないといけないのは、「古水流方向の逆転を見つけたことでしょう」。古水流方向とは地層を作っている粒子の流れてきた方向のことで、地層のいろいろな観察から復元することができます。その代表的なものが礫の傾きと斜層理の傾斜方向なのです。このことは、一九六七年頃のことですから、私はちょうど三〇歳の頃のことです。前に述べた佐山累層はほとんど粘土層でできているのですが、その中に目立った砂層が二層挟まれています。下のものを葛木砂層、上のものを砂坂砂層といいます。

〝湖の移動〟という概念をはじめて持ったのは、前に述べたように忘れもしない一九六五年のことでした。図に示したところで古琵琶湖の堆積物である古琵琶湖群の分布地は、ちょうどツヅミの胴のようにくびれて狭くなっています。すでに述べたように、実はこの調査の直前に古水流方向の復元という手法をアメリカの堆積学の教科書で読んだばかりでした。古水流復元のもとになるとその教科書に書いてあった斜層理という堆積構造をすぐあとの野外調査で古琵琶湖の堆積物の中で見つけたのです。教科書で読んだとき「こんなことができるのか」と驚きの気持ちを持ったものが、自分の調査している地層にあるのを発見したのですから嬉しかったのでしょう。すぐその方向を測って見ました。

ＪＲ草津線の甲南駅のすぐ北にある桃山というところに、大きな崖があってきれいな中粒砂層が露出しています。その崖で測ってみると明らかに古水流方向は南を向いています。古水流方向は、地層を作っている堆積物を運んできた水流の方向ですから、このころの古琵琶湖に溜まった堆積物を運んできた水は北から南へ流れていたことになります。どうも当時の湖の中心は、調査地域である甲南町よりも南にあったようなのです。現在の湖ははるかに北にある上に、当時の琵琶湖発達史の定説は、大きな湖が南から埋積されていって、だんだん小さくなり、今の湖ができたという「琵琶湖縮小」的イメージだったので、古水流の方向が南を向いていることが不思議で、この測定方法が信頼できるかどうか半信半疑でした。

ところがそれこそ驚くべきことに気がついたのです。あるとき甲南町隠岐砂坂で上の図の右半分のような船型の斜層理が北を向いていること、また神保の北にある沢の中で砂坂砂層を見ていると非常にきれいな斜層理が数m以上にわたって見られ、斜層理の見事さもさることながら、その傾斜方向は北西なのです。

神保での測定結果によると、何と葛木砂層と正反対方向を向いていることになります。つまりは砂層の層準によって、古水流方向が違うということで、桃山に露出している葛木砂層では古水流方向が南を向いているのに、ここに露出している砂坂砂層では北〜北西を向いているのです。つまりこの二つの間に挟まれている野尻粘土層を境に古水流方向が逆転しているのです。地層の厚さにしてたかだか20〜30mの違いにすぎません。

このことは単純に考えれば前者が堆積した時は古水流が南へ流れていたのですから湖の中心が南のほうにあり、後者が堆積した時には水流が北向きに流れていたので湖の中心が北の方にあったことになります。この事実に気づいたことが、琵琶湖移動説を提唱する発端となったのです。

湖底地形

竹生島と海津大崎の間のように水流の弱いところでは、例外的に40mの水底にも礫などの自然物や牛乳瓶のような人工廃棄物が見られることがありますが、琵琶湖の現湖底のうち水深20m以上の部分はほとんど粘土層が堆積しています。

第2図に示したのは、琵琶湖の湖底地形図ですが、北湖では湖底が西へ向かってゆるやかに低くなっているのを読み取ることができます。これは琵琶湖の西岸に沿って断層帯があり、そのすぐ東側が急速に沈降し、全体として傾動しているからです。湖底地形では平均傾斜角度は約0.5度で、最深部は西岸の白髭神社の沖にあると言われています。

湖底地形を詳しく調査して見事な湖底地形図を作成したのは、故小谷昌三さんでした。「琵琶湖国定公園学術調

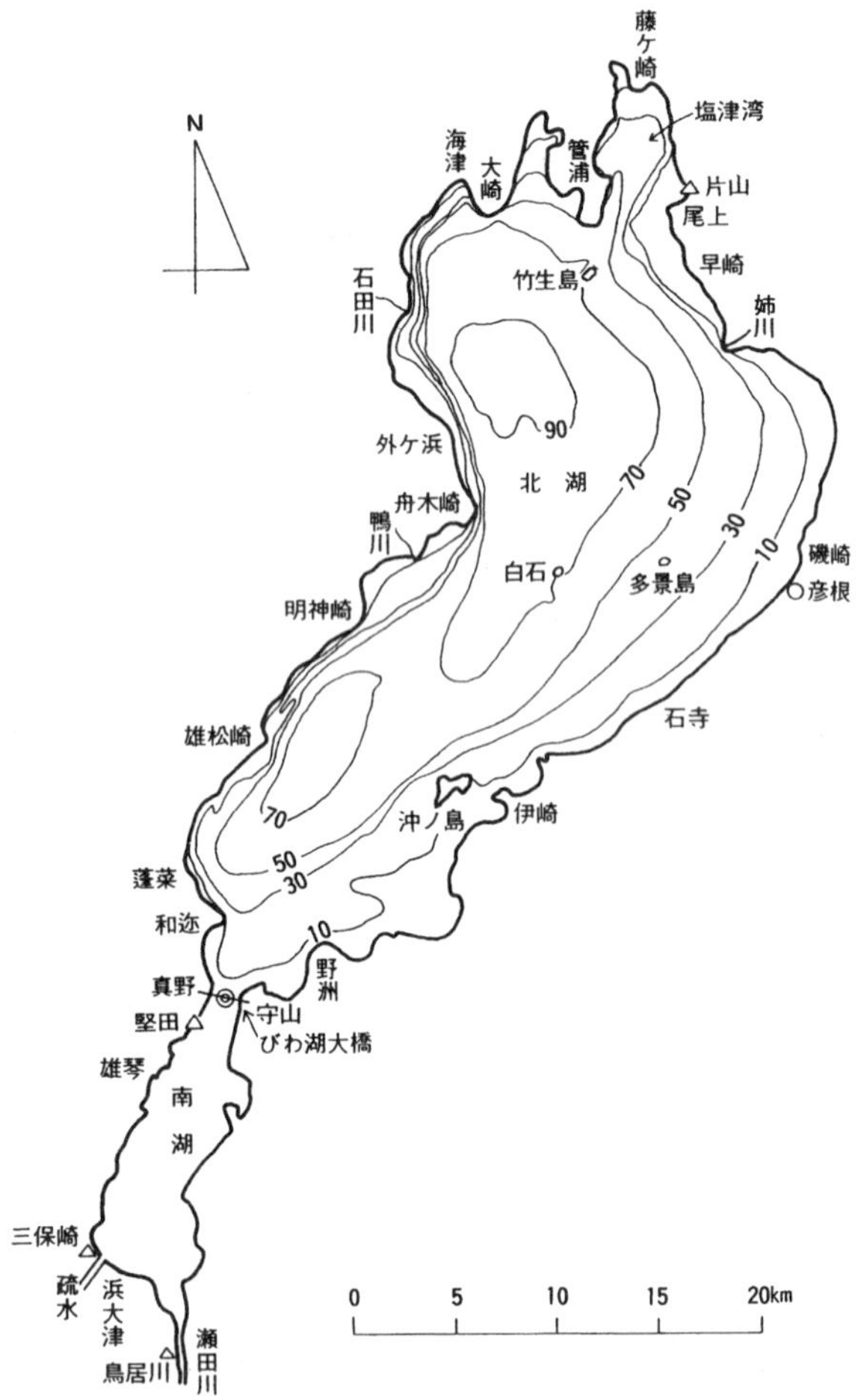

第２図　琵琶湖の湖底地形〈岡田巌：1971より〉

査報告」という一九七一年に出版された書物に発表されている湖底地形図で、はるかに簡略化されていますが、本質的にはほとんど同じです。この湖底地形図こそが小谷さんの生涯の仕事でした。この図によって、現在私たちが琵琶湖底の様子を想起することができるのです。

琵琶湖の最深部

一九八六年の春、朝日新聞社主催で琵琶湖の連続調査が行なわれました。その最初のテーマが「琵琶湖の最深部を探る」というもので、琵琶湖の最深部はどこか、深さはどれくらいか、そして最深部の状況はどうなっているかなどを明らかにしようということでした。

このプロジェクトの主役となったのは、その頃完成した水中ロボットで、水中を自由に動き回り、光を出してビデオや写真撮影ができ、小さな触手を持っていて、物をつまんだりひっかいたりできるものでした。もちろん船上のテレビには、水中の様子がいつも映し出されています。

筆者は、シリーズの初回に参加したのですが、琵琶湖の最深部のことは何もわかっていないのです。深度100ｍを越えるところは10ｍほどの幅で50ｍほどの長さの細長い溝のような形をしているようです。そして西側はほぼ垂直な崖になっていて、そこには直径10㎝以上の円礫ができているのです。

ロボットの触手で礫を一つ崩して転がしてみたところ、円が崖から離れて底に落ちていくのを確かめることができました。こんな地形や礫層がどのような機構で形成されたのでしょうか。想像することもできません。

私はこの礫層から大量の地下水が湧くことによって、こうした凹みができたのではないかと言っておいたのですがまったく自信がありません。自然はふしぎなものです。

ですから、その間にいろんなものを残しています。湖にたまった砂・礫・粘土などの地層、それらに挟まれている火山灰、周辺の地形、湖の中で変化してきた生物（固有種）などです。これらについて、やや詳しく述べてみましょう。

結びにかえて　琵琶湖が残したもの

さて、琵琶湖の歴史は過去数百万年に及ぶので、琵琶湖は下に述べるように、いろいろなものを現在に残しています。

琵琶湖層群・古琵琶湖層群〈丘陵〉

山地と台地の間や台地の下には琵琶湖層群と名付けている軟らかい地層が横たわっています。もちろん現在の琵琶湖の底深くにも残っていて、これらは約五〇万年から二〇万年前頃に、琵琶湖の岸や底にたまった地層です。

これらは上下に重なっているわけではなく、いわゆる将棋倒しのような重なり方をしています。例えば、甲賀地方（水口以南）の丘陵に残されている粘土層は、今は約100mの厚さですが、たまった時は水を大量に含んでいるので、今よりはるかに厚かったことでしょう。復元することはできませんが、約一〇倍として約1000mとなります。今の北湖にたまっている厚さ500m以上の粘土の倍ほどでしょう。

この粘土層は「佐山累層」と呼ばれ、それをためた古い湖を私は〝佐山湖〟と名付けました。たくさんの淡水貝の化石を含んでいます。この佐山累層を含め、地層の厚い部分を選んで厚さを測って合計してみると、現在の厚さで約2000mになります。琵琶湖には約2000mの地層、水を含んだ状態で考えると、約1万mもの地層がたまったのです。第3図にもあるように、私は琵琶湖の地層を下位から「伊賀・油日累層、佐山累層、蒲生累層・八日市累層」という古琵琶湖層群と、「南郷累層、瀬田礫層、膳所互層、堅田累層、高島累層、現在の琵琶湖堆積物」という琵琶湖層群に分けて呼んでいます。

火山灰

琵琶湖の残した約数1000mの地層、その間に約二〇〇枚以上の火山灰が見つかります。平均すれば二・五〜三万年間に一回ほど火山灰が琵琶湖に降ったのでしょう。

北湖にたまっている200mほどの粘土の上のほうにも約七〇〇〇年の火山灰と二・五万年前の火山灰があり、二・五万年前のものは、鹿児島県の始良カルデラから飛んできたもので、南九州全域を覆うシラス火山灰と同じ時の活

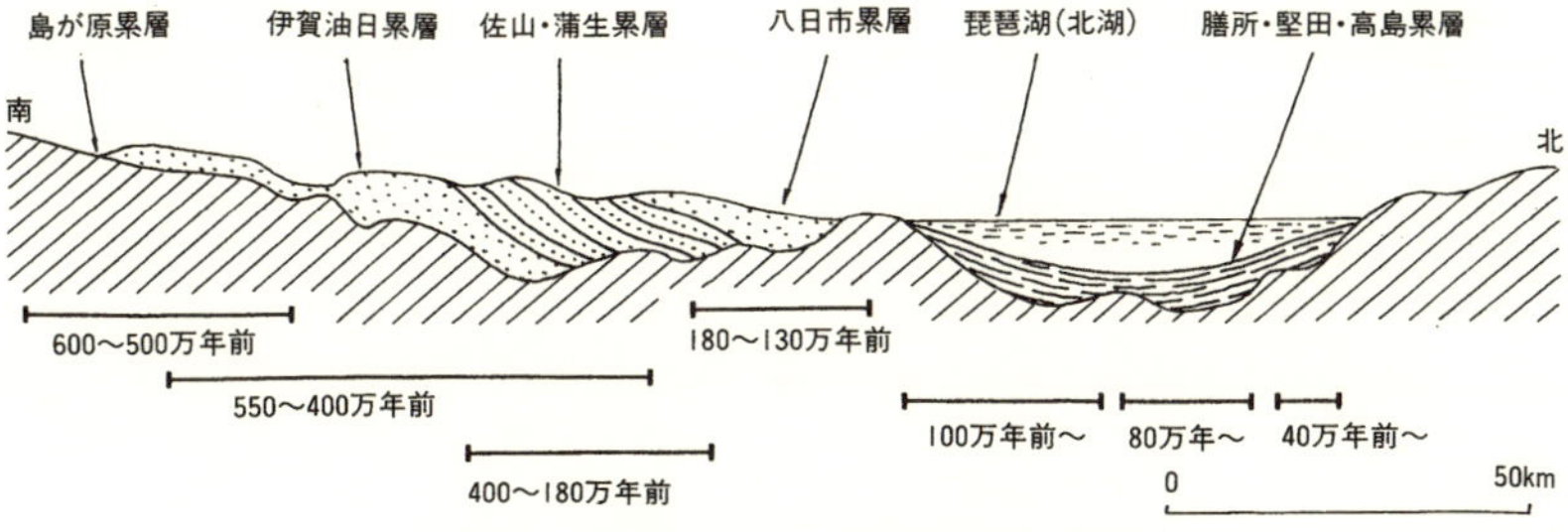

第３図　琵琶湖・古琵琶湖堆積盆の断面図

動で飛んできたものです。シラスは陸上を高速で流れ走った〝火砕流〟、琵琶湖に溜まった火山灰〝姶良Tn火山灰〟は空を飛んだもので、遠く千葉県の銚子や太平洋、日本海の底などで見つかっています。

水

琵琶湖にたまっている水はですが、質的には最深部が４℃の水温を持つ淡水のはずです。しかし、実際には一九八六年四月六日の測定によれば、温度は6.5℃でした。つまり琵琶湖の最深部には春でも４℃の最も重い水ではなく、そこにはプラナリアのような生物も生存しています。冬の０℃の雪解け水より湖の水の量が圧倒的に多いからでしょうか。

湖西高島の峠道を歩く

草川　啓三

一　峠の風景と木地師

若狭越えの道

谷に沿った道は流れを木橋で渡ると、やがて流れから次第に離れて山腹を辿るようになり、横から流れ落ちる小さな水流を何度も跨ぎながらうねうねと道が続く。その道が尾根上へと出ると、昔は牛馬でも通ったのか、深く掘り込まれてジグザグを繰り返すようになる。まだ見ぬ峠の風景に思いを馳せながらじりじりとした思いで、息を切らして登って行くと、緩やかに撓んだ稜線の木々の緑の中に、一筋の光りが突き抜けて空が開けていた。

歩いてきたいくつもの峠道を思い返すと、峠を目の前にしたこんな情景が浮かんでくる。どんな峠の風景が広がるのかという期待が、峠道の最も印象深い一カットとして脳裏に刻まれているのであろう。

近江の国は琵琶湖を真中に、ぐるりを山で囲まれているので、琵琶湖の水が流れ出す瀬田川沿いの道を除いて、すべては峠越えの道である。そんな無数にあるともいえる峠道の中でも、近江やその隣国の丹波から若狭へ越える峠道に、特に強い思いを抱いて歩いてきた。栗柄越、近江坂、駒ヶ越、木地山峠、根来坂、クチクボ峠、野田畑峠、杉尾坂といった峠道で、どの峠道もさしたる特徴もない山越えの道だが、近江、丹波、若狭国境付近の山中にある集落や集落跡は、当時、深い関心を抱いていた、木地師という山人の痕跡と重なるところが多かった。木地師というのは奥深い山中に小屋掛けして盆や椀を作り、良材を求めて移動しながら生活していた山人で、そうした木地師という職人集団の根元の地が、滋賀県の湖東地方、鈴鹿山脈の山懐深くにある小椋谷の君ヶ畑、蛭谷の地であった。

滋賀と福井の県境に近い京都府美山町（現在南丹市）の由良川源流には、その昔、木地師が住んでいた野田畑という地があった。野田畑は京都大学農学部研究林となる芦生原生林内の山中にある。芦生原生林の中には野田畑以外にも人の居住跡があって、人が住まなくなって久しい森の中には、いくつもの峠道が残されていた。深い森の中に通じるこんな細々とした小径が、数百年の以前から、山に生きる人びとによって歩かれていたのだと思うと、何だか不思議な気がした。

ブナやトチが覆う美しい原生の森。ある時期、その芦生の森へ通い詰めていたことがあった。そもそものきっかけは、東京神田の古書店で求めた一冊の分厚い本、『木地師支配制度の研究』(杉本壽著)であった。この中で特に目をひいたのが木地師の根元の地、蛭谷の『氏子駈帳』の写しだった。

『氏子駈帳』は木地師の祖、惟喬親王を祀る蛭谷の筒井八幡宮が、氏子狩りと称して江戸時代初期から明治にかけて、日本全国の木地師集落を巡回した帳面(記録簿)で、そこには由良川源流の山々と、それに連なる山稜を隔てた若狭や丹波の久多川、大堰川、近江の針畑川、北川、麻生川、天増川などの流域の何度も歩いたことのある地が多く記されていた。『氏子駈帳』から拾い出してみると、今は人も住まない深い山中にある地名も多かった。そしてこの『氏子駈帳』の地名を辿るうちに、遠い昔、芦生の森に生きてきたという木地師の影を追って、集中的に歩いてみようと思ったのだった。

そこに書かれた地名を辿って行くと、頭の中には周辺の地図が浮かび、地名と地名を結ぶ峠道の情景が甦った。丹波ひつくら、田歌、知井中山、たきたに山、大谷、七瀬、阿し谷、知井こなみ谷、小入谷山、針畑ふる屋ふう谷、七瀬大川、大よもき山、いとう谷、朽木山、芦生山、久田、佐々理山、あかさき、むし谷、広河原、仁吾谷、葛川坊村、永谷山、出合山、能家、かづら川貫井、腰越、挙原山。

このように由良川源流とそれを囲む山々に続く地名を抜き出してみると、今となってはピンポイントでその場所を差すことは難しいが、その地名の多くは現在でも辿ることができる。

氏子狩りの道

年代順に記された氏子狩りの、例えば寛文五（一六六五）年の巡回路を追ってみると、安曇川源流の〝麻生山木地山〟から始まって〝あます川（天増川）〟へと続き、芦生の由良川源流域の〝知井中山〟へと入っている。木地山は『氏子駈帳』の帳始めの地として特別な地であったようで、氏子狩りの巡回はまず木地山から始まっている。そして次の〝あます川〟は、現在の天増川集落より奥に、狭山村と呼ばれた梨子木、六ツ石、轆轤、水谷という四つの木地師集落があったことが知られている。下流側の梨子木、六ツ石は江戸期の天文年間に若狭の吉田村、大鳥羽村から人が入っていたといい、梨子木は昭和六年に廃村、六ツ石は大正十二年に火災によって全戸焼失している。そして轆轤、水谷は明治に入る頃には集落は消失していたという。轆轤という地名からもここに住んだのは木地師の人たちで、『氏子駈帳』の〝あます川〟もこの四つのうちのいずれかであったと思われる。

芦生の由良川源流については、明治時代に芦生の最も上流にあった集落の灰野に住む人が、上流から椀が流れてきたのを不思議に思って流れを遡ってみると、最源流の野田畑に人が住んでいるのを発見し、このことから野田畑を明治村と呼んだという。住んでいたのは木地師の人たちであり、〝知井中山〟はその野田畑に近くで、古くから中山神社が祀られている。中山神社は山を越えた近江側の生杉の方々が現在もお守りされているので、中山や野田畑に住んだのは、若狭や近江から山を越えてきた人びとだったのだろう。

中山から次に〝たきたに山〟へと移動しているが、由良川源流から山稜を越えた、久多川源流の滝谷のどこかであった思われる。久多川は安曇川の源流のひとつで、安曇川では古くから筏流しが行われ、奈良時代には東大寺の用材を朽木の山で伐って運んだという。流れに沿った集落では、今も筏流しの守護神とされるシコブチ神を祀っているが、久多も行政区は京都市左京区と違っていても、近江朽木の安曇川流域と同じくシコブチ神を祀っている。久多の地名は『氏子駈帳』にも何度か現れるし、天狗峠を越えた芦生の峰続きでもある。滝谷には久多の中心部から少し遡ったところに三軒家という集落があり、下流の久多の上の町や下の町の人たちともあまり付き合いがなかったということを聞いている。木地師の末裔の人たちだったと思われるが、現在はもう住む人はいない。昔は久多から三国岳、岩谷峠を越えて、中山付近まで遊びで魚を取りに入っていたという。芦生への山越えの道が通じていたのだろう。〝たきたに山〟がこの滝谷だとすれば、中山からは由良川本流沿いに下ってからいずれかの支流を遡り、天狗峠を越えて滝谷に至ったのではないだろうか。

〝たきたに山〟からは〝大谷〟に続いている。滝谷から天狗峠に戻って東へ芦生側に谷を下ると〝大谷〟である。〝大谷〟はその名の通りの大きな支流で、小屋掛けされていても不思議でない平坦地が何箇所もあり、今も原生林に覆われている。更に『氏子駈帳』は〝七瀬〟〝阿し谷〟〝知井こなみ谷〟と続いている。〝七瀬〟は芦生京大研究林のトロッコ軌道があった頃の終点で、本流のすぐ横に研究林の作業所跡があるが、この付近に木地師も居住していたのではないだろうか。〝阿し谷〟はもう芦生からずっと下流にある田歌に流れ込む支流で、〝知井こなみ谷〟は五波谷のことであろう。五波谷は若狭の染ヶ谷へと越える五波谷峠のある谷で、この峠を越えて次なる地の若狭の〝一つ谷〟に向ったのであろう。五波谷峠は現在では車道が越えている。そしてこの若狭から丹波、但馬、伯耆、因幡、美作などを廻ってから四国へと渡って伊予の各地を巡り、再び中国地方の西部を巡回してから、京都を経て小椋谷へと戻っている。

木地師が越えた峠道

もうひとつ寛文一〇（一六七〇）年の経路を辿ってみると、やはり〝麻生山木地山〟から始まっている。そして若狭湾へと流れる北川流域にありながら近江の地となっている〝天増川〟に移動してから、朽木の針畑川源流の〝小入谷〟〝ふる屋山ふう谷〟と訪ねている。移動経路を考えてみると、〝麻生山木地山〟からは駒ヶ越を越えて天増川に入り、天増川から小浜へと出てから、遠敷川を遡って上根来から根来坂を越えると〝小入谷〟へと辿ることができる。この峠越えの多くは今も辿れる道である。〝小入谷〟とその次の〝ふる屋山ふう谷〟は針畑川の最源流集落で、ともに現在も集落がある。〝ふう谷〟と書かれているのは古屋に流れ込む保谷のことで、芦生から峰続きのこの谷のどこかに居住していたのだろう。保谷からは岩谷峠を越えて芦生の由良川本流へと下る峠道が昔からあって、現在も歩くことができる。保谷源流には木地師との関係がうかがえるロクロベット谷という地名も残されている。

寛文一〇年は〝ふる屋山ふう谷〟から由良川本流沿いの〝知井七瀬山〟〝七瀬大川〟〝大よもき山〟という地名が続いているが、これらは芦生研究林内の今はまったく人の住まない山中で、保谷からは岩谷峠のルートをとって由良川本流沿いに下ったことが想像できる。岩谷峠道は廃道状態になっていたものを、近年朽木山行会の手によって再生されている。峠から針畑側へと少し下ったところには、この近辺の根来坂、地蔵峠、クチクボ峠、弓坂などに祀られているのと同じような江戸後期の石塔があって、古くからの峠道であることを示している。これらはおそらく木地師の関係者であって、同一人物の手によって建てられたものだと思われる。近江、若狭、丹波の三国が接するこの付近の峠道の成り立ちは、かなり遠い時代にまで遡り、奥深く孤立したような地の人びとにも、峠道を介してかなりのネットワークがあったと、考えられるのではないだろうか。

『氏子駈帳』の巡回経路から彼らの跡を追って、山中を彷徨って生きてきた木地師の姿を、少しでも浮かび上がらせて見たかった。彼等が踏み続けてきた峠道、そして暮らしてきた地やその歴史は、埋もれていこうとしていたが、彼等の足跡が残された峠道を少しでも辿ることができたことは、芦生の山を巡ることへの励みとなり、大きな力を与えられた。芦生の原生林を歩き回った日々、写真という記録と、頭の中に刻み込まれた記憶とが重なって、今も芦生の美しい森の姿が甦ってくる。

数年の間、集中して歩いた芦生の山歩きだが、この山に繋がる若狭側や近江側の安曇川源流域の朽木の山や、それに連なる石田川や百瀬川、知内川源流の高島の山々にも、当然のごとく関心が深まって歩くことも多くなっていった。『氏子駈帳』の巡回経路を見ても分かる通り、山稜が続き峠道で繋がるこれらの山との付き合いは、いっそう濃密なものとなっていくのは当然のことだった。

高島の山と峠道

高島の山は、登山の山としても魅力がある一方、遠い昔の木地師や杣人、近年の炭焼きなど、山を暮らしの場とした人びとの足跡が多く残されていて興味が尽きなかった。峠越えの道を辿り、かつての暮らしの跡を遡ってみることは、山頂へと辿るだけの山歩きとは、また違った角度から山を見ることができ、山歩きの楽しみもさらに広がった。

高島の山は、大きく比良山系の北部と安曇川流域の朽木の山と、国道303号線を境とした石田川、百瀬川、知内川など、若狭側の野坂山地と繋がる山々とに分けることができる。山の雰囲気もそれぞれに違っていて、石田川、百瀬川、知内川流域の山々は、朽木の山とは標高は変わらないが、日本海に近いこともあって冬の季節風の影響も強い。そのため積雪量も多く朽木の山とは地形や植生なども違って個性的な山が多く、峠道の雰囲気にも影響を与えている。遥か昔からの歴史や文化の流れを遡れば、大陸から渡来してきた人びとも、若狭の海と繋がるこれらの峠道を越えてきたのではと想像することも、無茶な考えではないように思える。山越えの道こそがさざ波のように人びとの暮らしを広げ、文化を伝えて行くのであろう。

緑の中に続く一筋の道はさまざまな形で利用され、踏み続けられている。道というのは、人がある地点からある地点へと移動するうちに、自然にできていくものであろうが、さまざまな人がさまざまな目的で歩き続けるうちに、いつしか計算されたかのような道として完成されていく。

使い続けられてきた道はそれぞれに、人の心が溶け込んだかのような個性を感じるのである。地形に応じた道のつけ方から佇まいまで、ひとつの芸術作品を見ているような気さえする。峠にはお地蔵様が祀られていたり、巨樹が大きな影を落としていたり、さらには広く眺望が得られて琵琶湖や若狭湾まで眺められたり、自然と人との出合いが、山を旅する者にもさまざまな悦びを与えてくれている。

そんな印象に残っている高島の峠道を、野坂山地や朽木の山から、いくつか紹介してみようと思う。

二　野坂山地の峠道を歩く

粟柄越

粟柄越は赤坂山・三国山への登山コースとしてよく利用してきた。冬にはいつもゴーゴーと音を鳴らして強風が吹きすさんでいた。そんな風のせいだろう、峠付近の稜線には大きな木はなく、草原とイヌツゲなどの低灌木が広がっている。冬は季節風とともに雪雲が押し寄せ、ゆったりと広がる峠を吹き抜けて、大量の雪を降らせるのである。滋賀県側の麓にはマキノスキー場があるが、ここの標高が200mにすぎないことが、その豪雪ぶりを物語っている。積雪が多く稜線が笹原の山なので、冬はスキーやスノーシューで大いに楽しんだ山でもある。

福井県側、耳川の松屋の奥には荷運びを業としていた粟柄という集落があったというし、粟柄谷出合付近には関所跡の碑もある。粟柄越は昔から若狭と近江を結ぶ間道としてよく利用されていたのだろう。

マキノスキー場から雑木林の中を登り始めると、尾根上の平坦地に出る。ここには登山用の休憩所となる東屋があり、さらに尾根を進むと左に小さな流れを見るようになるが、堰堤のところで右へと急斜面を登って行くと、ブナヤミズナラなどの自然林に包まれる。春や秋は実に気持ちのいい道で、部分的に深く掘り込まれている。往時は荷駄の通行も盛んだったのであろう。

やがて前方に草原の稜線が見えてくると峠は近い。峠の手前付近には祠が祀られていて、昔の峠道の風情を残している。十数年前はこの付近は笹が被さる道で、祠は笹に埋もれ、前には石が敷かれていたと思っていたが、今歩いてみると敷石も確認できず、様相もすっかり変わっている。ススキなどの草原の中を道は越えているが、ここにも突き立った岩を掘ってお地蔵さまが祀られている。自然の脅威を鎮めたり、行き倒れとなった旅人の菩提を弔うものであったのだろう。草原の峠は眺望も開け、天気が良ければ、歩いていてこんなに気持ちがいい道はないだろう。しかし低い山稜とはいえ悪天時には風が吹きすさぶ、かなり厳しい山越えとなる。

峠の語源は手向け（タムケ）からトウゲとなったという説や、屹越え（タワゴエ）からトウゲとなったなどとされているが、粟柄越はどちらの説ともとれる、典型的な峠の風景が広がっている。福井県側へと下ると樹林の中をジグザグに道は下っていく。この道は現在、送電線の鉄塔巡視路となっていてしっかりと整備されているが、近江から若狭へと峠道を通して歩いてみると、昔の雰囲気をよく残した美しい峠道であることが実感できる。

原山峠

原山峠道はマキノの平野部から百瀬川の源流部へと越える道で、集落間を結んで用をなすような、多くの人たちに利用された峠道ではない。百瀬川は深く削り込まれた険阻な谷だが、源流部になると緩やかになる。『森西誌』によれば、ゆったりとした源流部は原山と呼ばれていて、昔は集落があって、田んぼも拓かれていたという。この百瀬川源流へと通う道が原山峠であった。

原山は現在は国有林になっているが、昔は炭焼きや柴刈り、刈り干しの山として、麓の森西、辻、沢、知内、新保の五集落の共有財産として通った山であったという。また森西から峠道を尾根へと上がったところは城山と呼ばれていて、戦国期の田屋氏の山城趾とされている。

森西の大處神社から山へと向かい、田んぼを抜けると山に入って登山口となる。峠道は急な尾根をジグザグに登って行くが、道は背丈以上に掘り込まれている。柴や肥料となる草木を牛馬の背で運んだと言われているので、このような道になったのだろう。田屋城趾に出ると眺望が開け尾根道が続く。そして花知と地名碑のあるところで、百瀬川支谷の水流と出合うのだが、ここには百瀬川の水を尾根越しに人の手によって堀り割り、隣りの湯ノ花谷へと水を落としているところがある。尾根上にあった田屋城へとここから水路を作って水を取っていたもので、人工的な河川略奪が行われている。もう少し手を加えれば、水系を変えてしまう本格的な河川略奪となる、ちょっと珍しい風景が見られるところだ。

花知から谷沿いの道を進むと、ジャメキの水と呼ばれる源流部の湿地状のところとなる。そして山腹を回り込むようにして登って行くと、浅く開けた尾根の撓みの真ん中を、突き抜けるように道が開けた峠に出る。以前はもっと両側から木が被さっていたが、最近は歩く人も増えたようで、歩きやすくなった。峠を越えると百瀬川のイモジャ谷へと下りて原山へと至る道で、馬が通れるようにと石畳みが敷かれている。往時はかなり歩かれていたのだろう。『森西誌』には「原山の先住民を尋ねて」と題して、福井側の美浜町新庄の、昔原山に住んでいた方の子孫を訪ねて聞き取りがされている。現在福井側の新庄に住まわれていることからすれば、さらに福井と滋賀の県境の抜土と呼ばれる峠を越えて、若狭との往来があったことを窺わせる。

原山峠は峠歩きとしても面白いが、山登りのコースとしても優れたコースだ。イモジャ谷から流れを詰めて大谷山へと登ったり、原山峠から尾根通しに白石と呼ばれるところを経て、辻からの古い道に合流して大谷山へと登っている。現在はまったく希薄になった麓の人びとと、山との繋がりが見えてくるような道は、登山道としても魅力があり、大谷山へと登るイモジャ谷の源流は、とりわけ美しい。低い山へと登る楽しみはこんなところにあるのだと思う。

近江坂

近江坂は若狭の倉見と近江の酒波を結ぶ峠道で、谷の源流部へと降りたり、標高950ｍの大御影山の山頂を通過して長い尾根を歩く、奥深く長大な峠道である。この峠道を知ったのは金久昌業著の『京都北部の山々』というガイドブックからだった。

『京都北部の山々』の近江坂の項には、五万分の一の地形図の「熊川」の右上端に、〝近江坂〟の文字を見つけて以来、近江坂という峠道を追跡し、その全貌を解明するまでを、ドキュメントタッチで概説として書かれ、実際に踏査した記録をコースガイドとしてまとめられている。

ここには、酒波寺の寺領であった天増川源流の山を、山手米（税金）を納めるために若狭の三方へと与えて、山手米の工面をすることになったが、倉見の豪族が酒波寺に寄進するという形で山手米を処理し、その時一緒に闇見神社にあった大般若経の経巻を酒波寺におさめたと伝えられているという。その時以来、この峠道を通って酒波寺の経巻を拝みに行く慣例ができ、以来四世紀にわたって行事が行われたとする、近江坂の聞き書きが記されている。

若狭の倉見から酒波寺へと経巻を拝みに行く慣例ができたのは、織田信長の時代だというが、当然それ以前から道があったからこそ、そんな山深い尾根を歩けたのである。昔から石田川源流一帯の山は柴や田畑の肥料となる草木が刈られ、山中には多くの炭焼き窯が築かれていて、近江坂も入り会い山への作業道として使われていたのだろう。天増川右岸にある三十三間山は三十三間堂造営の用木を伐り出したと言われているので、杣人が入っていただろうし、近江坂の道筋にあたる天増川源流の能登郷と呼ばれているところから下流には、江戸時代に梨ノ木、六ツ石、轆轤、水谷という四つの木地師の村があって、若狭からきた人が住み着いたのが始めと伝えられている。深い山中にも意外と多くの人の行き来があったのである。

金久さんが近江坂に関心を持たれた一九六二年当時は、薪や炭はもう燃料として使われることはほとんどなくて、炭焼きに入る人はなかっただろうし、もちろん田畑の肥料も化学肥料にとって替わっていて、山は伐採・植林の人が作業に入るくらいで、峠道も藪に覆われていた時代である。そこからの追跡の記録だが、当時、私はこれを読んで、山登りという遊びの奥行きの深さを知り、面白さを教えられた。

近江坂はまだ通して歩いたことはないが、部分的には何度も歩いている。いまでは能登越から天増川へと下る部分を除いては、比較的道はしっかりと踏まれているが、酒波寺から平池のある、川上平と呼ばれた現在のビラデスト今津までの車道がある区間は、歴史の道として整備されたものの、車道と並行しているので歩く人は少ない。現在はビラデスト今津から大御影山まで、美しいブナ林の中に道が続いており、春や秋には多くの登山者が歩く道となっている。しかしこれ以外の部分も切れ切れでいいのでぜひ歩いてみてほしい。特に倉見から能登郷、酒波寺から川上平という登山者がほとんど歩かない部分を歩いてみれば、峠歩きの魅力をいっそう感じ取れるし、また逆に、山登りの面白さも分かるのではないかと思う。

三　朽木の峠道を歩く

駒ヶ越

朽木に流れを巡らす安曇川源流は、大きく分けて本流と針畑川、北川、麻生川の四本に分かれている。その一番北側の山々から水を集めて流れ下る麻生川の最奥に木地山の集落があり、福井県の熊川の奥の河内という集落と

駒ヶ越

駒ヶ越を通じて結ばれていた。

　木地山は湖東小椋谷にある蛭谷の『氏子駈帳』の帳始めの地となる木地師にゆかりのある集落で、駒ヶ越や池ノ河内越を通じて池ノ河内、木地山峠を通じて上根来と、いくつもの若狭越の峠道の基点となっていた。また奥の南谷からシチクレ峠を越えて、針畑川の源流となる小入谷や生杉へと出られるし、木地山の手前の熊ノ畑集落からも、熊ノ畑峠を越えて北川の能家へと出る峠道が通じていて、谷の突き当たりの最奥集落ではあるが、四方へと山越えの道が通じていたのである。しかし車の時代となった今は、この最奥の集落は峠越えの林道もなく、昔より以上の閉鎖感を抱えるようになっているのではないだろうか。

　駒ヶ越を越えた河内もダム建設のために立ち退きとなり、無住の地となっているのだが、駒ヶ越の峠道はそれよりずっと以前から、草木に埋もれてしまっている。四十年ほど前、河内側から駒ヶ越の峠のすぐ横にある駒ヶ岳という山を、峠道だったと思われる谷から登ったことがある。この山は別名、寺山と呼ばれ、寺山の由来は河内の奥にあった堂跡からきているようで、当時その付近から谷通しに登ったと思うのだが、栽培されていたと思われるワサビを見つけたぐらいで、峠道はまったく分からなかった。

ずっと後に、近江側の木地山からも駒ヶ越の道を辿ってみたのだが、途中からやはり道は消えてしまっていた。現在は木地山から駒ヶ越の道があった焼尾東谷に、駒ヶ岳へと登る登山道があるが、途中から焼尾東谷を離れて、右に尾根を登って行く。そして県境稜線へと登ってから、県境稜線通しに駒ヶ岳へと登る道が続いている。県境稜線は高島トレイルともなっているので、駒ヶ岳への登山者は最近では結構多い。河内側も以前はキャンプ場が作られて林道がかなり上まで上がっていたし、登山道が尾根通しに造られたり、高島トレイルが出来る前から県境稜線に遊歩道が造られたりしていたのだが、登山者は少なくひっそりとした山だった。

木地山の山は、炭焼き時代はかなり人が入っていたようで、特に駒ヶ越の西を越える池ノ河内越付近は、福井県側から炭焼きに入る人が多かった。たくさんの炭焼きの窯跡が残っていて、同じ太さの木が揃う薪炭林は整然として美しい。最近は笹枯れやシカによる食害があって林床に草木がなくなり、秋の紅葉期や落葉期には本当に気持ちのいい山歩きとなる。駒ヶ岳から東の駒ヶ越一帯にはブナ林が残され、滋賀県でも随一とも言えるほどの見事なブナ林が続いていて、素晴らしい巨樹とも出合うことができる。

峠道はもう過去のものと忘れ去られ、駒ヶ岳もほとんど登る人もない山となっていたが、現在では高島トレイルなども設定されて、山も甦ったようだ。駒ヶ越の道もぜひ復活させてほしいものである。

木地山峠

木地山からの若狭越の三つの峠道では、この木地山峠を越えた上根来との交流が一番深かったようだ。しかし車の時代となって、私が初めて木地山から木地山峠道を辿った頃は、歩く人はほとんどなく、峠道は何とか分かったものの藪がかぶって道は良くなかった。しかしその後峠道は整備され、現在は問題なく歩けるようになっている。

木地山の人に聞くと、昔は上根来まで四〇分で越えたという話しを聞いたことがある。いくらなんでも四〇分で

木地山峠

は無理だと思うが、それだけ関係が深かったということだろう。両集落間では婚姻関係もあったようだし、祭りなどでも互いの行き来は盛んだったということを聞いた。

若狭側の上根来は、下根来から一段高みに登ったところにあり、上から眺めると高原状の開けた地形に家がかたまる、山上集落である。家は残っているものの、集落は静まり返っていた。印象に残っているのは集落から少し下ったところにある廃校となって久しい小学校跡だった。人っ子ひとりいない小さな校庭に並ぶ満開の桜、山を降りてきて出会ったこの風景に、いいようのないような寂しさを感じた。

今、峠越えをする人はほとんどいないだろうが、木地山峠から百里ヶ岳へと登る登山者は結構多い。木地山からでは木地山峠、百里ヶ岳、シチクレ峠、南谷から木地山へと周回登山ができるし、上根来からも木地山峠、百里ヶ岳、根来坂、上根来と、二つの峠道を辿って両側から百里ヶ岳を周回できる。百里ヶ岳への登山道として峠道が復活していることはうれしいものだ。

木地山から林道を進んで細い山道へと入ると、大きなトチノキがある。朽木ではトチの実からトチ餅を搗いて食用としているので、集落に近いトチは伐られずに守られてきたのだろう。昔登った頃は、百里ヶ岳への斜面一帯が伐採されて丸裸のような状態だったが、現在は落ち着いた林相となり、百里ヶ岳山頂付近の稜線は美しいブナ林となっている。

峠道はほぼ谷通しに続いていて、最後に急な斜面を登り切ると、お地蔵様を祀る峠に出る。稜線は高島トレイルとなっているので、登山者も多い。一方の上根来側は峠から尾根の山腹を下って行き、いったん尾根に出てから右の支尾根に乗って尾根を下り、源流状の谷が開けたところに出る。ここには炭焼きの窯跡があって、何とも気持ちのいいところである。やはり腰を落ち着けて仕事がしたいと思うような、落ち着く場所に窯が築かれている。ここから谷通しに上根来に下って行くのだが、若狭側はこのように単調な道ではなく、山腹を行ったり尾根から谷道になったりと、複雑に道が続いている。山に生きてきた人びとが何度も踏み続けて、より快適にという合理性を追求して出来た道なのだろうが、こうして年月を重ねた道には、職人が作った道具のような機能美といったものが感じられる。峠を歩くうちにこうした美意識が出来上がって、峠道の定型ともいえる様式の美が出来てくるのであろう。冒頭に書いたような峠の風景こそが、私の頭の中にある峠道の様式美となっている。

根来坂

上根来は木地山峠だけでなく、根来坂で針畑川の小入谷や生杉などの集落とも繋がっている。針畑川の源流部は上根来と同じように谷が大きく開けて田んぼなどもあり、さらに根来坂と並行するように車で山越えができる林道も通じているので、木地山のような閉塞感がない。小入谷から峠を越えた若狭側も遠敷《おにゅう》と呼ばれる地で、小入谷と字は違っても読みが重なっており、この峠が早くから開けていたことを思わせる。

初めて根来坂を訪れたのは木地山からだった。サンバソウ谷の斜面を登って百里ヶ岳へと出たのだが、伐採後の植林地は陽当たりが良くて猛烈な藪の抵抗にあい、何とか百里ヶ岳山頂に着いたものの、体は疲れ果てていた。日

根来坂

没も迫りようやく根来坂の峠まで稜線を歩き、峠で心細いビバークになるなあと思っていたら、何と偶然にも、峠で小入谷から根来坂を登って来たという人と出会った。同じ単独同士、ウィスキーなどをご馳走になって心強い一夜を過ごせたという思い出がある。

この人に根来坂のことを尋ねたが、焼尾地蔵のお堂までは道があったが、あとは藪だったという。木地山峠道も最後まで歩かなかったが、同じような道だったと思う。私が山登りを始めたちょうどこの頃は、伐採と植林が盛んに行われ、伐採地は草刈り直後でなければとても歩けないところばかりだった。それが今は植林地の木も成長して落ち着いてきたし、シカの食害もひどくて、この辺りの山は道がなくてもどこでも歩けるようになっている。山は静かなようだが、自然の災害や生態系の変化、さらには人によって手を加えられるなど、実はかなりの動きがあるということを、長年山を歩いているとつくづく実感する。

根来坂は林道ができているが、昔の峠道も整備されている。小入谷の集落から流れを渡って大倉谷に入ると、尾根へと登る登山口があり、鯖街道という道標も立てられている。昔は天秤棒を担いで越える商人もいたのだろう。針畑川沿いの集落で、トラックに荷を積んで食料品などを販売する、福井県側の商店の人を見ることがある。

天秤棒を担いで峠を越えた頃からの付き合いなのだろうかと思うと、峠道はまさに鯖街道、時空を超えて繋がる道である。

峠道を折り返しながら登ると林道に出合い、焼尾地蔵のお堂がある。そしてまた林道を離れて峠道を登って峠に出る。峠まで2時間くらいかかるだろうか。

この峠は数ある峠の中でも出色の雰囲気を持っている。石塔が立ち地蔵堂が祀られて、その背後には大きなブナが立つという、演出されたように人と自然が見事に溶け合っている。しかし残念なことにブナが枯れてきており、この風景も大きく変化するのではないだろうか。この大ブナの脇から若狭側へと下る道が続いている。若狭側はブナ林が残る道で、ある年の秋に、紅葉と積雪の道を歩くという、珍しくも美しい峠歩きを経験している。尾根道の途中には池の地蔵という、石仏が祀られた井戸がある。若狭側も林道を歩く部分があるものの、昔の峠道がしっかりと残されている。これからもずっと草木が覆うことなく、残していかなければいけない峠道であろう。

クチクボ峠（ナベクボ峠）

針畑川の生杉から峠を越えて鍋窪谷を下って虫鹿野の奥、永谷と結ぶ峠道である。永谷はもうかなり前から廃村となっていて、初めて訪れた時から、家は残っていたもの誰も住んでいる人はいなかった。この時は谷を真っ直ぐ遡って野田畑峠を越えて、芦生研究林の野田畑谷へと出ている。この途中で左へと尾根を登って三国峠の山腹を巻いて行くのが、クチクボ峠を越える峠道である。

針畑から遠敷川沿いの集落へと越えるのが根来坂、久田川沿いの集落へと越えるのがこのクチクボ峠で、若狭側からは針畑越と呼ばれていたという。車の時代となる以前は、山深い近江側では、生活必需品は峠を越えた若狭側から求める方が便利で、峠道の依存度も高かったことだろう。もちろん麓の山里同士の繋がりばかりでなく、もっと広い範囲での通商の道としても盛んに越えられていた。「氏子駈帳」にもこの久田川流域のむし谷、永谷山、出合山、挙原山などの地名も出てくる。江戸初期には小浜で漆器作りが行われるようになり、小浜藩主も奨励したといわれるが、江若丹国境周辺の山中で木地師の人たちの活動があったというのも、関係があったのではないだろうか。

何年前だか忘れたが、初めてクチクボ峠に登った時は、生杉側は伐採、植林後の山仕事の道として使われていたが、峠から永谷への道は藪の中だった。以前はブナの原生林に覆われていたというが、それが伐採されて植林地となり、陽当たりが良くなって一気に藪が生え込み、手入れもそんなにされていなかったのだろう。峠から福井県側の斜面に続く峠道を少しは辿れたが、すぐに藪に阻まれたことを思い出す。

もうまったく辿れないものだと思い込んでいた道だが、芦生の研究林に通い詰めていた頃、もう一度歩いてみようと、峠から道を辿ってみると、微かな踏み跡が続いていた。もう伐採されてから何年くらい経っていたのだろうか、植林も成長して陽当たりも悪くなって藪も生え込みにくくなっていただろうし、シカが増えたことによる食害で林床の草木が食べられたのだろう。山腹の古い道を辿って、三国峠の西の767mピークから北へと延びる尾根の上へと出ることができた。尾根上へと出ると昔の峠道の面影が残っており、何とか永谷集落跡の上流にある登り口まで辿ることができた。

幾多の自然の変遷によって峠道を確認することができたのだが、峠の両側が限界集落となっている現在、いつまた藪の中に埋もれるかも知れないというのが、峠道の現実であろう。

サケビ越、早谷越

安曇川の支流の北川と針畑川を分ける山稜には、900mを越える白倉岳を始めとして、雲洞谷山、正座峰、水無山といった6~700m台の山々が連なっているが、前面の比良山系や背後の県境の山稜と比べると、いたって地味で目立たない山々の連なりである。この北川と針畑川に沿っては小さな集落が点々と続いているので、山稜にはこれらの集落を繋ぐいくつもの峠道が越えている。サケビ越、早谷越もそのひとつで、他にも明護坂、大彦峠、弓坂などといった古くから歩かれていた峠道が残されている。

サケビ越は針畑川の平良、桑原から北川へ、早谷越は針畑川の古屋と北川の能家の両集落を結ぶ峠道なのだが、この二つの峠道は〝あるもの〟を通じて非常に印象に残った峠道であった。

その〝あるもの〟とはトチの巨木であった。サケビ越のトチモチ谷と早谷越の早谷（厳密には峠道の側には巨木はない）では、この素晴らしいトチの大樹と出会えたのだった。こうしたトチが大事に残されているのは、トチの実を食用としたからで、トチの実はクリのようにそのままでは食用にはならないが、水にさらしてアクを抜けば山では貴重な食料となり、救荒食としても重要なものだった。今もトチモチにして食べられていて、朽木市場の本陣で毎週行われている朝市にも並んでいる。鯖寿司とともに朽木では代表的な食べ物といえるだろう。

朽木一帯の山は、昭和三〇~四〇年代に伐採、植林され、スギやヒノキに覆われた山が多いのだが、トチやカツラの巨樹が残されたトチモチ谷を歩いてみると、その美しい森が印象に残った。

しかしその後、トチモチ谷のトチの巨木が伐採され、周辺の他の多くのトチの巨木にもその手が及んでいることを知り、少なからぬショックを受けた。サケビ越のトチモチ谷には、食用となるトチの実を採るために残されたであろう、何本もの大きなトチの木が並んでいたのだが、このトチが住宅の用材として伐採されたことから、トチを始めとした豊かな自然林が形成する、水源の森の重要性を再認識させられたのだった。

一本のトチの必要部分をヘリコプターで吊り上げるため、不要な幹、枝を伐り散らかし、周囲の邪魔な木々を伐採するので、一本のトチの巨木を伐った跡は、大きな穴があいたように空が広がっていた。

トチモチ谷を再訪した折、森にぽっかりと開けた空間を見た。四〇〇年、五〇〇年という年月を経た命だということを思えば、やりきれない思いにさせられるが、したたかな自然のサイクルから考えれば、この伐採も僅かな時間のギャップでしかないということに期待するしかない。

トチモチ谷の峠道を登ってサケビ越に立つと、以前にあった石仏が消えていた。何とも優しいお顔の仏さまであった。こんなに重いものがだれかに持ち去られたのだろうか。巨木と石仏、ジグソーパズルから2ピースが欠けてしまった私の中に残されたサケビ越は、残念ながら永遠に完成することはない。

サケビ越からうすい踏み跡を辿って稜線を歩いてから、早谷の源流部へと下った。ここには朽木のトチの最大樹とされる一本がある。他にもこれほどの太さの木はあるのだが、この早谷のトチは並外れて美しく立派だった。この木の下に座り込んでいるだけで幸せな気分になるのだが、この木の周囲にも伐採された巨木があり、大きく空が開けてしまっている。

稜線へと戻ってから早谷越へと歩き、水無山へと往復してから早谷越の峠道を早谷に向って下った。植林地の山腹道を下って自然林の中に入ると、がらりと空気が変わったように感じた。

近江　山と森の聖地——神と仏への道——

馬渕　直樹

「近江鎮守の森」に寄せて

悠久の歴史のなか厳かに「ひえの神」鎮まります日吉《ひよし》大社。

日本の国の神話『古事記』は、「ひえの山（比叡山）」の鎮守の神「大山咋神《おおやまくいのかみ》」を祀《まつ》る神社と記し、平安時代、伝教大師が比叡山頂に延暦寺を建立されてよりは、比叡山は日本仏教を生んだ母山と讃えられ、日吉大社は天台宗の護《まも》りの神、そして平安京の鬼門を守る神として崇められて来ました。

いま、多くの人が癒しや心の安らぎを求めて「聖地」を訪れています。

神仏の鎮まる聖地「鎮守の森」は、時代を超えた「祈りと祭りの場」であります。

何事の　おわしますかは　知らねども　かたじけなさに　涙こぼるる

伊勢の神宮にお参りした西行法師の歌と伝えられています。

神道には教義・教典が無く、お祭りを通して、また境内の参道を踏みしめてお参りし、一人一人が感性を研ぎ澄ます事、言わば体感によってしか、その本質を掴《つか》む事が出来ないとも言えます。

生きとし生けるもの全てを育む大自然への畏怖と感謝の心、それは日本の悠久の歴史の中に培われて来たものであり、その心が今甦りつつあるやにも窺《うかが》われます。

この度企画された「近江 山と森の聖地こころ旅」は、日吉大社を起点として、比叡山から北に比良山・朽木の里へ、琵琶湖西岸を縫う西近江路に点在する「鎮守の森」を巡拝する旅と伺います。この地は、母なる湖を望む風光明媚な観光地に止まらず、古代からの神仏が今に生きる聖地であります。巡拝地では、心身を清めて心閑かにお詣りして、「御朱印」と境内の「お砂」を戴いて、聖地の神仏との「ご縁」を結んでいただければ、神仏もお喜びの事と拝察致します。

全国に日吉大社の御分霊をお祀りする神社は約三八〇〇社にも及びますが、中でもこの西近江路（大津・高島）には関係の神社が点在しています。「近江 山と森の聖地こころ旅」が、多くの皆さんの参加を得て日本人が永く伝えて来た「心の清らかさ」の再発見に繋がり、そして益々深められる歩みとなる事を期待して止みません。

（山王総本宮 日吉大社宮司）

「仏の在わします山」

横山 照泰

日本には古来より神祇信仰があります。それは、山や川、木や石といった自然の物に神を見出して祀り、祈る対象としてきました。そのような風土の中に仏教が伝わりました。以来、神と仏は同時に敬われ拝されてきました。そして、神仏習合という神と仏を一体化する考え方が生み出されました。そして時は明治へとうつり変り、神と仏の風景は激変し、神仏分離令によって神社から仏教色が排除され、神と仏は、全く別の存在とされました。

それより百数十年が過ぎた現在、改めて神仏和合の機運が高まっているようにみうけられます。その背後には、わが国の山や森に鎮まる神や仏を分け隔てなく敬い尊ぶこころがあります。

自然豊かな近江には、神の鎮まる森、仏の在わす山が琵琶湖の四周にたたずんでいます。日本仏教の母なる山、比叡山は、伝教大師の御歌のごとく阿耨多羅三藐三菩提《あのくたらさんみゃくさんぼだい》の仏たち、さらには神々の鎮まる聖地です。その表情は神仏の鎮座するに相応しい神々しい雰囲気を醸し出しています。奥山の杉木立に響く振鈴の音。谷に流れる念仏の声。風を切って駆け巡る浄衣の行者。風景と風景から届く音、それは比叡の山が祈りの山だということを教えてくれます。回峰行者は、堂塔霊廟に在わす諸仏や社祠に鎮まる神々を参拝し、四方の神仏を遙拝し、そして行者道に点在する岩石や樹木、滝谷や井泉に坐す神仏を拝みます。すなわち比叡山は、仏と神の霊場そのものなのです。

過去・現在・来世と三世に亘る、東塔・西塔・横川の三塔十六谷を構える比叡のみ山。「わが立つ杣《そま》に冥加《みょうが》あらせ給へ」

比叡山中堂建立の時

伝教大師

阿耨多羅三藐三菩提《あのくたらさんみゃくさんぼだい》の仏たち
わが立つ杣《そま》に冥加《みょうが》あらせ給へ

（『新古今和歌集』釈教歌）

※阿耨多羅三藐三菩提　一切の真理を悟った仏の知恵の意。梵語の音訳。
わが立つ杣　中堂建立の材木を伐るために入った山。比叡山。
冥加　密かな神仏の加護

（天台宗参務・一隅を照らす運動総本部長）

近江　山と森の聖地――湖山・街道の神と仏――

廣川　勝美

近江は湖と山の地。そして中央に琵琶湖が横たわり、その外縁を森林に覆われた山々が縁取っています。東には、鈴鹿の峰につづく伊吹の山が聳え、西には比叡や比良の山が連なり、湖畔には八王子山や三上山など小高い山が点在し、湖岸と山地の間には丘陵がこの地ならではのランドスケープをつくり出しています。

近江は山々を仰ぎ見る街道が琵琶湖畔に沿って四方に通じています。湖の東と西には、古代には都と各国を結ぶ東海道・東山道・北陸道の官道が通っていました。近世期には、東海道・中山道のほか、湖西には北国海道（西近江路）、湖北には北国街道が通じています。その他にも、若狭街道・朽木街道、塩津街道・北国脇街道、八風街道・御代参街道など湖辺や山辺の道と共に、山あいには、谷筋や尾根を辿る踏み分け道がありました。

近江の山と湖の間を行く街道には、今も、緑豊かな自然と歴史に彩られた風景が広がっています。その間には、神や仏が鎮まる山や森があります。

わが国に伝来した仏教の寺院は、当初、都や平野部に建てられました。奈良時代末には、静寂さを求めて山の奥深くに入り、修行と学問に精進することが行われるようになりました。さらに平安時代になると堂塔伽藍を構えた山岳寺院が建立されました。その中心は比叡山と高野山でした。これらの山岳は、仏教寺院が建立される以前に、天降り鎮まる神々の領有する聖域でした。比叡山や高野山には、それぞれに境内地に鎮まる神々を地主神として祭祀されています。

この国の風土において、わが国の山岳の多くは、神の坐す山として仰ぎみられ、水源をもつ山として尊ばれてきました。神々の鎮まる山岳は、大きく分けて二つの種類があります。その一つは、高く聳える富士山や筑波山などの高山大獄です。富士山をもとにして浅間《せんげん》型と呼ばれています。もう一つは、集落の周辺に在って、樹木に覆われたひときわ目立つ山です。神奈備山と呼ばれています。浅間型の山岳は、神の山として山麓から遙拝されていましたが、仏教の伝来によって、登攀して山林抖擻《さんりんとそう》や山行回峰をする山岳仏教の聖地となりました。神奈備型の山岳は、世俗を離れ、山修山学を行う仏道修行の浄域となりました。近江には、比叡山のほか、鈴鹿山脈には湖東三山と称される寺院があります。

湖西に位置する比叡山は、古くは日枝の神々の鎮まる神山であり、伝教大師最澄が開いた霊山です。比良や伊吹、三上や長等の山々には、神々の天降り鎮まります神域があります。また、比叡から比良のはずれの丘陵には古墳や御陵が埋もれています。その周辺には氏神を祀る社があります。わが国の神々は、山河、国土を造り、山や森に鎮まりました。山深い森は、神々の鎮まる聖地とされてきました。神の鎮まる社は、青々とした常緑樹の生い茂る森です。『万葉集』では、「森」と「社」を同じように「モリ」と訓んでいます。森はすなわち社です。そのような神聖な森を有するのが神奈備《かんなび》と呼ばれる山です。神奈備は、三諸（御室）とも呼ばれ、神々の隠る山です。青垣山と称される緑の樹木に覆われた小高い山です。

近江の神々もまた、比叡の山をはじめとする神奈備に天降り、常緑の神籬《ひもろぎ》や堅固な磐座《いわくら》に鎮まりました。神籬と磐座は、神々を迎え祀る聖域です。神籬には真賢木《まさかき》を立てて神の依り代とし、磐座には標縄を張って神を招き降ろす座としました。

神奈備山の麓には、山頂に鎮まる神々を遙拝する拝殿が設けられました。さらに、山下に、祭神の鎮座する本殿が建てられるようになると、山上は奥宮、山下は里宮として整えられました。奥宮の多くは、楠・椎・樫・椿などの照葉樹の森を神域としています。里宮は、杉・檜・松などの常緑樹で森を形成しています。

神奈備の森は、水分《みくまり》の山々から尾根に沿って流れる豊富な水によって育まれています。神奈備の山襞には泉井が湧き出し、谷筋には幾筋もの河川が流れています。それらの流水は集まって田畑を潤して湖や海に注ぎ入っています。

山々に発する河川の流域に神々を祀る森。そして、山あいの泉井は、供えの水となり、禊ぎの水となります。川辺に繁る浅茅原は、穢れを祓う潔斎の場です。湖辺は、神々を迎える祭りの場となります。

神奈備の山を仰ぎ見る里には村の鎮守があります。鎮守の社は、山の裾や森の中にある湧き水などの水辺につくられています。境内の手水舎は山や森の水で身を浄めるものでした。鎮守の森は、郷土を護り、山を司り、水を司る産土神《うぶすながみ》の社です。そして、災害の鎮圧を願い、五穀の豊穣、村中の繁栄を祈る氏神の社です。

わが国の神々は、自然のものであれ人工のものであれ、緑濃い森に鎮まっています。そして、仏は深山幽谷に在わします。そこには、生きるものすべてのいのちの安らぎがあります。それらの山と森は、この国土において、大いなる自然と見えざる神、そして、人の願いや祈りがつくりあげた聖地です。

神の鎮まる森や仏の在わす山は、自然環境の破壊が進行するこんにち、国民共有の自然的・文化的な価値を有する大切な歴史的資産です。

ここに、自然と共に生き、自然と共に幸わう、わが国の伝統的な精神を広めることをもって、人と生きとし生けるものを育む山や森の再生と、すべてのいのちを大切にする文化の発展に寄与することを念願致します。

近江の山や森に坐す神と仏のご加護のもと、人心の平安、社会の安寧、万人の幸福がもたらされんことを祈り上げる次第です。

（同志社大学名誉教授・文学博士
社団法人日本風土文化推進機構会長）

あとがき　祈りを携えながら歩く街道筋

人が歩くから街道が生まれるのか。それとも街道があるから人はその上を歩くのか。おそらく、そのどちらの条件も整った時、固有名詞を帯びた街道が生まれるのだろう。

さて、街道を歩きながら人は何を考えるのか。峠の向こうに待っている風景。行き交う人との無言の共感覚。あるいは、何も考えることもなくただ歩くことに専念するのか。ひたすら歩を進め、現実の渇きと苦痛を、未だ見ぬ近未来の達成感によって相殺する。

時に路傍に腰を下ろし、自然のサウンドスケープに耳を傾ける。夢幻の狭間にある一瞬を永遠と錯覚する時、人は道端に佇む石ころにさえ神の姿を観るのだ。一つの発見は、其処彼処に隠れていた神の姿を見出していくきっかけとなる。時には、空を渡る風や雲にさえ何かの意味を与えようとするのが日本人の感性なのだ。それを宗教というのか。あるいは祈りとだけいえばいいのか。それは分からない。

数年前、四十代の半ばのこと。私は集英社が出版元のパートワークスの仕事で、近畿一円の宮司と僧侶五十数名にインタビューをしたことがある。普通、インタビューといえばライターとインタビュアーと撮影はそれぞれ別の人間が担当するもの。しかし、その時は全て一人でやっていた。予算がなかったわけでもなかろうが、出版社から求められたのは、一人三役をこなすことだった。そしてさらに、自転車で目的地に向かえ、というもの。それは、私自身がまさかインタビューをする側に立つとは思わなかったため、編集会議の中で、宗教家に出会うわけだから、少しだけでも修行のつもりでしんどい思いをした上でインタビューするというのも面白いだろう、程度のことで提案したものだった。

インタビュアーとして、さまざまなタレントの名前が挙がっては消えた時間の最後に、「では、神尾先生がやってください」ときた。大抵のことには驚くことは無い私であるが、そのときばかりは呆然自失になった。パートワークスは五十巻。その当時、本務校は学部再編の真っ只中。しかも、自分がカリキュラム編成をしながら学科会議の座長をしていた。日々の授業準備に加え、学生指導、そこに膨大な量の会議資料の作成と新規採用教員の審査委員長という事態。さらに追い打ちをかけるように、各地に自転車でインタビューに出かけ、原稿を作成しなければならないという状況が加わったわけである。ご存知の通り、週刊雑誌の締め切りは、発売の三か月前。一寸先は闇、とはいうが一条の光明さえ見えない状況だった。これを修行といわずして何を修行というのか、と思いはしたが、道をたどることへの渇望感の方が勝ったことは事実である。

かくして、私は道を走り始めた。ただし、インタビュー当日にアクシデントが起こってはいけないと思い、自転車で目的地を目指すのは、インタビュー予定のない週末だけであったことは付け加えておく。道なき道を走ったわけではないので、そう困難なことでもなかった。その中でのエピソードを幾つか紹介しておこう。

比叡山をアタックしたときのこと。京都には千メートルの山はない。自分でも高をくくっていた。そう大変なことでもなかろう、と。しかし、実際に自転車での登攀となると、想像を絶する勾配である。ペダルを踏んでも踏んでも、根本中道は見えてはこない。千日回峰行とはいうが、こんな山を夜明け前から回峰してきた阿闍梨たちを素直に尊敬した。だが、尊敬の念があることはまだ身体的に余裕があることもたしかなこと。やがて、何かを考えるという作業さえしなくなっている自分がいた。ペダルを踏み込むことだけが、今この瞬間に専念することなのだと思えた。四十代後半の体にはきつい労働だった。やがて、比叡山頂についた時には、最後まで諦めなかった自分に対して、「やればできますやんか」と労っている滑稽な姿があった。それは、インタビュー最初の頃、那智勝浦駅から十キロメートル先の熊野那智大社を目指し、社頭に到着したときの達成感と似ていた。

熊野那智大社の時にも、最初は何のことはない道だと思いながら緩やかな勾配を進んでいた。ところが、突然山道は勾配がきつくなる。伴走車のドライバーにしてみたら、もうちょっと早く走れんのか、と思ったに違いない。だが、時速五キロメートルを維持するのが精一杯だった。この時には、那智の土産物屋の主から「兄ちゃん、あと少しやで」といわれたことだけは今も鮮明に記憶に残っている。

さて、自転車では到底いけない場所もあった。その一つが映画「ラスト・サムライ」の撮影で有名になった姫路の書寫山圓教寺である。ここの大樹孝啓長吏猊下にお出会いした時には、京都に住む私もさすがに自転車で訪れるには無理があった。だがここで、私は約束の二時間前に到着し、西の叡山といわれる山修山学の西国三十三所札所の一つ書寫山を歩いてみたのだ。言うまでもないが、背中には、重い一眼レフカメラ一式を背負っていた。インタビューであるため、真夏ではあったがスーツを着用していた。拭いても拭いても滝のように流れ落ちる汗。約束の時間には、スーツの上着から汗が滲み出ていた。けれども、そのヨレヨレの姿の私を快く迎えてくれたのが大樹長吏猊下だった。汗だくの理由を尋ねられた私は、一瞬ためらったが、書寫山がどのような修行の地であるのかを体感してみたかったことと、今回のインタビューでは神さま、仏さまにお参りしてから全ての宗教家にお出会いしている旨を説明した。すると意外な言葉に出会えた。「通常のインタビューと違うんやな」と。普通は、車で山頂まで上がり爽やかな顔でインタビューが実施されるとのこと。しかし、私は、素人修行者の姿で、汗にまみれて出現したのだ。私にとっては当たり前だと思っていたことを、特別なこととして受け止めて頂けたことは有難いことだった。

高野山に上がった時には、横殴りの雪だった。シャーベット状になった路面を自転車で走ることは若干勇気も必要だった。それでも、一切の不安はなかった。聖地とはそう思わせる理由なき磁場を有しているのかもしれない。当時の管長である松長有慶猊下とお出会いした時の第一声は、「寒かったやろ」という温かい言葉だった。

改めて考えると、私が走り始めた自転車のペダルを止めなかったのも、歩くことを止めなかったのも、単に今の苦しさから逃げたくない、というだけのこと。自分自身との我慢比べのようなもの。それ以外には何もない。琵琶湖周辺の社寺も、多賀大社や西教寺までは自転車で行けた。財布を持って出かけると、性格的に途中で取りやめてタクシーで帰ってきそうな気もしたので、一銭も持たずに出かけていた。そうすれば、出かけた限りは、自力で京都まで帰り着かねばならないことが至上命題になるからである。

昭和の時代、滋賀県の中学生の通過儀礼の一つとして、自転車での琵琶湖一周というのがあったと聞く。約二〇〇キロを一泊二日ほどで回るのだという。何故そのようなことをするのか。それは実際には誰にも解らない。理由のない行動である。平成の今でも行われているのか否か、それは分からないがそれについてのホームページも出来ているくらいだから、回る人の数は増加傾向にあるのかもしれない。願わくは、滋賀県近隣も含めて、中学生にとっての大人への通過儀礼として、琵琶湖一周が現在でも静かにあり続けてほしいものだとは思う。何故ならば、自転車とは自らがペダルを漕がなければ前に進まない乗り物だからである。自発的な意思によって、自転車は単なる乗り物から自分自身の足となる。もちろんそこには苦痛も伴うが、ただひたすらスタート地点に向かって走り続けることで、ゴールでの達成感と表現しようのない充実感に出会う瞬間。それは、再生へのスタートなのではないかと思う。

ここで、夏目漱石の『草枕』の冒頭をここに引用してみよう。

山路を登りながら、こう考えた。
智に働けば角が立つ。情に棹させば流される。意地を通せば窮屈だ。とかくに人の世は住みにくい。
住みにくさが高じると、安い所へ引き越したくなる。どこへ越しても住みにくいと悟った時、詩が生れて、画が出来る。

実際に漱石が山路を登ったか否かは一先ず措くとして、おそらく、この哲学的思考は上り坂だからこそ考えられたものであろう。下り坂では絶対に出てくることのない発想である。つまり、道には哲学への緒が落ちているのだ。それも、ゆるやかな上り坂である。

社寺を巡りながら、ふと思ったことがある。それは、神さまとは、思いのほか平地に祀られているけれど、仏さまは外界から隔たった場所に居ますということ。どこに向かうにしても、最初は景色を鑑賞する余裕があった。どういうわけか、目的地に至る最後には、必ず胸突き八丁の山道がある。そこに差し掛かると脳裡は真っ白になり、ペダルを漕ぐだけが目の前の課題である自分に出会う自転車での自力登攀では、ペダルを漕ぎだす足を止めることはできない。山道で一度止めてしまうと再開できないからだ。最後までたどり着くには、同じ動作の継続しか方法はない。途中から、何も考えていない、というよりも考えるという作業が出来なくなりながら、必死になる、とはこのようなことをいうのであろうと思いながら、ホンの少しだけ見えざる超越者との遭遇への入口に向かう一条の光明が見えたような瞬間もあった。ただし、私はクリスチャンではあるが。

僅かな期間ではあったが、ただひたすら自転車のペダルを漕ぎ、歩を進め続けた一年だった。そのような時間を経て、再度、道を考えることになったのが本書である。かつて、いにしえ人たちの日常は徒歩をもって全てが動いていた。現代においてそれをたどった、といえば宜しいだろうか。街道の固有名詞は、時として道の上を通った商品を象徴する。「鯖街道」などはその好例といえるだろう。国道1号線のごとく数詞で表されるルートではなく、誰が言うともなくついた呼称は、産業であり、生活であり、文化であり、信仰でありと、日本というフィールドそのものでもあったのだ。だからこそ、街道筋の其処彼処には神々が鎮まり、仏が見守っていたのである。

日本という国の、そして日本人の、精神文化を考えてみようとするとき、どうしても避けては通れないところである宗教。そういった途端に、何となく胡散臭くなる。ならば、「祈り」と言い換えてみよう。人は、困難に出会った時、思わず掌を合わせる。その内側には、僅かながら空間が出来ている。そこに何が存在するのか、などと考えてみることはないであろうが、敢えてこの小さな空間を説明するならば、神や仏の創りだす大宇宙に出会うために人が造形する小宇宙とでもいえようか。本書をもってその一端を垣間見ることが出来れば幸いである。

山王総本宮日吉大社の馬渕直樹宮司より過分な推薦文を賜り、改めて身の引き締まる思いであります。また、神職の須原紀彦氏から数々のご教示を受けたことに深く感謝致しております。この間、高島市商工会から委託された地域活性化事業推進に関する調査について古谷芳実事務局長をはじめ多くの方々の協力を得ました。

私たちは日本の風土に根ざした伝統文化の推進を目指しています。NPO PLANT A TREE PLANT A LOVE理事長勝田祥三氏、俳人であり編集者の谷村和典氏には、格別の思いをもってご参画戴いておりますことを、感謝の念をもってここに記します。

最後に。本書の刊行にあたって、株式会社翰林書房今井肇社長と今井静江氏に心より感謝申し上げる次第です。学部学生の頃、最初にお出会いしてよりこのかた三十数年。今この時に、多大なお力添えを戴けたことは誠に感慨深いものがあります。

二〇一四年九月　桂川畔松尾大社から吹き寄せる風に秋を感じながら

神尾登喜子

◉執筆者略歴

神尾登喜子（かみお・ときこ）

阪南大学国際コミュニケーション学部教授・学部長　博士（国文学）（同志社大学）

著書：『不思議の国・ニッポン　神と仏の風景』（翰林書房）『集英社ウィークリー・コレクション　週刊古社名刹巡拝の旅　千年インタビュー』1～50（集英社）『一度は行きたい　神社・お寺のご朱印散歩』（中経出版 新人物文庫）ほか

廣川勝美　（ひろかわ・かつみ）

同志社大学名誉教授　文学博士（國學院大學）

著書：『源氏物語探求―都城と儀式―』（おうふう）『神と仏の風景「こころの道」』（集英社新書）ほか

高橋文二（たかはし・ぶんじ）

駒澤大学名誉教授　文学博士（駒澤大学）

著書：『源氏物語の時空と想像力』（翰林書房）『紫式部のみた京都』（ＮＨＫ放送出版協会）『道元禅師和歌集』注釈・現代語訳（『道元禅師全集』所収 春秋社）ほか

横山卓雄（よこやま・たくお）

同志社大学名誉教授　理学博士（京都大学）

著書：『移動する湖、琵琶湖』（京都法政出版）ほか

横山照泰（よこやま・しょうたい）

天台宗参務・一隅を照らす運動総本部長

著書：『比叡山延暦寺　はじめての仏道修行』（新人物往来社）

吉見精二（よしみ・せいじ）

地域観光プロデュースセンター代表

草川啓三（くさかわ・けいぞう）

登山家・写真家

著書：『近江の峠』（青山舎）『湖の山道　琵琶湖を巡る山歩き』（青山舎）ほか

びわ湖街道物語

西近江路の自然と歴史を歩く

発行日	2014年10月20日　初版第一刷
監　修	廣川勝美
編著者	神尾登喜子
発行人	今井　肇
発行所	翰林書房
	〒101-0051 東京都千代田区神田神保町 2-2
	電 話　(03)6380-9601
	FAX　(03)6380-9602
	http://www.kanrin.co.jp/
	Eメール● Kanrin@nifty.com
装　釘	須藤康子＋島津デザイン事務所
印刷・製本	メデューム

落丁・乱丁本はお取替えいたします

ISBN978-4-87737-377-1